NO VICTORY IN VALHALLA

英灵殿中没有胜者

101师506团3营从巴斯托涅到贝希特斯加登

〔英〕伊恩·加德纳（Ian Gardner） 著　　郑晨天 译

中国市场出版社
China Market Press

图书在版编目（CIP）数据

英灵殿中没有胜者：101师506团3营从巴斯托涅到贝希特斯加登 /（英）加德纳（Gardner, I.）著；郑晨天译. —北京：中国市场出版社，2016.8

书名原文：No Victory in Valhalla

ISBN 978-7-5092-1464-0

Ⅰ.①英… Ⅱ.①加… ②郑… Ⅲ.①第二次世界大战战役—通俗读物 Ⅳ.①E195.2-49

中国版本图书馆CIP数据核字（2015）第322100号

Copyright © 2014 Ian Gardner

Chinese language translation © 2015 by Portico Inc.

First published in Great Britain in 2014, by Osprey Publishing Ltd, Kemp House, Chawley Park, Cumnor Hill, Oxford, Ox2 9PH.

Published by China Market Press.

著作权合同登记号：图字 01-2015-8713

出版发行　中国市场出版社

社　　址　北京月坛北小街2号院3号楼　　　**邮政编码**　100837

电　　话　编 辑 部（010）68034190　　读者服务部（010）68022950

　　　　　　发 行 部（010）68021338　　68020340　　68053489

　　　　　　　　　　　　68024335　　68033577　　68033539

　　　　　　总 编 室（010）68020336

　　　　　　盗版举报（010）68020336

邮　　箱　1252625925@qq.com

经　　销　新华书店

印　　刷　北京佳明伟业印务有限公司

规　　格　170毫米×240毫米　　16开本　　　**版　次**　2016年8月第1版

印　　张　16　　　　　　　　　　　　　　　　**印　次**　2016年8月第1次印刷

字　　数　304千字　　　　　　　　　　　　　**定　价**　58.00元

序一

如果你想读一部关于第二次世界大战的小说，这本书并不是你的选择。不过，要是你想要了解突出部战役的真实历史经过，那么你手中拿着的正是你想要的。作者不仅将一部最棒的关于第506伞兵团3营在诺曼底的经历的著作奉献给我们，同时他也出版了《今夜我们英勇就义》及其续集《将我们从黑暗中救赎》——关于数百万的荷兰人民是如何免遭德国奴隶制的束缚的日复一日的记录——继而出版了第三部续集。在第三部书中，伊恩·加德纳让我们深刻了解到部署在巴斯托涅的第101空降师是如何靠着极其简陋的装备挨过严冬的。在1944—1945年的严寒刺骨的冬季里，我们颤抖着以获取哪怕是一丝的温暖，我们的任务很简单——歼灭或俘获敌军。

作为一名从最开始只参与了3营的每一场战斗到最后加入2营的战士，我仍然惊人地发现伊恩能够用纯粹得没有一点儿水分的事实指引着读者走过这过程中的泥泞、苦不堪言同时又极度寒冷的每一步！如果你是个历史迷，那么我确信你会觉得这是一部关于世人公认的二战中最重要的战役的优秀而内容丰富的书。有人说过"如果我们在巴斯托涅没有胜利"，那么反法西斯同盟国将仍在欧洲为了胜利而浴血奋战至今。

爱德华·西姆斯

序二

　　要精确地记录任何一场战争或者战役的过程同时还能抓住读者的兴趣是一件很难的事情。很多历史文字报道都典型地充斥着兵法和军事演习的事实陈述，这些事实也许很准确，但对于非专业读者来说是相对枯燥的。要想把读者带入故事，作者必须用当事人的角度来看待事件。在本书中，伊恩·加德纳抓住人物故事并且给予读者必要的背景信息以及人际互动，从而使得这个关于第506伞兵团3营的记载变成一个非常真实而人性化的故事。

　　本书带领读者走进那些士兵的脑中，他们熬过阿登战役中欧洲战场最黑暗而寒冷的日子，一直撑到随着欧洲战场战争退去时在德国那时而绝望时而欣喜的日子，战士们都数着日子想回家。伊恩通过数百位目击者对这段历史的回忆，着重聚焦在1944年年末1945年年初的那段日子。对那些处在"应运而生"中的男人女人们的细节描述给读者一种直面战争的感受以及由此带来的因人而异的悲剧感，人们不得不抵抗战争的毁灭性破坏甚至要扭曲天性。

　　《英灵殿中没有胜者》也讲述了另一种人的故事，他们有着出色的作战成绩，面对比自身强大得多的德国武力苦苦作战却并没有获得历史学家或媒体的关注与称赞。出色的战略行动，个人胆识、勇气，以及惨重的损失组成了3营的历史，面对来势汹汹的敌军炮火与坦克，3营赢得了胜利。这是一个关于勇气和决心的故事，用细腻和透彻来阐释，只有亲身经历的战士才能如此准确地回忆重述。

　　能够读到这些英勇而大多不为人知的战士的故事是我莫大的荣幸。对那些献出宝贵生命没能回来的战士，就以此作为一份合适的悼词来纪念他们吧。伊恩·加德纳又一次完成了一项伟大的工作——纪念并赞扬了那么多普通美国人的付出，他们以一种非凡的方式与暴政做斗争，为数百万人民争取自由而且不求回报。

作家、历史学家　乔治·科斯基马基

序三

❧❧❧

2009年《今夜我们英勇就义》第一次出版时，我们这些仍活着的第506伞兵团的战士成了伊恩·加德纳作品的追崇者。我们当中没有人曾想过我们的经历居然会成为如此翔实的研究对象、学者们的追求对象、受欢迎的魅力对象。

近年来，经过了很多次的谈话之后，我逐渐了解伊恩，也是从那时起，我才能够感觉出来伊恩作为一个英国伞兵的过往使他对我们的经历有一种不一样的视角。他提出来的问题能够证明他对于我们在部队里的经历有着非常深入的了解，这一点在研究和书写一个复杂的历史事件的客观描述时是十分重要的优势。伊恩和很多二战的研究者、作家以及历史学家都有交情，比如我的朋友马克·班渡和雷哲·让。我很高兴伊恩写下了从阿登战役开始一直到战争结束3营的经历，因为我们的故事终于成为一部真实的三部曲。

在诺曼底和荷兰打过仗之后，我们渴望能在相对安全舒适的法国穆尔默隆得到一些休整时间，但是在12月16日，对于这一想法的希望完全破灭了。几乎不被人注意，我们仅仅带着不充足的武器弹药、适量的衣服和有限的其他几样必备物品，由货车载入比利时境内，在有着重要道路枢纽的巴斯托涅城市周围各就各位。在这里我们要进行防守阻止德军进入安特卫普。直到今天，那之后三周里我们所承受的痛苦仍是难以言喻的——敌军密集的攻击（包括装甲和火炮），刺骨的低温，简陋的供给和水的匮乏。虽然已经距离那如同野生动物般生活在散兵坑和沙坑里的生活过去将近70年，但巴斯托涅已经成为我潜意识中永远的一部分。我常常被人问，"是什么让你坚持下来？"直白地说，是只有异常坚韧和专注的人才能达标的严苛、毫不宽容的选拔过程使我坚持下来的。在第101空降师在诺曼底和荷兰期间尤其是阿登之战中的选拔训练终于收获了成效。当我在巴斯托涅前线的日子里，我一次都没有听到过有关失败的言论，更不用说投降了。我们总是相信我们会胜利并且完成在我们的作战区域内阻止德军进攻的使命。然而，我们不应该忘记在巴斯托涅之战中还有30多支其他队伍参与，包括第10装甲师，他们的谢尔曼驱逐战车为美国最终的胜利做出了巨大的贡献。

在巴斯托涅之后前往巴伐利亚州之前，第506伞兵团主要参与了在阿尔萨斯洛林和德国的防守作战。随着战事的发展，我们这些"老战士"对于是否能在这场战争中存活下来变得越来越不安。很多替补的士兵开始嘲笑我们根本就没有自认为的那么坚强。他们中很少有人见过真正意义上的战斗，所以他们的嘲讽多少也是情有可原的。1945年5月初，我们意识到部队很有可能要转移到希特勒的"高山堡垒"，而且我们确信我们将面对一支强大的军队。然而事实并非如此，这让我们惊讶和松了一口气，接下来的两个月居然是"我们的战争"中最美好的时光。除了正常的工作，每个人都在尽力维护着所有胜利军队的老传统——清理我们能摸到的所有东西。在欧洲胜利日之后，在贝希特斯加登和奥地利的滨湖采尔渡过的短暂时光直到今日还被我们深深地记着。

那些像我一样经历了从诺曼底开始的每一场战斗的人会用一个积分制来分类，作为一名有着85分兵役记录的"高分士兵"，我在1945年的9月被送回家了。

我一回到家就期待着能够回到俄亥俄州重操旧业——工具匠师，却意外地得知已经没有空缺岗位了。在1942年我违背了雇主意愿，离开了我的不用服兵役的岗位，自愿参加了506伞兵团。我非常震惊地知道我很多被选上但没有去服兵役的同事靠着有利可图的政府合同挣了不少钱。因此，在我回家的头两年里我大部分时间都处于失业状态，然后开始怀疑我曾经为了什么而浴血奋战。话虽这么说，服兵役还是使得许多像我一样的家伙对整个世界有了一个更宽的视野，在战争之前我们都局限在自己的想法中。我还和原本我一辈子都不可能遇到的人们建立了友谊，而且很多人我们至今还在联系。

如果盟国没有胜利，这样的结果对整个世界都是灾难性的。我可以很真诚地对每个人说，我们这一代人的的确确拯救了这个世界。能活到现在，目睹最近兴起的关于"我们的战争"的学问和兴趣真是让人非常欣喜的。我们要心存希望但永远不能忘记第二次世界大战带来的教训。

"皮威"吉姆·马丁

2012年11月

目 录
CONTENTS

1

"约翰尼，我们几乎不认识你"

沙隆营，大穆尔默隆
1944年11月28日—12月18日

大穆尔默隆是一个沉闷而折磨人的法国小镇，距离兰斯大约20英里，多年来受到过来自很多民族的士兵的包围。据说在凯撒的高卢战争后期，他曾经安排两个步兵团和多支轻骑兵驻扎在穆尔默隆。别看它叫大穆尔默隆，其实最多就一条街那么大，散落着一些商店和咖啡馆，也绝不会和小穆尔默隆混淆，看它名字就知道了，小穆尔默隆甚至更小。

当来自西弗吉尼亚摩根教的补给军士本·海纳在沙隆营的办公室里朝窗外望了一眼时，他震惊地看到约翰·威廉姆斯上尉站在3营总部外面。6个月前，威廉姆斯意外地用德国手枪射中了海纳，差点要了他的性命。威廉姆斯刚刚接管总连的主参谋长，正和一个23岁迎面冲出来遇上他的参谋军士进行深刻谈话。"你不许走，"海纳在威廉姆斯面色惨白地就要转身离开时冲他喝道。"在圣科莫的时候你差点把我杀了……一句道歉也没有，甚至连来医院看看我都觉得麻烦。你怎么想的？"很明显这位上尉被突如其来的质问给镇住了，只顾继续走路。海纳一边沿着马路追了上去一边喊，"如果上校沃尔弗顿还活着，看到你对我所做的一切，他一定会说点什么的——你在听我说话吗，先生？"

诺曼底时间1944年6月6日，在着陆后，罗伯特·李·沃尔弗顿中校就被令人发指地杀害了。3营的战士们都十分喜爱沃尔弗顿，就像喜爱上校罗伯特·F.辛克一样。后者是第506伞兵团的指挥官——作战时被亲切地称为"狐狸"，驻扎时被称为"鲍勃叔叔"。从在佐治亚州的托科阿营地的最初训练开始，辛克上校就得到了在西弗吉尼亚接受训练的西点军校毕业生们的尊敬与爱戴。很明显在沃尔弗顿去世后他的继承人——奥利弗·霍顿少校和劳埃德·帕奇中校——能力都很突出，但是对于沃尔弗顿的那些"老下属"，他们永远都没法融入其中。

来自马萨诸塞州的新英格兰人劳埃德·帕奇是个个子矮小却肌肉发达的领导者，他曾经在诺曼底登陆日那天负责摧毁一个枪支库，也因此被授予了铜十字英勇

1

勋章。在1营担任上尉时，帕奇还在指挥旅部连，6月6日那天，他从不同的团抽人组建了一支6人小分队，然后带领他们非常成功地袭击了在圣玛丽迪蒙附近的一个105毫米枪支库。这些缴获的枪后来被美国人用来对抗敌军的机关枪阵地，这才使得帕奇和他的小分队夺下小镇。尽管帕奇的过去成就很突出，3营的老兵们都坚信罗伯特·哈威克少校和沃尔弗顿才是一样的人，因此，他才是真正唯一的指挥官继承人。哈威克最初在H连，之后在荷兰成为3营的参谋长，1944年10月5日霍顿少校于奥普赫斯登被杀害之后，他担任了临时指挥官。直到劳埃德·帕奇在11月2日接任后，鲍勃·哈威克又被重新分配到了1营，在那儿他成为詹姆斯·拉普拉德中校的参谋长。

在占领期间，德国人充分利用了沙隆营的各种设施（包括三个宏伟的电影院）来作为一个坦克停放仓和机场。大家对传统的法式厕所都感到害怕，因为这种厕所在一个浅浅的排泄孔两边各有一个嵌在混凝土里的脚印。因此计划立刻就被下达，军士长弗雷德·巴赫莱（总连）被查理·蔡司上校（团参谋长）命令监管一系列新厕所和洗手间的建造。住宿条件很简单但是干净，所有级别较低的军士32个人睡一个公棚区；级别高的军士待遇要好一些，3个人住一个房间，每个房间都配备了独立火炉和基本的便利设备。

到1944年11月末，演习连连长乔·道蒂中尉（G连）、"臭鼬"吉姆·沃克中尉（H连）和"安迪"弗雷迪·安德森中尉（I连）在数年的在诺曼底和荷兰服役和战斗之后终于获得了他们的上尉军阶。沃克，一个来自亚拉巴马州的暴躁的红头小子，将副排长拉尔夫·班尼特（3排）叫到他的办公室，讨论对他在整个营出动前往荷兰时延迟回到英国拉姆斯伯里的适当的惩罚：

> 我觉得很好笑，沃克总是看起来一副别人问了他一个他不知道答案的问题的表情——这一天也不例外。在谈话中当我自鸣得意地提醒他我在荷兰的模范表现以及我获得了银星勋章时，上尉的敌对态度变得明显了。我以为这样他就想不到什么法子再指责我"擅离职守"了。这是一次紧张的逃跑事件但是最后这个坏家伙变得温和起来，只警告了我一次，接着说了几个斟酌后的字眼再无其他就把我打发了。

也不是所有3营的成员都没有辜负整个部队的立功战绩。在栅栏之中度过了先前6个月的大部分时间后，大兵"阳光"霍华德·桑奎斯特（H连）被通缉，他被命令回到1排。沃克上尉和副排长弗兰克·帕蒂萨克一致封锁了抓捕他的行动，桑奎斯特被从加利福尼亚的马丁内斯移交给1营卢·韦基上士（H连1排），"在桑奎斯特逃跑并消失得无影无踪后不久，他在几个月内就被逮捕了，我正好在他的军事法庭当目击证人，我很高兴地说这个游手好闲之徒终于被判了逃亡罪以及足够久的监禁。"

过往的从荷兰脱险的记忆开始慢慢涌现，尽管事实上的确有几则关于狙击手在兰斯朝联军肆意开枪的报道，这个城市依旧受人欢迎，不过大家始终还是憧憬巴黎。在战士们经历了种种之后，3天，最多7天过后，失望和沮丧不可避免地产生了。乔·道蒂发现沙隆营将不再是他最初想象的那放松的3个月的样子了。道蒂比一般人高一点儿，是个安静、白皙的男人，对纪律态度轻松而坚定，在连里很受尊重。然而，来自加利福尼亚洛杉矶的大兵麦克雷·巴恩森相处起来却完全不同。虽然巴恩森是一个势不可挡的战斗能手（曾在诺曼底和荷兰严重负伤），但他是营地里一个十足的噩梦。11月22日早些时分，他在从第10置换站回来的途中逃跑了。最后，在12月10日，巴恩森的运气用光了，宪兵队把他带回了穆尔默隆，于是他被监禁在团警卫室等待候审。

很讽刺地，天气变得越来越糟糕，暴雨把营地变成了一个6英尺淤泥深的海洋。我们从废弃的建筑楼拿来沙砾和砖块修成连队里的街道和人行道。在一封写给家中父母的信中，通信排鲍勃·韦伯上校这样写道：

> 事情又回到了正常状态，到处又重新是以前的训练模样。营地在逐渐变好，邮件也来得很顺利，我已经收到了一沓子圣诞和生日礼物。不过，包裹也终究不能带来真正的圣诞节，我唯一想要的礼物就是战争赶快过去。几天前我们的牧师叫我去，想征求我的同意，把我的名字作为"最好的朋友"和第一联系人告诉安东尼·文森斯阿克的父母。安东尼在诺曼底的时候被杀害了，在我降级前是我的助手。他是一个很讨人喜欢的18岁波兰孩子，虽然他刚入伍但每个人都喜欢他。昨晚我给他的家人写信了，我知道这会很难，但是当我走进这个男孩时才是真的艰难！

540位现役士兵和30位军官在富兰克林·福斯特少校的指挥下进入穆尔默隆成为第506伞兵团的替补成员，506伞兵团在荷兰遭受了大约60%的伤亡。在飞行期间，受到恶劣天气限制，5架飞机被迫回到了英国。新兵们先在伯克郡的邓福特农场营地的临时分遣队里接受训练，在有任务前暂时附属于后勤连。20岁的大兵鲍勃·和泉，一个日裔美籍，是40个新兵中被派往G连的一个：

> 我的父母在19世纪90年代后期在西海岸定居了。在珍珠港袭击前，我的爸爸是一名专门从事日本语的教师。随着和日本的宣战，富兰克林·D.罗斯福总统颁布了第9066号行政命令，该命令允许军队以国家安全名义规避美国公民的宪法保障。这一命令使得有着日本血统的生活在美

国的人们纷纷撤离，同时大量的人被捕入狱。奇怪的是那些有着中国或者韩国血统的人并没有像我们一样被埋葬，相反他们可以戴臂章来表明自己的特殊种族。

和泉一家被送到了在加利福尼亚的曼赞纳集中营，在那儿他们必须自己耕种食物，住在沥青纸糊的简陋营房里。

> 我的父母对于所发生的一切感到极度不安，但是那种时刻，所有一切对我而言都是一次巨大的冒险。在营地里，大多数人都有工作，为战争融资制作东西，比如伪装网，然后每个月大约挣7美元。我们去上学，由来自美国各地的志愿教师们教导我们。海伦·伊利教我历史，也正是通过她，我的弟弟罗伊和我才能在1943年获准离开营地，到爱荷华州继续我们的学业。
>
> 1944年6月，我完成了学业并自愿加入了美国军队。当时军队还是种族隔离的，因此我没有选择只能在第442步兵作战队应募——一支日裔美籍的部队，更广为人知地被叫作"二代日裔美国人"，其宣言是"全力以赴"。1944年9月份我刚刚进入442部队，转移到第101空降师并训练成为伞兵的机会就为我而来了。

刚到穆尔默隆，和泉就被派往G连3排，那时候3排还没有正式任命排长，甚至连助理排长也没有。由于暂时缺乏领导层，迫击炮哈维·朱厄特上士成功说服了大兵克莱德·麦卡蒂、大兵哈里·巴克和一等兵斯坦·戴维斯成为逃兵。第二天晚上，这4个人就被抓起来送回了G连，并且立即被监禁在营房中。两天后，道蒂上尉把朱厄特降级为士兵等级但并没有对另3个士兵做出正式的斥责。最初，和泉怀疑他把自己置身于何种境地，不过在纪律恢复之后这种情况就不消而散了。

在荷兰最后的3个星期里，前线肮脏的环境引起了上百个病人住院，不是因为战斗负伤而是由于患了黄疸病和足津病，比如26岁的I连泰迪·迪兹帕克下士。"我被送到英格兰待了大约5周治疗我的战壕足病，在1945年1月下旬才回到1排。待在医院给了我一个机会，每天给我那在新泽西珀斯安波易的我思念万分的妻子贝蒂写信。"

部队准备离开荷兰时，比尔·韦德金中尉（指挥官，机关枪排）被诊断出黄疸病（可能是由于饮用了污水）而被撤离了。尽管是肝炎的一种，这种急性肝炎大多表现为可见的白色结膜，同时患者眼睛会变成明黄色。"在布鲁塞尔附近的一家医院住了两天之后，我被空运回英国，送入苏格兰一家专业医疗机构。"韦德金不在的日子里，芬东上尉来指挥排，由能干的技术军士"道客"乔治·德怀尔辅助。道客接任了"内特"南森·布洛克上士，布洛克有风度地让位，和奥古斯特·苏比利托上士（前G连）一起当了部门领导。

在法国从德军手中逃脱后，道客回到英格兰，他被派到奇顿弗列的跳伞学校，他很后悔因此错过了荷兰。其他几个人也设法逃离回到英格兰，像一等兵吉米·希兰和大兵伯尼·雷恩沃特（I连），马丁·克拉克下士和大兵乔·米尔克拉克（机关枪排），以及一等兵雷·卡兰杜拉和乔·戈伦茨上士（旅部连）。日内瓦公约规定所有回到原部队的逃兵有权回到在美国本土的家。在9月9日到达英国后，马丁·克拉克先被当局盘问，他在伦敦撞见乔·戈伦茨时他正在考虑是否回美国本土。和他的逃亡伙伴"道客"德怀尔一样，乔拒绝回到美国本土，重新加入了3营，尽管那时候这种选择可能更多的是因为经济原因而不是别的。在诺曼底登陆日前一周，乔在一次纸牌游戏中赢得了2000美元。由于没法把钱寄回家，戈伦茨请求他的直属上级埃德·西姆斯（后来成为营S3区参谋长）帮他把现金藏在他位于拉姆斯伯里一家杂货店楼上的私人住处。

回到伦敦，在一次激动的聚会和喝了些酒之后，乔邀请马丁去拉姆斯伯里来一次"合适的道别"。马丁回忆说，"那些家伙鼓励我留下来，尽管机关枪排实际上已经不再需要我了。我们一到达荷兰，乔就在营总部S3区帮我腾出来一个职位，不过那不是他之前承诺的安全而舒适的工作"。10月6日，在奥普赫斯登附近的波尔兰汉姆农场的营指挥所外面，克拉克被迫击炮严重炸伤，同样被炸伤的还有亚历克斯·博巴克中尉（副官）和路易斯·萨特芬中尉（81毫米迫击炮排）。两位长官都被弹片伤到了腿，还有一片碎片穿透了克拉克的右肺，几乎要了他的命。

一等兵唐·罗斯（S3区传令兵）也在诺曼底被捕了。唐的弟弟肯在穆尔默隆加入了第101空降师。肯回忆说："我哥哥在第506伞兵团的经历激发了我成为一名伞兵的想法。我接受的训练尽管很苦但还无法和他相提并论。那些被第506伞兵团选中又回到托科阿的家伙们全是钢铁铸成的，我们都知道这点。尽管我的梦想是和唐一起作为506团3营的一员并肩作战，但是在他失踪之后我选择了第502伞兵团，在那儿我被分配到团部的拆弹排。"

受伤之后，一等兵吉姆·马丁（G连2排）被撤到牛津郡威特尼的第61总医院，之后又被送到利奇菲尔德的第10置换站。吉姆的经历和很多其他人完全不同，正如他自己回忆的："监狱对待最糟糕的狱友都会比他们更加仁慈。管理兵站的上校怂恿员工们残忍野蛮一些，我目睹了很多的殴打。"不光只有吉姆想到这个问题：严峻的工况是特别为了更高的劳动力营业额而设计的。

在11月上半旬，来自G连的12个小伙子，包括我自己在内，被通知要被送到正规步兵团。我们当然都想回到第506团，但我们被告知这是没有商量的。第二天，在兵站军长警惕的目光下，我们实质上被强迫着上了载我们去新部队的火车。在法国某一个靠后的中途停靠站中，我们注意到附近一直有降落伞在下落，于是决定逃跑。最终我们到达了一个临时的指挥所，发现这里的伞兵都是来自第504伞兵团的。为这个指挥所配备人员的士兵们看到我们非常吃惊，询问我们到底是从哪儿来的。我们解释了我们的情况，长话短说，尽管有来自补充兵营的干扰，第504伞兵团还是联系了第506伞兵团，之后第506伞兵团为我们配备了返回穆尔默隆必需的旅行证。

尽管新兵的流动性巨大，但营队里翻天覆地的变化更主要还是在军官中。这不足为奇，因为部队在荷兰的短短72天里就有17个506团的军官牺牲了。直到1944年11月底，G连接收了几个新的尉官，包括劳伦斯·菲茨帕特里克中尉和谢尔曼·萨瑟兰德少尉（之前在A连和战地委员会），谢尔曼随后成为2排弗兰克·罗中尉的助理。约翰·维森伯格中尉（之前是部队S1区的助理）被重新分配到G连当参谋长，而布莱恩·波蒂埃中尉暂时担任部队的参谋长。

在腿伤恢复后，前任副官亚历克斯·博巴克被提升为上尉，并且作为外交官派往一支正规军。当皮特·马登中尉重新加入506团3营时，他回到了旅部连，重新担任起他之前的岗位——指挥81毫米迫击炮排，和弗兰克萨瑟兰德少尉并肩作战。尉官萨瑟兰德似乎适应得不错，很受众人喜爱，不像其前任路易斯·萨特芬。同时23岁的已成家的吉尔·莫顿被提升为副排长，在他之前，罗伊·伯格收到了战场委任被派往总部50团3营第6迫击炮班。每个81毫米迫击炮班由7名士兵组成，包括通常为下士的班长。完整的武器系统重达136磅，可以被分解成三个部分：三脚架、管子与基板（本身重46磅）。结果在战时服役期间大多数的迫击炮排损失了高度上超过4英尺的所有东西！

一批新的军官被分配给了H连，包括哈利·贝格少尉、尉官劳伦斯、威尔金森和史密斯。哈利·贝格回忆，"我和尉官埃德·威尔金森一起被派往2排做克拉克·汉格涅斯中尉的助理，因此非常不寻常地，这个排的组织系统表里有了3位长官。"来自1排的鲍勃·斯特劳德中尉（沃尔弗顿上校给他起的绰号叫"40个小偷"）回忆他的新助理尉官史密斯："史密斯就像胶水一样黏着我，每次我一转身他一定会刚好就在那儿，就像某种焦虑的小狗一样。"威利·米拿少尉在奥普赫斯登受伤后加入了3排，听说3排还在能干高效的来自伊利诺斯州的亚历山大·安德罗斯中尉的指挥下，他如释重负。戈登·博勒斯军士长是另一位耳熟能详的人物。"波普"博勒斯是一名正规军人，自打从托科阿开始就一直跟随着大部队。"波普"有着非常好的幽默感，也是唯一一位和同一个连队一起经历过整场战争的军士长。

在I连的老兵们——弗洛伊德·约翰斯顿中尉（1排）和唐·里普洛格尔中尉（3排）——迎来了杰罗姆·奈特中尉和丹佛·阿尔布雷克特少尉以及罗杰·廷斯利少尉。奈特和阿尔布雷克特接管2排，而廷斯利和约翰斯顿一起工作。新来的军官代替了米基·帕诺维奇、雷·艾森豪威尔、查尔斯·圣塔尔谢罗和吉姆·奈。奈（2排）总是不受欢迎，他曾经被派往荷兰的F连，就在帕诺维奇（1排）、圣塔尔谢罗（3排）严重受伤的时候。圣塔尔谢罗的伤势非常严重以至于他之后3年都待在医院里。来自纽约的迦太基的哈利·丁曼上士（3排）自从参加了大学教学之后，总是想起在1943年21岁那年的5月被送往佐治亚州梅肯的惠勒营的事情：

> 在基础训练之后，我受到了提拔成为下士，继续留在惠勒当教师。几个月后，我选择参加伞兵部队。我刚获得飞行资格后不久就被船运到英国，被指派到I连。那时，对这些刚刚从诺曼底回来的战士们来说，要接受我这样一位年轻的军士需要一点儿时间，不过一切都进展得很顺利，直到我们进入荷兰。后来在岛上的一次作战中，我在充当炮兵观察员时一小片弹片留在了我手里。伤口很小，所以我觉得不会有什么问题，直到一周后或者更久一些它开始有感染的迹象了。之后不久，我就被撤离了，在一连串医院里度过了接下来的5个星期。到12月上旬，我已经准备好回归部队，但是令人沮丧地在一个置换站被官僚阻止了。有一天我想，"去他妈的文书工作"，于是我自己偷偷开了一辆卡车前往穆尔默隆。当我回到连队，安德森上尉把我叫去他的办公室。安德森一点儿幽默感也没有，告诉我不光是我自己要被指控为逃亡，而且他们也要为我损失一把汤普生手提机关枪！他觉得在通常还有别的方法时我"逃亡"回到部队是十分可笑的。一时之间他让我相信我自己将要被军事法庭审判了，但他突然大笑，然后问我是否愿意担任3排副排长——我当然毫不犹豫地接受了。桌子上有一瓶酒，安德森敬上一杯庆祝我的新"升职"。那时我是个完完全全的美国兵，觉得像我这样的现役军人是绝不可以和一个长官喝酒的！于是我礼貌地拒绝了，敬礼，然后比我进来时开心得多地走了出去。

在诺曼底受伤后依旧还在恢复之中的大兵鲍勃·彭纳、一等兵朗尼·加伐洛克和曼尼·巴里奥斯上士回到了I连。在弹片击中之后曼尼就和鲍勃·哈威克（当时也在逃避敌军）在圣科莫杜蒙有了联系，1944年6月8—9日，他俩都在那里被解救。"我被派去3排管理60毫米迫击炮班，我唯一认出来的人是哈罗德·斯特德曼，"曼尼后来回忆。

在加伐洛克回到穆尔默隆后不久并发症就发作了，朗尼（还有一枚子弹危险地镶嵌在他的心脏附近）被送回医院度过整段危险时期。和加伐洛克一样，6月13日在诺曼底"山姆"伦恩·古德盖下士（1排）的"血沟"也受了伤，但他很幸运能够痊愈。他回忆道："我们的一部分替补者，像大兵鲍勃·肖凡和比尔·彻维斯，在荷兰证明了自己，但却不像在托科阿经历过基本训练的我们一样团结。新来的这些战士，有的牺牲了，有的受伤了，而我们从来不知道他们。我觉得我们中的大多数，如今都是一个或多个连的老兵了，感觉他们应该得到更多的重视，因为他们付出了一切，甚至有时候包括他们的生命。我不是一个多么伟大的战士——我和很多其他人一样刚好在这里而已。"

20岁的彻维斯在6月20日加入了1班，成为一名侦查员。"伦恩和男孩们叫我'乔'，是以'威利和乔'那个卡通人物命名的。每个人都开玩笑说我是I连里最'没用的笨蛋'，不过公平地说，伦恩当之无愧是第二！"

第506伞兵团的一小部分人被挑选出来，暂时和第9运兵舰指挥探路组一起作为探路者进行训练。H连的大兵欧文·舒马赫和沙拉波·威廉中尉（团部连），以及大约12个其他的士兵一起经历了一次在牛津郡查尔格罗夫的两周的高强度课程。其他人像一等兵乔治·麦克米伦（I连2排）则作为空中调度员被接收，他们也回到了英国。

麦克米伦的一个朋友是来自宾夕法尼亚州韦恩的大兵阿尔·卡佩利，就在突入荷兰之前的几天他加入了2排通信部成为一名电工。卡佩利回忆："我在这次作战的前阶段被一枚爆炸的德国手榴弹弄伤了我的背。那时候我们的班长、来自马萨诸塞州温索普的乔·马多纳上士杀了那个投掷手榴弹的士兵，拯救了我的性命。我在医院里待了8天，听说我们的医师罗伯特·埃文斯下士的精心治疗使我的病情没有继续恶化。乔·马多纳经常开玩笑说我们是组织里唯一的'外国佬'——所以我们最好让这点发光！他的事，我永远都说不完。"

在11月29日，抵达穆尔默隆的两天后，卡佩利的肾病十分严重，以至于他不能再小便。安德森上尉立即把阿尔送到兰斯的第99总医院治疗。"在我待在那里的两个星期里，"卡佩利记得，"我觉得没有人真正在意我，但是当乔·马多纳和副排长艾伯特·沃尔以及另外3个家伙一起来探望我时，我真的自豪地哭了。"3营的外科医生巴内·赖安上尉当时正和第502伞兵团的外科医生道格拉斯·戴维森少校一起在这家医院执行别动任务。

不同寻常地，一大批来自第509空降步兵营（起初是第一盟军空降任务小组的一部分）的高级跳伞训练军官被派到101空降师和82空降师（尽管是暂时性的）。这些人中，沃尔特·帕特森上士被分配到H连1排担任迫击炮班班长，正如卢·韦基回忆的："帕特森经验丰富，看起来立即就适应了。沃尔特从唐·扎恩（最近接受了一个战地任务）手中接过4班，并和这个排一直在一起，直到战争结束。"

穆尔默隆一流的娱乐设置意味着显露出任何体育实力的人都要争逐团里的足球队、篮球队抑或拳击队里的名额。乔·马多纳和斯坦·斯戴西卡下士（H连）重新加入了"空中列车"足球队，开始了"香槟杯"的常规训练期，这是圣诞节那天在兰斯一场对抗第502伞兵团的重要比赛。约翰·威辛堡和劳伦斯·菲茨帕特里克是队伍的教练，而替补队员同时也是前高中足球明星的大兵约翰·基尔戈（G连3排）则被分配了一项具体的工作——制作队服。威辛堡认出了基尔戈的名字，问他是否愿意加入空中列车。"我当然无法拒绝，而且非常高兴地听说我的队友、大兵艾伯特·格雷也入选了，"基尔戈后来回忆。

一等兵哈罗德·斯特德曼（I连3排）开始和来荷兰前刚加入部队的大兵理查德·希恩联系。"里奇和父母一起生活在旧金山，他的父母都是韩国人。事实证明，希恩在战前是一名很有天赋的拳击手，他之前和我的堂兄弟在同一家健身房训练过，还在几次比赛中对打过。希恩知道我热衷于业余拳击，于是指导了我很多，直到我在一支仍然在组队的队伍里有资格成为一员。里奇总是告诉我，'保持体形，也许这能救你的命。'——当然，我后来意识到，他是对的。"

汉克·迪卡洛上士（H连1排）有一大笔钱可支配。"自从5月开始我就没有拿到该有的报酬了，不过最近刚刚收到所有的工资，我一下子阔绰了。"没过多久德伍德·卡恩中尉（营S2区）就去找了汉克，卡恩刚刚得到了一次意料之外的经停巴黎的3天的出行，卡恩想借500美元，汉克十分信任他，于是让他在之后几个月里简单地分期偿还。

4年的德国占领似乎并没有在任何方面改变巴黎，除了现在买什么东西都得花一大笔钱。很多人在和平咖啡馆道别或者约见老朋友然后决定去哪里。巴黎人四处游荡，常常拽着磨损的旧公文包，里面装着传家宝，希望能把它卖给新的占领者。酒吧里的流行词汇从"女性"变成了"战争什么时候会结束"，因为此时大多数人只想回家。在战士们去休假之前谣言就开始流传了——第506团可能被空降到柏林。鲍勃·韦伯在巴黎住了两天，他回忆，"美国军队不断被金钱交易欺骗！12个月前，我曾和一个同事下了一个20美元的赌注，战争会在1945年2月15日结束——

如果苏联在东线完成他们的目标的话这依然是可能的。然而，在506团我们有这样一种说法'事情在变坏前总会先好转！'"肯·约翰逊上士（H连2排）补充说，"在穆尔默隆这样的地方，一块肥皂就能让你买到几乎所有东西——酒、洗衣房，如果你十分努力地尝试甚至可以买到一个女人"。

81毫米迫击炮排的大兵鲍勃·邓宁在荷兰时受过伤。"12月初我就让自己出院并且回归了集体。由于我的臀部还有毛病，我只被分配了很有限的工作，担任旅部连的勤务兵。尽管暂时的职务是勤务兵，但是能够回来和这些家伙待在一起就很好了，然后我休假和杰克·曼利还有赫布·思朋斯去了巴黎，在那儿我们遇上了三个劳军联合组织的女孩，其中一个我知道是来自亚特兰大的。"

劳军组织是一个非营利娱乐组织。其海外业务就是大家所熟知的"散兵坑巡回演出"。尽管大明星们露面并不能获得报酬，很多定期表演者还是在音乐会和其他相关组织里全职工作。

"大多数足够幸运的人得到的休假也只不过是局限于穆尔默隆或者兰斯，但是我如此想去巴黎，以至于我再也不能等下去了，"鲍勃·隆美尔下士回忆（机关枪排）。他继续说：

> 在荷兰我们排损伤75%后，我们并没有抱怨咒骂任何事物，只想找点乐子。我们中的有个人从机场"借"来一辆汽车，有5个人挤进了这小车里（还穿着工作装）然后擅离职守去了巴黎。车里非常拥挤，一个男孩只能躺在后座的人的大腿上。在途中，所有的车胎都爆了，我们只能向路过的卡车搭了个便车。我们在巴黎没待多久就被宪兵队阻止并逮捕了。其中有一个逃跑了，但剩下的人都被带到警察局受审。当我们在等候室假装睡觉时，一个宪兵走进来问我们是否支持东站的美国红十字会。我抬头说，"是的，我们就是"。然后他回答，"好的男孩们，跟我来"。我们跟着那个"雪花莲"（所有宪兵都带着白色头盔）走出去，立马朝四面八方冲出去。虽然我们又"自由"了，唯一的麻烦是我们都没有钱而且我们还穿着工作服。"逃亡"了几天后我非常沮丧以至于自我放弃了，然后立即被送回了营地。

海伦·布里格斯之前曾经是美国红十字会派往英国506团3营的代表。最后几个月，布里格斯被派到了东火车站：

> 这个火车站里有一个旅馆，大约有20个房间，我们就被安排住在那儿。我们的工作是为各种组织制作甜甜圈以及在医用专车上服务。我主

管时，我们的厨房工作三班倒，手工做出了超过200万个甜甜圈。旅馆俨然已经变成我们的美国红十字会，这里有7个浴室，每名战士可以凭着一个序号登记进入，洗一个热水澡。我们的地方在宪兵队中变得非常受欢迎，他们需要不断地寻找逃兵。当德国开始进攻时，宪兵队把来自第101师的逃兵们都聚集在红十字会直到他们能得到经过兰斯到穆尔默隆的交通工具。我为3营的邮件收发员大兵"瑞典人"理查德·斯杜克豪斯弄到了一瓶白兰地，作为部队还在荷兰时他帮助我发每月新闻公报的答谢。在士兵们等待交通工具的时候，我允许他们赌博，也差点为此惹上很严重的麻烦。

和其他数百人一样，道客·德怀尔只在巴黎待了一天，他回忆，"很幸运我有时间去拜访一个法国朋友和他的家人。在诺曼底战役期间我和乔·戈伦茨在卢瓦尔河谷从一辆德军的监狱火车里逃出来后，他们曾经帮助了我俩"。

那周早些时候，汉克·迪卡洛还在穆尔默隆的H连军士们的乱窝里睡觉时，唐·扎恩少尉在早上2点左右进入房间打开了灯。扎恩（在诺曼底曾救过迪卡洛一命）被分配到了1营，他是从团部的半夜会议直接过来的。"我们发觉到他在鲍勃·马丁的行军袋里乱翻，找一副他几天前借给鲍勃的双筒望远镜，"汉克回忆。"我们问他到底在干些什么时，扎恩回答说德军在比利时的边界袭击了我们的军队，第101师要紧跟着第82空降师（该师早先就被指定为作战预备队）被派去填补敌人坦克制造出来的空缺。"汉克和同伴注意到附近的机场在过去的12个小时里非同寻常地活跃，大量的P-47"雷电"战斗机不断地着陆，再加油，然后起飞。

伯顿·杜克中尉（火箭炮排）从医院回来后被派往G连3排。团部军官会议刚开完，在拉塞尔·克恩斯下士的陪同下，杜克拜访了附近一家军械仓库想获取一些急需的弹药。一开始掌管仓库的家伙拒绝服从，但最终在我们做出一些对他的仓库的威胁后他同意签署征用书。第二天杜克就被调回了"火箭炮"排，佩兰·沃克中尉和劳伦斯·菲茨帕特里克中尉则被派往G连去填补空位。

很快在12月17日22:00后，第101师开始动员准备行动了。所有可用的装备和供给都被捆起来放在巴黎附近的瓦兹后勤中心提供的运输机上。瓦兹是属于由查尔斯·思拉舍准将运营的南方司令部的几大后勤基地之一，是最靠近穆尔默隆的一个。"第二天早上我们醒来发现第506伞兵团准备回到战场了，"汉克·迪卡洛回忆，"部队将在巴黎和我们分开，失望已不足以表达我们的心情。"

由326空军工程营B连、第101侦查排和分区总部的一支分队组成的队伍第一次出发了。第506伞兵团只有不到一天的时间组织这项任务，而且必须事半功倍。

"我们的大部分武器仍在修复之中，很多还在制造中，各种其他的轻武器还涂着卡斯莫兰包装润滑油，"迪卡洛回忆，"他们还给了我们小罐的汽油和布料用来擦干净润滑油。我是绝对没有弹药给我的汤普森冲锋枪了，但是至少它是作战的老伙计了。"第801空降军械连负责所有武器的维修，正如军士长"鲍勃"罗伯特·希金斯回忆："由于师里早前决定要对一切武器进行评估和维修，除非它是近乎完美的状态，因此我们的车间变得不堪重负。当动员指令下达后，我们加大了工作力度，额外雇用了15位武器制造工，而且在接下来的48小时内，彻底检修了5000支枪。"没有武装上前线的战士们被告知他们的个人武器会在几个小时内就到。在这并没有发生时，很多战士开玩笑说他们什么装备也没有，就带了一身宿醉和一双长筒丝袜。

在部队离开穆尔默隆前，来了两位军需队的战士，他们开始分发之前伯顿·杜克订购的军火。拉尔夫·班尼特中士回忆，"步枪每个配备最多不超过12发子弹，机枪每挺100发"。次日15:00，在仅剩少得可怜的轻武器子弹的情况下，第506伞兵团（在第321滑翔野战炮兵营陪同下）爬上了停在分区总部门口的40辆18轮半牵引车。每一辆后轮驱动的车都拖着一辆重达10吨的开式拖车。每一对组合都由一位军官或者高级军士指挥，并且有一位驾驶员和一位副驾驶员。共计380辆卡车被用来运送这支军队。

离开的顺序是这样的：第501伞兵团（除去I连——由于个人因素被阻止了）加上第907滑翔野战队和第81空降防空营的B炮兵连，紧接着是第81空降防空营剩下的人员，第101分区总部以及信号总部，炮兵总部，第506伞兵团和第321滑翔野战炮兵营，第326空军工程营（除去B连），第502伞兵团加上第377空降野战炮兵营，第327滑翔步兵团加上第401滑翔步兵团，还有第463空降野战炮兵营。

第326空降医疗连和第801空降军械连情理之中是最后出发的。第801护卫队拖了一大批各种各样的装备，包括两个75毫米榴弹炮和几辆装满备用轮胎的发电机拖车。

"我们背对背坐着取暖，就这样出发了，朝东北方向越过第一次世界大战的战场，有马恩、凡尔登和塞丹，"汉克·迪卡洛回忆，"之后继续经过比利时和阿登高地的冰山。"在黑暗中战士们挤作一团的身影看起来有几分受到压迫般的惨状。随着车灯不断前进，有些人试着睡觉，有些人轻声交谈着，还有一些人凝视着夜空陷入了自己的沉思之中。当盟军的夜间战斗机多次对我们的车辆发出嗡嗡声随即消失在黑暗中时，部分护卫队还曾一度被要求停下来，车上的人被命令下车。

原本队伍是朝着巴斯托涅向北30英里的伯蒙行进的，但在途中行动命令发生了改变，第101空降师重新前往巴斯托涅。由于缺失任何的"防滑"措施，后轮驱动的车子根本不适合冰雪道路，于是去往巴斯托涅的107英里的行程不断地延迟。装载着81毫米迫击炮排的车子因为一次撞击不得不停下来，鲍勃·邓宁回忆："在一个小镇里，一辆领头的卡车滑离了路面，穿过了前方的房屋挡在路上。由于我们没法应对这次意外，军士长莫顿让我们寻找临时庇护所，最好我们能住在当地居民家里直到马路重新畅通。"19岁的一等兵尤厄尔·马丁来自密西西比河，他在11月下旬才加入G连，被分配到1排。他回忆："在这次行程中，我们打开了一瓶我在兰斯买的香槟然后到处传着喝。没多久我就得上厕所（一个5加仑的油桶），轮到我时油桶已经满满当当了。"有一次停留在一个不知名的法国村庄里，居民们带着食物和瓶装的酒出来迎接我们。"喝几杯酒下肚的感觉棒极了，"曼尼·巴里奥斯回忆。

最后，在12月19日，星期二的凌晨，第506伞兵团和第321滑翔野战队在距离巴斯托涅西北方向3英里的尚普的一个村庄的交叉路口下车了。战士们半开玩笑似地告诉驾驶员们："我们马上就回来所以不用熄火。"附属于第506伞兵团的还有一队4辆特别安排的撤离吉普车，是第326空降医疗连的，他们的工作是把前线救护站的伤亡人员转移到赫柏蒙特的分区战地医院。

这是一种非同寻常的开始一场大规模作战的方式，但是这次任务将谱写第506伞兵团历史上最辉煌而英勇的篇章。

2

"前方的鬼"

1944年12月17—19日

1944年12月16日，绰号"希特勒的救火队长"的德军元帅沃尔特·莫德尔率领的B集团军群出人意料地越过德国边界从西北线突然进入了比利时的阿登高地，直接危及前线的整个美国第1集团军和第9集团军。在12月，这一部分欧洲的盟军主要是由美国3支部队组成的：第1集团军（考特尼·霍奇斯中将）、第3集团军（乔治·巴顿中将）和第9集团军（威廉·辛普森中将）。驻扎在阿登腹地的部分作战队伍由第4、第28（也叫作"拱心石"）和第106步兵师加上第9装甲师组成的，由特洛伊·米德尔顿中将率领第8军团和第5军团、第7军团共同组成第1集团军。第9装甲师是第一次部署，之前从未作战过，第4步兵师和第28步兵师在许特根森林长达两周的苦战后人员缩减了50%。

这是自3年前日本入侵菲律宾以来美军最严重的失败。在1000门自行突击炮，Mk-3、4、5"黑豹"坦克的支援下，德军3天内向前突破了50英里。

德军的想法是在驻扎于荷兰的英军和驻扎于法国的美军之间挑起争端，然后趁机拿下比利时的安特卫普港口。被称为"守卫莱茵河"战役的"最后的希望"的进攻是由总司令韦斯特和格尔德·伦司德元帅计划的。德军向前挺进80英里，从蒙绍（在德国西部）向正南方向沿着比利时边界到达埃希特纳赫（在卢森堡东部），包围一支手头有着2000多个重炮群的人数多达250000的军队。B集团军群和第5装甲集团军组成了攻击主力。由纳粹党卫军全国总指挥"塞普"约瑟夫·迪特里希指挥的第6装甲集团军和装甲兵上将埃里希·勃兰登贝格率领的第7装甲集团军主要负责北线和南线。诺曼·科塔少将的第28步兵师竭尽全力守卫着北线，为第10装甲师赢得时间占领巴斯托涅并且部署坦克。在1944年就拥有4500人口的巴斯托涅镇曾经是、如今依旧是一个中央枢纽。坐落于比利时的东南角，巴斯托涅位于卢森堡省，毗邻独立大公国卢森堡和德国边境。这里汇集了7条主干道的交通网络，对于德军来说是至关重要的，并且他们的终极目标是夺下安特卫普港口。

从圣维斯（胡法利兹的东北方向18英里）的重要道路枢纽开始，"拱心石"

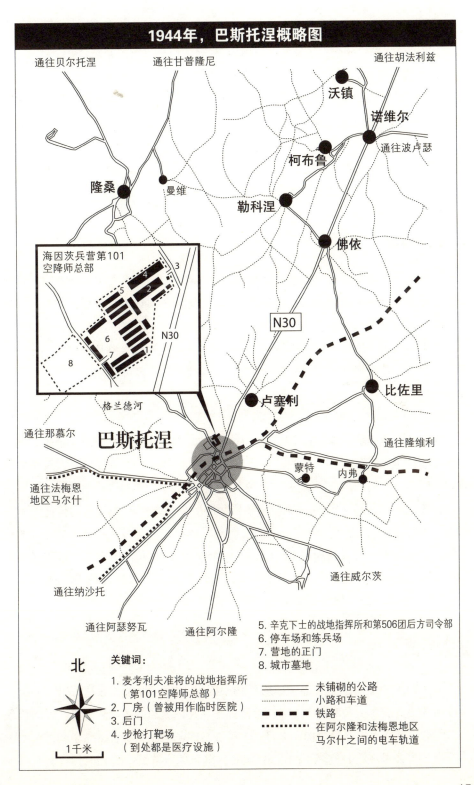

1944年，巴斯托涅概略图

通往贝尔托涅　　通往甘普隆尼　　　通往胡法利兹

沃镇

诺维尔

通往波卢瑟

柯布鲁

隆桑　　曼维

勒科涅

佛依

海因茨兵营第101
空降师总部

3
4
5　2
6　　N30
7　　1
8

格兰德河

卢塞利　　比佐里

巴斯托涅

通往那慕尔

通往隆维利

蒙特　内弗

通往法梅恩
地区马尔什

通往威尔茨

通往纳沙托

通往阿瑟努瓦　　通往阿尔隆

5. 辛克下士的战地指挥所和第506团后方司令部
6. 停车场和练兵场
7. 营地的正门
8. 城市墓地

北

关键词：

1. 麦考利夫准将的战地指挥所
（第101空降师总部）
2. 厂房（曾被用作临时医院）
3. 后门
4. 步枪打靶场
（到处都是医疗设施）

—— 未铺砌的公路
······ 小路和车道
▬▬▬ 铁路
▬ ▬ ▬ 在阿尔隆和法梅恩地区
马尔什之间的电车轨道

1千米

15

最初的任务是守住沿德国边境向南延伸到绍尔河和奥尔河的交汇处的21英里长的前线。同时第106步兵师则在圣维斯内及周边同第5装甲集团军以及第7和部分第9装甲师浴血奋战了长达6天。

伦纳德·杰罗少将的第5军团中的第2、第99步兵师在艾森伯恩山脉实施了必要的封锁战略。这场战役给第6装甲集团军以及他们试图越过西部的韦尔维耶到达默兹河的计划造成了严重的延迟。尽管第5军团和第8军团面对着敌军势不可挡的情形，第1集团军的军队还是完成了一项难以置信的任务，他们的行动为美军两个空降师的成功部署带来无法估量的贡献。

海因茨兵营

那时候，在麦斯威尔·泰勒上将被召去华盛顿特区和陆军部开紧急会议后，46岁的安东尼·麦考利夫准将（分区炮兵指挥官）接管了第101空降师。很少有人知道泰勒和麦考利夫为彼此取了昵称——"大杀手"和"小杀手"。然而，当泰勒一听说德军的突破性进展后就立即制订计划返回。泰勒的助理、刚从英国回到比利时的杰拉尔德·希金斯准将明智地默许了托尼·麦考利夫，毕竟他对于当时的情形更加了解。

前一天早晨（18日），在去往伯蒙的路途中，麦考利夫决定去一趟巴斯托涅，到罗什街海因茨兵营的特洛伊·米德尔顿的总部去听他的临时战况报告。这个兵营之前曾被希特勒青年军作为"新兵训练营"，在9月10日解放后，大门仍然挂着德国国徽。大门的另一边被一行修建得十分整齐的小松柏包围着的是柏油路碎石路面的停车场和练兵场。毗邻一对高大的无线电天线（属于第8军团的通信连）和正对着广场的是8个长方形的住宿区。坐落在两层楼高的营房后面的是几幢更大的建筑物，包括车库、马具商和木工车间以及一个射程100码长的室内步枪射靶场。这些军营将成为接下来的两个半星期里麦考利夫的总部。在兵营对面，跨过罗氏街是一片墓地。在随后的战役里这儿被大量用作临时的埋葬地。

进入深渊

麦考利夫和他的助手泰德·斯塔雷特中尉、G3分区行动事务员哈里·金纳德中校和驾驶员欧文·布朗上士一起在分区先遣队之前就离开了穆尔默隆。在海因茨兵营的会议期间，詹姆斯·加文上将——第82空降师的副指挥官，由于马修·里奇韦不在，现在担任第18空降军团（第1盟军空降队的一部分）的临时指挥官——发布了极其重要的消息。加文刚刚从伯蒙回来，杰罗准将和第5军团确认被困在了那里。在进行了一些讨论之后，大家决定派第82空降师前往第5军团然后把他们部署在伯蒙周围。

情报显示由装甲兵哈索·冯·曼陀菲尔上将率领的B集团军群和第5装甲集团军现在正在路上。向穆尔默隆征求了改变计划的建议后，麦考利夫派金纳德中校到一个代号为"X"的十字路口，该路口位于赫柏蒙特附近，沿着N4公路，在巴斯托涅的西北部7英里。这条路被向东北方向通往巴斯托涅、向西南方向通往利布拉蒙和利班的N826道路切断。奥尔河上横跨了一座浮桥，再往西只有3英里了。金纳德刚刚到达就立即指示宪兵队指挥所有的第101师的车辆前往巴斯托涅，而不是之前计划的伯蒙。

第一个到达的501团1营被重新定向到巴斯托涅以东2英里的内弗村，大量的德军坦克现在正在那里集结。他们的终极目标是默兹河和比利时南部的那慕尔的要塞城镇。装甲教导师（一支没有经验的训练师）、海因茨·柯克特少将指挥的第26国民掷弹兵师以及第2装甲师已经被强制派往巴斯托涅。这三支主要进攻的队伍组成了第47装甲军，最终任务是拿下这个城市。再往北，第116装甲师在第560国民掷弹兵师的助攻下对准了胡法利兹。

第10装甲师（来自第3集团军，众所周知的"老虎师"）临时组成了几支坦克队来防御巴斯托涅的东线。第10装甲师的指挥官是威廉·莫里斯少将，他已经派遣了两支队伍前往前线，代号为"作战队A"和"作战队B"。每支队伍由大约50辆坦克、一个步兵营、一队工程师和配备了"4杆50"（一种卡车或安装有4架0.50英寸口径机枪的半履带车）的防空小队组成。

作战队A前往位于绍尔河的德军先遣队的南侧翼，作战队B前往巴斯托涅。在威廉·罗伯特上校的率领下，作战队B被分为三个小队，最初部署为一个大圆弧形，向东行进离开城市5英里。丹卓特遣队，由威廉·丹卓少校（第20装甲步兵营的指挥官）指挥，带着15辆坦克向北前往诺维尔；谢里特遣队，在亨利·谢里中校的指挥下，向东北方向前往隆维利；与此同时，奥哈拉特遣队，由詹姆斯·奥哈拉中校指挥，向着东南方向前往瓦尔丁。这三支装甲队设置了很多路障试图阻止第47装甲军的前进。德国国民掷弹兵或者"人民军"部队的很多相关组成人员都是临时征召来的，只被给予了最基本的军事训练。在国民掷弹兵中，步兵都是年轻男孩、中年男子，有时候甚至是女人；其他的是来自全欧洲的战俘，威逼利诱下强征入伍的。这一次是改变盟军态势的绝地一搏，而第26国民掷弹兵师以及剩下的第47装甲军将会在这场战役的最前线。

谢里特遣队的参加着实使得弗里茨·拜尔莱因上将把进攻巴斯托涅的计划推

迟到了第二天早上。当地情报报告说一队美军坦克在朝着自己的方向而来，于是拜尔莱暂时停留在了马格利特。对于盟军来说很幸运的是，这个决定事后被证明是个重大判断失误，因为那时候巴斯托涅对他来说简直是瓮中之鳖。然而，501团1营的提前部署竟然是至关重要的，事实上恰好与此同时，过分谨慎的拜尔莱在12月19日这天把进攻推迟到7:30。在战役开始的第一个小时里，国民掷弹兵惨遭84人的伤亡，根本无法打破第501伞兵团的斗志。第101师的到来对希特勒来说并没有多大的意外，他的高级指挥官一直以来希望能在盟军空降师之前实现目标的想法终于能彻底部署了。

回到海因茨兵营，麦考利夫决定接管第8军团战地指挥所——位于营地南边的地下。考虑到安全因素，让·米德尔顿把他的指挥中心转移到了纳沙托（12英里外的西南部）。兵营的供能系统就在大楼的底下运作着，而且只有一段台阶就到了。麦考利夫选了台阶底部左边的第一个房间作为工作和睡觉的地方。第81防空营和第326空降工程师营也在兵营里建立了自己的总部。第101空降信号连召集了所有的通信军官开会决定每个团都安排在哪条路上或者哪个方向，以便开始在配电盘间布电线。第二天晚上，米德尔顿命令第705反坦克装甲车营从纳沙托向北行进来援助第101空降师。

有资料说，麦考利夫——常常形容自己是"一只老鳄鱼"——觉得第101空降师一定能守住巴斯托涅，只要撑过48小时就可以得到乔治·巴顿上将的第3集团军的全力支援。此时第3集团军正在100英里之外越过萨尔布吕肯的地方攻打着"西墙"。

巴顿的手下为这一项计划早有训练，因此当艾森豪威尔上将要求他从南边反击时，巴顿十分自信他能够完成任务。当第3集团军被重新定向之后，巴顿启用了他的第4装甲师，该师一直被储备在越过阿尔萨斯洛林边界向南20英里的费内特朗格。

在休·加菲少将指挥下的第4装甲师极度缺乏坦克和人员。加菲把整个师分成了三支作战队伍，命名为"A"、"B"和"R"（预备队），并且派出"A"带头向北越过卢森堡，"B"向西前进得更远，"R"在他们的最左边。

米德尔顿在即将出发前往纳沙托时，笑着祝麦考利夫和金纳德好运，他说："托尼，现在起别让你自己被包围。"尽管在之后几周里米德尔顿将军帮助组织了盟军坦克战术和路障，幸运的是麦考利夫和金纳德选择忽略他的建议。麦考利夫没有选择向北创造出一条笔直的战线，而是决定在巴斯托涅四周的14英里长的防御圈上赌一把，他认为这样会更容易指挥和守卫。最终曼陶菲尔将军需要全面控制住道路才能保证第5装甲军在前进道路上没有障碍，然后到达安特卫普。麦考利夫把他指挥下的所有战士有序安排在巴斯托涅每一个角落里（大约11840名伞兵和6500

人的其他兵力，共计大约18000人），不惜一切代价形成并守卫这个防御圈。比较起来，那时和第101师对抗的敌军达到了38000人（尽管在圣诞节前不久就缩减到了20000人）。

麦考利夫安顿下来后，第326空降医疗连的威利斯·麦基上尉前来希望获准能把第101战地医院从伯蒙搬到离巴斯托涅更近的地方。托尼认为医院在现在的地方会更安全，于是拒绝了并把麦基送回了他的部队，事后证明这是一个灾难性的代价极大的错误决定。

战斗中的靴子

12月18日午夜刚过，3营团部连的指挥官、来自纽约的28岁的吉姆·莫顿上尉和弗雷德·巴赫莱军士长、丹尼斯·韦斯特上士和威廉·库利上士作为先遣队的一分子被派往比利时的沃辛范村。和莫顿一起的还有他的传令兵大兵小查尔斯·科波拉，他最近刚刚从G连转过来。拂晓刚过，莫顿就被命令向东北出发至尚普，辛克上校已经在那里建立了一个前锋战地指挥所。团护卫队在代号"X"的十字路口附近在沿着通往西班牙的圣艾蒂安的路上布置好路标后，改道去了尚普，终于在次日早晨06:00全部到达。

04:00，3营到达了尚普，似乎没人知道发生了什么。但是在卸载完毕后，军队立即开始在村庄的北边开挖临时防御阵地。这里的地面泥泞不堪，而且有的地方都是积水。这里几乎听不见远处的声音，战士们只能听到大炮和坦克开火的爆炸声，大概从内弗或者诺维尔传来。

几个小时后，团队被重组为一支战斗队（由1营、3营、团部连和第321滑翔野战炮兵队组成），并且沿着罗什大街穿越了赫姆洛到达了兵营南面的一个大型战场，2营殿后。在爱德华·卡迈克尔中校的指挥下，第321滑翔野战炮兵营的大多数人被抽派到格兰德河和萨维的西北边，卡迈克尔在萨维的校舍里建立了自己的战地指挥所。第321炮兵队的12枚75毫米炮榴弹统一隶属于他们自己的总部炮兵连的A连和B连。

对麦考利夫来说和他的炮队保持近距离是至关重要的，兵营里的战地指挥所使他能够很快到达只有500码远的第321炮兵队。麦考利夫手头有大约130支枪，包括可观数量的M1、155毫米绰号为"长尾山雀"的野战炮。这种炮的射程可达14英里，都交由第333野战炮兵群来操作。这个队里的非裔美国人是第8军团的，最近刚和另一个黑人部队、第969野战炮兵营的一个炮兵连合并。在头两天，炮弹供应十分充足，这无疑有助于在战斗前期压制德军火力。

B连驻扎在萨维南边半英里的一个大型农场，能够俯瞰格兰德河。至少有一挺机枪是属于506团3营的，炮手雷·纳高大兵回忆："最初我的士兵被派去前线支援1营和3营。每一个75毫米榴弹炮需要一支12人的队伍，包括一个上士作为部门指挥官。我通过光学原理使用两个插在榴弹炮前面的地里的瞄准标桩来调节高度和偏转角度。通过标桩我可以精确地把我的刻度盘视野里的十字准线瞄准到诺维尔附近的事先记录好的目标上。大部分时间我们的阵地都是由第81空降防空营的0.5英寸口径的机关枪排组成的防御圈保护着。"

一等兵无线电通信员维克托·萨尔赫布（总连）被新派给辛克上校，为了配合新增加的炮兵支持。"因为我的老板比尔·纽金特中尉（前线观察员）由于肺炎回到穆尔默隆住院了，于是他们把我送回第506团。"辛克上校在兵营北面的能俯瞰到等候区的住宿楼里建立了一个长期的指挥所。奇怪的是，在建筑物里的一堆废弃物中有一队比利时护士的长筒丝袜和护照，这些护士曾经在进攻之前帮助过第8军团。

以前的房客离开的如此匆忙，残留的晚餐还有几封写到一半的信件在一间屋子里散落在桌子上。另一间屋子里储存着三十几袋面粉，这些面粉都是卡尔·科尔斯中校之前从巴斯托涅市民那里采购来的。7吨面粉和2吨罐头饼干被储存在巴斯托涅天主教神学院那里保管着。存放在兵营的面粉引得很多美国人以为某个地方有家面包店。募捐背后的男人是代理市长利昂·杰克敏，他在3个月前被特洛伊·米德尔顿任命。

在一间屋子的墙上涂着很大的字"我们会回来的——美国佬"，这是伞兵们对那一行"见鬼，我们什么时候才能离开？"的回答。"在接下来的3天的大部分时间里，"维克·萨尔赫布继续说，"我在辛克的指挥所工作，主要维修无线电设备。那是一段非常累人的时间，我觉得我那72个小时完全没有睡觉。"

在到达兵营的等候区解散之后，汉克·迪卡洛上士想起了最新指令下达前的延误："我们在严寒中等待了将近5个小时，唯一能听到的声音就是每个人都在尽可能地跺脚，似乎这样能获得一些温暖。少数幸运儿有外套，但像我这样的大多数人只穿着最简单的作战服——尽管我在夹克里还穿了一件羊毛衣。"

排指挥官尽可能简洁地向战士们解释了多变的战况。"帕奇上校告诉我他也不知道到底什么时候会有突破性进展，"克拉克·汉格涅斯中尉（H连2排）回忆，"但我们被命令向北前进。"不久之后，上级决定2营留在卢塞利附近作备用。在部队行动前，安德森上尉挑选出巴里奥斯上士和他的7个士兵，指派他们成立一支侦察队，曼尼回忆说："我们的部分工作是前方观察员，也是一种机动备用队。结果从那以后我们得到的全是一些鸡毛蒜皮的工作。在之后的几个星期里，我教给我们的士兵们很多当兵的道理，而且我真的相信他们为I连甚至整个营队做出了宝贵的贡献。"曼尼不在时，哈罗德·斯特德曼掌管了60毫米迫击炮班直到另行通知。

埃德·西姆斯少尉和"巴克"阿摩司·泰勒中士领导的3营和E连3排（团巡逻排）接到命令要沿着那条去胡法利兹的主路（指定的N30公路）向佛依前进3英里。那时的3排兵力严重不足，大约由两个步枪班和一支60毫米迫击炮队组成。在离开穆尔默隆前不久，理查德·休斯少尉（之前在2排）被分配给西姆斯作为临时助理排长。"我真的不知道为什么他们把休斯给我，因为他对于我们现在要做的工作一点儿经验都没有。"埃德回忆，他清楚地认识到盟军现在自身所处的混乱形势。

这个城市一片静谧，勇敢地留下来的居民在罗什大道（N834）上分发滚烫的热咖啡。离开了等待区，3营便前往N30公路，开始了他们历史中的那段行军。在几分钟内他们就遇到了第10装甲师的部分部队，在刚刚过去的8小时里，第10装甲师一直在和他们在巴斯托涅的后方力量对抗。2营、3营搬出这个城市前几个小时里，詹姆斯·拉普拉德中校指挥的1营被派去潜入诺维尔的佛依去支持丹卓特遣小队。

在诺维尔的危机

诺维尔（除了它西边的入口）坐落在盆地里，被起伏的群山包围着，使得这个小镇很难防守第2装甲师。对1营来说重要的是守护诺维尔的安定，从而为3营争取更多时间在佛依建立并巩固它的防守阵地。从05:30起，第2装甲师就一直沿着胡法利兹和波卢瑟的道路进攻。随后，在沃镇和柯布鲁之间地带，丹卓特遣小队击败了超过12辆敌军坦克。猛烈的炮火和美军步兵的撤退号令促使威廉·丹卓少校（装甲特遣队的指挥官）向罗伯茨上校（B作战队指挥官）请求撤退。

丹卓发现506团1营正在准备离开巴斯托涅，于是他决定留下来，派一辆吉普车去接拉普拉德中校，这样他们俩就可以商量他们的有限的而具有决定性选择。丹卓知道拉普拉德缺乏弹药后，立即命令自己后勤连的两辆卡车沿着佛依和诺维尔之间的N30公路在多处存放了弹药。之后，1营经过时，战士们可以自行拿取弹药手榴弹。不久之后，叫停的口令传到了前线，战士们就在附近的树林里埋伏，在即将爆发的攻击之前，几个连长都见到了拉普拉德。

诺维尔就在下一座山的那一边，1营在迫击炮和弹药炮火的掩护下开始行动了。A连攻击北部的同时，B连越过柯布鲁公路向西抢占了制高点，休伯特·波特少尉回忆说："埃德·隆中尉和我带着1排，守卫着制高点。正当我们还在掘壕固守的时候，部队就遭到了3辆坦克以及前来支援的步兵的沉重打击。"C连向东越过空旷的沼泽地到达树木繁茂的山脊，而德军早就在那里等候了。面对敌军，美军立即沿着树林的边缘迅速组织了一条散兵线，配有7辆坦克。尽管摧毁了一辆"黑豹"坦克，C连也遭受了惨重的伤亡。14:00后，敌军的进攻转移到了诺维尔的东河岸，在两个小时的激战后，两个步枪连都在C连前来支援的几个排的掩护下撤退了，留下155毫米的M-10"谢尔曼"反坦克装甲车拖住装甲师。知道敌军在从附近的波卢瑟向西推进的拉普拉德和丹卓召集了第321滑翔野战炮兵营和第420装甲野战炮兵营（丹卓特遣队的一部分）放烟雾来帮助掩护营队撤退到诺维尔。B作战队的一小部分前方观察员已经跟随1营前进了，一等兵杰·斯通回忆："我的队伍包括弗朗西斯·坎汉中尉、比尔·普卢默上士和吉普车司机温德尔·伯恩大兵。在当时那种情况下，我们的电工做了一件不可思议的工作，保证了我们的通信系统对火力监测中心的畅通——该中心负责向枪手们传播信息。坎汉中尉5个月前就加入了这次战斗，是一个非常棒的人，他总是和队伍一起干活而且从不逃避自己的责任。"

晚上的时候，在希金斯中将的命令下，巴内·赖安上尉（3营外科医生）从佛依出发沿着N30公路（显然还开放着）前往诺维尔去帮助1营。附属于506团1营的医疗机构坐落于小镇南边界上的右边第一幢房子（归博让家族所有）。赖安接管了1营救助站并允许他们的外科医生约瑟·瓦伦外出收容了大约50名受伤的士兵。

同时，1营参谋长、罗伯特·哈威克少校在游览世界第一次大战的美国战场期间错过了召回通知后自行回到了巴斯托涅：

> 在12月19日大约08:00我向一辆运载弹药的卡车搭了便车，便离开了穆尔默隆。越过比利时边境后，我们就遇上了一直跟在我们后面的重型设备护送队。当我们开始超越第28步兵团的几个小队时，司机和我都开始怀疑到底发生了什么，整个团都在朝着错误的方向前进。一到巴斯托涅，第506团总部就告诉我说1营已经转移到诺维尔了，于是我没戴头盔没带手枪就徒步出发了。头3英里很安静，我经过了一些在捆绑通信电缆的士兵，还有一辆撞到树上的救护车。从那儿开始我能看到在那山丘上有迫击炮在爆炸，我继续前进了大约1英里直到迫击炮火逼得我不得不躲到公路边沟。透过雾霭，已经可以清楚地看到诺维尔的教堂尖顶了，镇子的有些地方看起来在着火。由于这里看起来没有任何我的营队的迹象，我开始回头查看情况，途中遇到了506团3营的一支巡逻队，他们确定我的部队就在诺维尔！

哈威克从一个草堆冲到另一个草堆，就这么小心谨慎地往镇子前进，路上他还很小心地避开了躺在路上白床单盖着的几具尸体。

诺维尔刚好坐落于波卢瑟和柯布鲁的交叉路口，波卢瑟色在路口以东，柯布鲁在西。路口的东边耸立着一座新哥特式教堂。圣埃蒂安教堂建于1882年，它的塔尖在几英里之外就能被看到。教堂隔壁是长老区会，是50岁的诺维尔和波卢瑟的神父路易斯·德尔沃的家。

这幢让人印象深刻的两层的房子被一面5英尺高的石墙完全包围住。在长老区会正后方是当时属于费尔顿家族的农舍（如今由希高家族拥有），这个农舍连通着一间挤奶屋和畜棚。正是在这里哈威克少校发现了沃伦上尉正在撤退很多伤员。第10装甲师和丹卓特遣小队的战地救护站就在教堂正南方的一个咖啡馆里，但是其在那天早些时候被炮火严重毁坏了。

军官"杰克"约翰·普里奥尔上尉几天前被分配到第20装甲步兵营，现在附属于丹卓特遣队。他回忆说："临时军火供应站就在那间咖啡店的正后方，这引起了德军炮兵观察员的注意。在大约09:00时，咖啡店前面的大玻璃被炸碎了，我们被迫只能在地面趴着治疗伤员。不过，我们还是想办法将4名病人优先转移到了一辆半履带救护车上，但是这辆车后来被坦克的炮火损坏，不能用了。"

弥漫在小镇的雾气散去的同时显露出了在沃克斯和波卢瑟之间的大约30辆敌军坦克的散兵线。"很幸运的是在半履带车上的4名伤员都没有受伤，我们成功把他们带回救助站，"普里奥尔继续说。尽管丹卓在校舍里拥有自己的战地指挥所，位于长老区会的斜对角，拉普拉德仍然决定在沿主干道稍微往南一点的德蒙特尼家成立自己的总部。那时候上校相信这个坚固的房子能够保护他更好地防御外来的炮火。"作战指挥所"的窗户迅速被用木板钉上，还设置了其他的安全措施。

拿着一个头盔和一支M1A1卡宾枪，鲍勃·哈威克在沃伦上尉的指引下去了拉普拉德的新指挥所。少校刚刚走过，一枚迫击炮就在附近爆炸了，沃伦的两个手腕都被弹片击中。"主干道被一棵巨大的树堵住了，除此之外两辆半履带车也在燃烧。我注意到街对面的一辆吉普车部分被掩埋在一堵倒塌的墙底下，几所房子着了大火。迫击炮弹穿越烟雾像雨点一般落下来，使得碎石块到处飞溅。"当哈威克前去报到时，丹卓和拉普拉德已经在不幸着火的作战指挥所里拼命地试图调动B连、第705反坦克装甲营和其他各位连长，而他们凭借的仅仅是一张1：100000比例尺的地图！

由于哈威克正在隔壁房间里建立一个信息中心，第10装甲师的维护人员詹姆斯·雷韦尔上尉就待在了门外自己的救险车里。连长们刚离开这幢楼不久，一枚穿透窗户的炮弹当场结束了拉普拉德的生命。这次爆炸也严重伤到了雷韦尔，而丹卓的头部和脸部都被弹片击中。事情似乎是由于雷韦尔的车辆被敌军的前方观察员认出来从而可能暴露了战地指挥所。

无论喜欢与否，鲍勃·哈威克在和查尔斯·赫斯特德少校（他代替丹卓成为装甲特遣队指挥官）简单讨论后成为现任领导。哈威克继续组织着小镇周围的防守。在午后，C连——705反坦克装甲车营的一部分接到命令从佛依前来援助。那时候，在第二作战指挥所和第506团总部之间几乎没有通信。

有关丹卓之前请求撤退的消息不胫而走，在少校受伤后就该命令引发的混乱变得越来越糟糕。普里奥尔上尉回忆："由于我们没有能够派上用场的交通工具或者担架，我就考虑带着病人和我一起投降，但是除了咖啡店老板，我的手下没有一个人同意这个主意。"幸运的是，在这个时候第705反坦克装甲车营的一个排带着他们的"谢尔曼"坦克出现在外面的路上。普里奥尔抓住了这个机会。"利用咖啡店的门，我们把所有受伤的人（包括丹卓少校和雷韦尔上尉——他在恢复意识后发现自己正戴着拉普拉德的头盔）都用皮绳捆住转移到坦克里，并前往巴斯托涅。"离开诺维尔不久，这支装甲小分队进入了敌军坦克火力范围内，从而导致了更多的伤亡。3个小时之后，护卫队最终成功地到达了一个伤亡收容点，这里可能是位于天主教神学院的巴斯托涅的最主要的医疗机构，第501伞兵团的团部也位于此。

安置好病人后，普里奥尔医生建立了另一个救助站，位于维维耶街上的一个大型商业汽车修理厂，以便给第20装甲步兵营提供服务。两天后（12月21日），由于缺少合适的供暖设备，普里奥尔被迫将救助站搬到了小镇南侧沿着纳沙托大街的一幢三层楼的房子里（现在开了一家中餐厅）。

回到诺维尔，鲍勃·哈威克给团总部发了一份报告概述了情况并请求派另一位医生来代替沃伦和赖安。哈威克回忆说："伤员都被集中在一起，我派人去叫了几辆2.5吨的卡车和杂物，它们在团部牙医"狡猾鬼"塞穆尔·费勒上尉的陪同下按时到达了。随着天色变暗，敌军的炮火逐渐变弱了，这使得装载伤员的工作容易了许多。一直在救助站辛勤工作的医疗员欧文·米勒下士帮忙把1营的伤员抬到车上。"直到他们离开了我才意识到我的非常昂贵的派克51钢笔还在沃伦上尉手里，"米勒回忆。

来自纽约的费勒在离开时顺路稍了赖安到佛依——赖安感激地接受了。在这段短短的旅程中，巴内把自己的崭新的瓦尔特P38手枪借给了"狡猾鬼"以防他遇到任何危险。伤员们都被带到了神学院（后来成为分区医院），之后又被转移到赫柏蒙特的第326空降医疗连后送站。"在伤员们离开后，"鲍勃·哈威克回忆，"我们利用敌军活动的间歇布置地雷和照明弹，为了不可避免的最后一站做准备。然而，我们失去了和第506团部的所有无线电通信，因而无法通知他们我们现在已经几乎被包围了。"

在铁的天空下——佛依和勒科涅

在过去的12月19日，下午早些时分，3营沿着N30公路向北行进，看到来自第28步兵师的军队和第9装甲师的剩余兵力不断增加朝自己进军，为此他们十分困惑。很多被包围的军队在发现伞兵们是在向北前进去靠近敌军时都惊骇不已。"这些人有过冬的衣服，看起来为过冬准备得比我们好太多了，"埃德·西姆斯回忆。"我们手里唯一有的额外的衣服不是'拱心石'丢弃的就是后来从德军手里缴过来的！"

拉尔夫·班尼特记得，"如果不拿走他们所有的弹药我们是不会放他们走的。"哈利·丁曼除了一支0.38英寸口径的史密斯威森左轮手枪外什么武器也没带，他成功地从一名撤退步兵那里设法弄到了一架汤普生手提机关枪。相比之下，其他装甲军队（属于作战司令部B）正在发放所有的备用弹药，汉克·迪卡洛回忆说："虽然这些家伙也看起来筋疲力尽但是他们仍然设法发现一些积极向上的鼓励人的话。散落在路中间的武器运载卡车旁边的是一堆弹药，我能收集到足够多的柯尔特45型自动手枪子弹来装满我的汤普生的所有9个弹匣（270发）。"

部队现在正在进入一个覆盖着茂密的云杉和常绿林地的地区，和北卡罗来纳或者南威尔士布雷肯灯塔很不一样。被N30公路分割开，同时被连绵的群山俯视着的佛依的小农村公社建立在一个天然山谷中的交叉路口附近，因而对敌军来说这里是发起对巴斯托涅的攻击的一个完美的集结地。

在1944年，这个村庄有着26个农场和几十个谷仓，总人口大约130人。这个联系紧密的村落由巴斯丁、杜蒙和科恩家族掌管。有些人为生活在勒科涅庄园的道夫施密德家族工作。

只有道夫施密德家族拥有汽车，村民们的唯一交通方式除了骑马就是徒步。在村庄中心那个交叉路口，N30公路的东边，坐落着始建于16世纪后期的深灰色石头建造的圣胡子教堂。如今这个小教堂的主要显著特点是在入口上方的一行深刻的题字，上面写着，"Hic Domus Dei Et Porta Coeli"，意思是"这是上帝之屋天堂之门"。

在教堂附近，坐落在这条街道的同一边的是一所当地学校，由维克多和玛尔特·马雷恩运作管理。尽管当时玛吉·马雷恩才六岁半，她仍然对那时候的事有着鲜明的记忆：

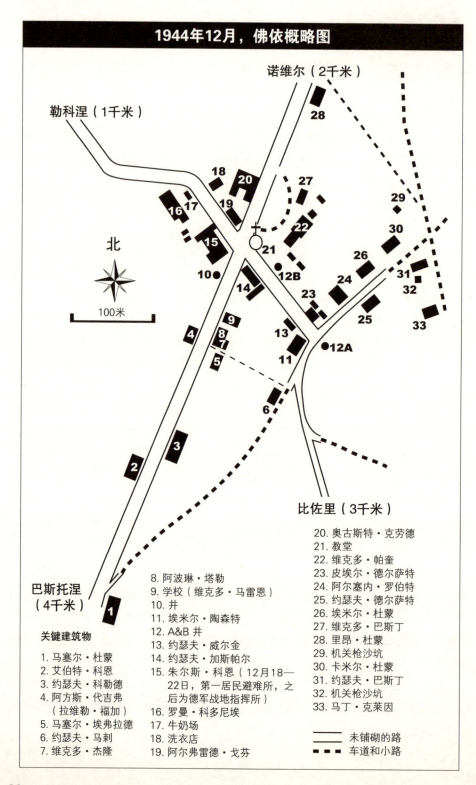

　　我的爸爸是校长，我们住在校舍前部面朝着主路的一间私人住房里。在德军发动对阿登地区的进攻时，村庄里年满17岁的大部分男人都逃到西部去了，他们企图躲避这无法避免的强迫劳动。我的爸爸带着一个侄子和很多其他人去了勒科涅——留下妈妈照顾我的哥哥、两个姐姐和我。我们本来想的是在德军离开后他们就回来的，但显然他们再也没回来。12月18日，我们看到第一支美军护卫队（来自丹卓特遣队）穿过村子朝诺维尔去了。在晚上，随着战争的声音开始越来越近，我们穿过街道到转角处朱尔斯·科恩的家，就在教堂斜对角对面。科恩一家（是我母亲家的亲戚）成功地经营着果蔬生意，同意让我们在他们坚固的地窖里避难。

　　这个硕大的地窖通过一小段石头台阶通往一扇下沉的门。这个低矮的用砖砌成的拱顶地窖被分成4个独立的区域，科恩家就把库存果蔬放在这里。储藏室由长廊连接着，每隔一定距离就镶嵌着四扇狭缝窗户，对着东边的N30公路的路面。这个地窖穿过了这幢让人印象深刻的两层楼的全长。正中心是混凝土楼梯通往这幢房子。地窖里很快就住满了当地人。"当美军伞兵开始在我们附近挖洞时，这儿大约有45个人在地窖里避难，主要是女人和孩子，"玛吉回忆。"其中一个年纪较轻的女孩吉莱纳·巴斯丁，已经快要生产了，尽管当时环境很糟糕，但那些年长的女人还是从社交上孤立了，她因为她还没有结过婚。"

　　其他的家族比如罗伯特，决定在美军到来之前放弃一切。朱尔斯·罗伯特那会儿（1944年）只有9岁，他回忆，"12月19日，我的父母（阿尔斯和维克托瓦尔）带着整个家族去了勒科涅，包括我的祖父亨利。在勒科涅，我们在多米尼克咖啡店的地下室找到了临时的栖身之所。"这个属于多米尼克家族的小旅馆和他们的农场是连通的，坐落在通往柯布鲁的路边，离那个教堂就一小段路。"大约3天之后，战况变得非常糟糕，于是我们决定离开多米尼克的家，搬到西边住在隆桑的我叔叔家，"朱尔斯继续说，"在我们去曼维的途中，炮弹就在我们头顶擦过，大多炮弹就是从法赞树林区的方向飞来的。当我们到达隆桑时，隆桑已经空无一人了，于是我们继续向西南方向前往尚普，爸爸有个朋友在那儿，爸爸指望着他能给我们提供住所。我一直随身带着的装满硬币的存钱罐成了累赘，于是爸爸决定把它埋了，等事态平息后再回来取。"

　　在罗伯特家族离开后不久，多米尼克家也决定离开了。根据21岁的罗杰·多米尼克说，"情况变得非常危险以至于我父母不得不抛弃他们的动物然后向着西北方向逃亡到贝尔托涅去了"。

　　当罗伯特一家到达尚普时，德军已经在路上布下雷区。朱尔斯记得：

　　士兵们指引我们穿过路障，我们发现自己在包围圈之外，尽管当时我们并没有意识到。我们在尚普待了两天，之后继续穿过敌军战线前往休蒙特（位于巴斯托涅西南部），在那儿我们在苏博特农场的地下室找到了临时的避难所，这儿一直被德军当作救助站。占据了另一房间的说法语的医疗工作者似乎并不在意我们的存在，甚至时不时地给我们一些食物。不断地有伤员被抬进来，其中很多看起来还是青少年，他们尖叫着呼喊他们的母亲。

　　德军动用了他们手头的任何一种交通工具，包括缴获的美军吉普、有边车的摩托甚至还有百姓的车辆。那些伤员和浸透了血的地板的画面是我们一家永远无法忘记的，而且一直捉摸不透德军会对我们做什么是一种很糟糕的感觉。

　　最终，苏博特被战火摧毁了，我们搬去了附近的另一个农场，属于克劳伦斯家族。我们刚在厨房里安置下来，德军医疗队就把他们的救助站转移进来了，还强迫我们再一次住到地下室去。一天早上我和我的姐姐丹妮丝（马上就10岁了）碰巧在楼上的厨房里看到了一些相当奇怪的事。一个德国军官正躺在长沙发上，看起来很不舒服，这时另一个士兵进来给了这个人一杯咖啡。过了一会儿这个军官就不行了，进来两个男人用油布包裹了他的身体，丢进了一辆车的后备厢里，之后开车到了附近的林地。我们一直都没有弄清楚到底发生了什么。

　　几天后，德军需要更多的空间，我们被要求离开。我爸爸一时之间没了主意，不知道我们到底应该如何做。我们打包好我们少得可怜的随身物品，沿着马路动身了。我们还没走出多远就被密集的步枪炮火逼到了附近的一个谷仓里。子弹在钢铁架子上反弹，因而毫无疑问无论谁在射击我们都觉得是在朝着我们。最终炮火终于停息了，我们继续向南到了拉法赛尔的一个大农场，这个农场属于亨利·柯普，他正带着他们一家人准备撤离。尽管这幢房子已经被埋到地底下了，周围的谷仓还是可以居住的。柯普先生说我们可以住在其中一个马厩里，和牲口们一起住，我们知道这样会温暖许多。我们简直无法相信自己能如此走运，一天也许更久之后（大约1月15或16日）美军到达了这里，建立了一个行军厨房。我们就在这个农场住了大概一个月，像国王一样享受着食物，和很多在包围圈内的被困在弹丸之地的军队大不相同。

国王的战士们——菲利普的故事

俯瞰着勒科涅，在佛依西北部一英里处，坐落着当地闻名的"白宫"道夫施密特家的城堡。始建于1842年，这幢美丽的三层庄园依旧属于道夫施密特家族，这个家族还拥有附近的一些农场和沿着俯瞰勒科涅和佛依的以香槟树而出名的山脊（香槟林）的一些密林地区。在1944年，别墅前面修了两个观赏性的池塘来装饰地面，还在池塘周围种上了欧洲山毛榉，这是为了给整个家族创造一种奢华的田园生活——道夫施密特家族在过去的400年里在这个地区有着重要地位。

战争开始之前，巴龙·弗兰克斯·道夫施密特雇用了几十个当地人分别作为家务佣人、林地工人和农场工人。圣诞节的时候，弗兰克斯会亲自包装然后赠送礼物给当地的孩子们，因而孩子们对于拜访这个"大庄园"总是很兴奋。在当时，勒科涅的大约三分之一的财产归这个家族所拥有，他们家的前门涂着酒红色的斜条纹。在庄园东南边界是由内斯特·德吉夫斯管理的一个大的租赁农场，这儿有直接通到山脊和香槟树林的路。这条伐木小路，当地人都称其为太太之路，在后来美军占据这片林子期间这条路起了至关重要的作用。

弗兰克斯·道夫施密特的儿子菲利普，1944年那会儿刚刚15岁，尽管他的出生家教都很高贵，但也没能逃脱受伤的命运。"我的母亲朱丽叶在1940年被占领的早期去世了，我的父亲在第一次世界大战中受过伤，加入了比利时的民族运动。"弗兰克斯为巴斯托涅的抵抗势力收集情报，同时还在庄园和附近的马厩里藏匿了几个"地下党"（躲避当局的人）。"在1944年9月解放之后，事态很快就恢复正常了，"菲利普回忆说。"1944年12月18日的那个周一，我们听说了德军的进攻，那时候我正在马尔什昂法梅讷上大学，第二天我就问了校长我是否可以回到巴斯托涅。一开始他没有允许，但是在说服他我会去那慕尔之后，我设法赶上了回巴斯托涅的最后一趟电车，下午大约4点，这趟车因故障暂停在了城市的边界。"这趟长途电车从卢森堡边境的阿尔隆开到巴斯托涅的南火车站，之后继续向西北前进30英里到达马尔什昂法梅讷。这个设施在1951年被关闭，如今已经没有什么东西能够证明有轨电车曾经存在的痕迹了。菲利普继续说：

> 在我回家的路上，在N30公路上我被比利时秘密军队的队伍拦住送回了巴斯托涅。一离开他们的视线，我就朝西穿过一片林子到了萨维，试图接近勒科涅。我在接近罗雷的一个庄园的途中遭到了机关枪的扫射。不知所措的我隐蔽起来，开始用法语歌唱童谣《雅克兄弟》。炮火停息

了，我依旧唱着，向前走，直到一个美国士兵（第502伞兵团）站起来，挥手向我示意说，"嗨，男孩，过来。"一进入这个城堡，我就意外地遇到了我长姐加布里埃尔和她的两个孩子。她告诉我我们的父亲、其他三个姐姐、一个表兄弟还有几个佣人已经离开了罗雷，到西北的吉弗里去了。那个夜晚，随着美军炮火越来越猛烈，庄园里逐渐挤满了居民。

第二天（12月20日）早上，我决定去追赶我的父亲，离开前和我的姐姐先道别，因为不知道是否能够再见到她了。快到尚普时，外面的美军炮火如此密集，我甚至能够感觉到气压波就砥着我的胸口。在我到达吉弗里的格里斯农场后不久，我就开始询问是否有人见到过弗兰斯卡·道夫施密特。起初大家都不愿意搭理我，直到他们意识到他是我的父亲。我得知他加入了一个更大的队伍，现在正在朝吉弗卢进军（离前一天晚上第326空降医疗连被袭击俘虏的交叉路口X不远）。

在我去吉弗卢的路上我遇到了我的父亲和其他家人，他们刚刚被德军的路障阻挡回来。回到了吉弗卢，我们和其他大约25个人一起住在格里斯农场的房子和马厩里。第二天（12月21日）德军（第26国民掷弹兵师）带着马和马车到了。我很惊讶地看到他们当中的几十个士兵都还未满16岁，用着折叠婴儿车来运载机关枪和弹药。这些青少年军是十分好战的，几乎不受他们的长官和更高级的军官掌控。圣诞节前夕，整个村庄被占领，我们无法再和士兵们共用农场的厨房了。那天晚上为了庆祝圣诞节我们设法从德军那儿偷来几杯加香料的热葡萄酒。很多士兵正在从前线回到农场来休息，很多马拉的救护车也在送伤员进来。随着战况变得更加绝望，这支部队立即被打发回去战斗了。有一个士兵告诉我他已经没有停歇连续作战56个小时了，现在生理心理上都十分紧张虚弱。

大约就在那会儿，我们当中身体强健的都被征集到前线（现在在尚普）去挖战壕了。我代替我的父亲去工作，之后的3天就一直在离美军前线500码的地方挖防御阵地。德军并不在乎我们是活着还是死了，在冻土地带挖坑是一件让人筋疲力尽的工作。偶然地，一个男人把锄头的手柄和铁铲弄坏了。德军声称这是在妨碍工作，把这个可怜的伙计带到一边，子弹击中了他的头部。

我们回到农场后，我告诉我的家人和其他一些男人躲到附近畜棚里的牛群中，我知道那里会很暖和而且很可能躲开之后的劳力活。一些新队伍到达，集合了所有他们能找到的人，不过很幸运地他们没能找到我们藏身的地点。这可能看起来很奇怪，但是尽管很饿，每个人都尊重这个事实——这些牲口不属于自己，因此几乎没有牲口被难民或者德军宰杀——除此之外，基于我们所见，每个人都觉得美军很快就要获胜了。在1月13日的早晨，我们被第17空降师的队伍解救了，我立即朝罗雷出发去找我的姐姐和她的两个孩子。我们中的任何一个人已经将近三个星期没换衣服了，因此你光想想就能知道我们闻起来是什么味。在我们全部回到勒科涅之前，我父亲需要去巴斯托涅的军事当局拿到许可证明，这个证明已经被否决了好几天了，因为他们声称我们家被认为是不安全的。同时，在等待许可的期间，我们和隆桑的市长古斯塔夫·斯迪曼特一起待在萨维。但是尽管拿到了所有正确的文件我们还是被美军阻挡在了蒙纳维附近的贝勒·方丹农场。几天后我们回到了庄园还保留着的地方，发现房子已经被美军占据了，他们允许我们住在厨房所在的地下室。战争过后，我的父亲，在刚刚失去了一切之后，去银行借贷了足够的钱来修理庄园并重建其他的东西……某种程度上这成为他留给勒科涅的遗产。

一个战士——一颗子弹

3营在12月19日的黄昏到达佛依，战士们被部署在沿着去往西北勒科涅的铁路（向东南穿过巴斯托涅到古维）的2英里长的前线上。

"我们到达时还是白天，"吉姆·马丁回忆，"辛克上校亲自带领我们到我们最后的据点。对于我而言，上校似乎从来没有慌张过，无论情况看起来有多么糟糕。"辛克从G连1排挑选了少量士兵，包括尤厄尔·马丁，在他和1营一起开车去诺维尔开会期间担任安全防卫。"我还记得在上校调查那个着火的镇子时我时刻留意着狙击手。火势的蔓延非常吓人，这是我永远无法忘记的事。"

回到佛依，G连向西动身，占据了面朝勒科涅的据点。那时候没人会想到佛依会对这次战争的结果如此重要。这两个村庄之间的道路悄悄地为敌人的军队和车辆向西北转移到俯瞰着赫姆洛的制高点提供了安全通道。"第一个晚上，"马丁回忆，"1排在左侧，和502团3营（由中校约翰·斯托皮卡率领——他掌控着通往隆桑的战线）一起；2排（我的排队）守着中间地带；3排在我们右边和506团H连衔接在一起。他们大部分都被部署在了N30公路的东侧。"G连的后防线从西边的香槟林的边缘开始，沿着太太路向下经过德吉夫农场和道夫施密特庄园，沿着勒科涅的东北边境，越过和马路平行的开阔地转向正南方回到佛依。

上校帕奇在德塔勒农场建立了他的战地指挥所，位于3营后防线的最右侧。这

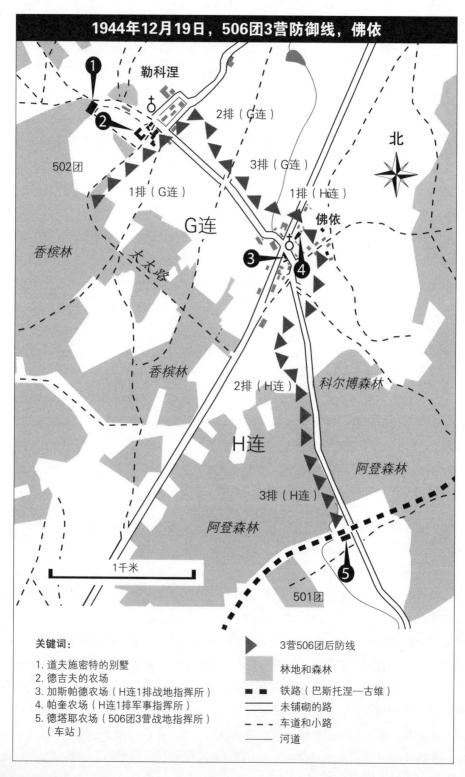

1944年12月19日，506团3营防御线，佛依

北

勒科涅

502团

2排（G连）

3排（G连）

1排（G连）

1排（H连）

G连

香槟林

大大路

佛依

香槟林

2排（H连）

科尔博森林

H连

阿登森林

3排（H连）

阿登森林

1千米

501团

关键词：

1. 道夫施密特的别墅
2. 德吉夫的农场
3. 加斯帕德农场（H连1排战地指挥所）
4. 帕奎农场（H连1排军事指挥所）
5. 德塔耶农场（506团3营战地指挥所）
   （车站）

▶ 3营506团后防线

林地和森林

▬ ▬ 铁路（巴斯托涅—古维）

═══ 未铺砌的路

- - - 车道和小路

─── 河道

幢相当大的两层楼房最近刚被德塔勒一家弃用，在地图上标注的是"车站"，因为在20世纪20年代这幢楼曾经是比佐里铁路的终点站。H连的部分人员沿着和N30公路垂直的支线公路大约1500码到德塔勒农场的铁路路堤。起初鲍勃·斯特劳德中尉（H连1排）奉命将他的手下部署到N30对面的佛依险恶的北边境。

斯特劳德把卢·韦基上士的2班布置在了主干道的左边，汉克·迪拉洛上士的1班和鲍勃·马丁上士的3班占据了他们右边的区域。沃尔特·帕特森上士的4班作为预备队。"鲍勃·马丁总是有点儿冷漠，"卢·韦基回忆，"鲍勃的父亲是一名警官，因此基于某种原因他觉得自己应该比排里的其他的人要做得更好。在9月份攻打埃因霍温期间，在一次重要关头马丁撤退了他的一个班，留下I连在我们的右方完全暴露着，在这之后，马丁就承受了很多的指责。"

和通信部戈登·耶茨上士以及尼克·斯奈德下士一起，斯特劳德在佛依中心交叉路口的加斯帕德农场建立了自己的作战指挥所。不久之后斯特劳德收到了来自沃克上尉的命令，重新部署右方铁路战线来帮助巩固3排的防守。"一开始并没有说那里到底有多远，直到马丁上士回来告诉我他花了很长时间才到达那个地方。"在和亚历克斯·安德罗斯进行简短的谈话后，考虑到连队如今需要覆盖一个很大的冲锋区，鲍勃决定将他全部的4个班布置在当地同一条战线上。之后不久营里就做了一个决定，要抽出部分的I连预备队（I连极度缺乏步枪）安排到斯特劳德和克拉克·海格涅斯（2排）之间的区域。I连带着他们能收集到的所有武器向东边的铁路战线前进，在营战地指挥所附近部署。曼尼·巴里奥斯也是这个队伍中的一员："我带着几个人在铁路附近建立了一个前方观察站，开始通过无线电往营队传送信息。"

"我们到达佛依时佛依安静得如同一个鬼镇，"韦基回忆，那时候他23岁。"唯一的声响是我们挖地时发出来的。我没见到任何的居民，不过注意到紧连着一些住房的畜圈畜棚里还有几十只动物。他们看起来非常饥饿，尤其是那些猪，我们觉得最好把之后遇到的牲口都释放了。我把我的班部署到了马路的西侧，这条路横穿过开阔地，教堂就在我们的右后方。某个时刻3班在我的左边，但是我不记得看到任何G连或者第502团的人进入我们的区域。"

斯特劳德中尉召集了军官们，通知他们连队将要在村庄周围建立一个防御圈。"由于我的班横跨了主干道，"汉克·迪卡洛回忆，"我设置了一个朝北的路障，由杰克·格雷斯和他的机关枪队员控制（由一等兵吉米·艾戈和一等兵威尔伯·约翰逊组成），我的火箭炮队则在向东几码外挖了一个很大的两人发射战壕，来抵御来自右侧的旷野的入侵。"事实证明像这样的两人火箭炮队在作战期间是十分重要的，基本上相当于40辆敌军坦克和自行火炮。汉克留下他的助手卢瑟·迈尔斯下士（宾夕法尼亚约克郡）管理这支队伍，自己和卢·韦基出发寻找一个像样的能指挥交火的观察哨。"一路上我们从村子里和谷仓拿上了我们所能带的任何东西来保持温暖，"韦基回忆。在汉克的驻扎地后面，毗邻教堂的是一幢三层楼高的农舍，这栋楼的楼上给1排提供了从这一片区域一直到东北部的极佳视野。"在向连战地指挥所报告我的位置后，我四处走动确保我的战士们都在挖战壕，并且已经准备好应对任何可能发生的事。"

H连的战线和G连连在一起构成了一个围绕佛依的半圆形，然后向西南方"之"字形地带展开并穿过了比佐里大道，之后向北蜿蜒，穿过雅克树林直到德塔勒农场。回到佛依，汉克和卢为观察哨挑选的地方有两个内嵌在后壁上的临时混凝土粮食管道，一直向下延伸到该大楼底下的储存设施。"观察哨里有一扇小窗户对着北边的路，我们在晚上轮流值班。"韦基回忆。

和很多其他人一样，拥有农场的帕奎一家在街对面的科恩家的地下室里避难。黄昏时刻，来自国民掷弹兵——78团的一支侦察巡逻队出现在雾中，沿着N30公路走进了H连的前线。一名敌军侦察兵在小心地推进时，他在短射程内被致命一击。短时间的交火后，敌军侦察队撤退了，留下他们的同伴横躺在路上。这名德军看起来还活着，于是23岁的营队医生强尼·吉普森下士被叫上前去帮忙。"这个伤员的胸部严重受伤，当我用手指按下他的颈静脉时他的脖子还有温度，但是已经没有脉搏了，"吉普森回忆，"H连的好几个人告诉我国民掷弹兵在接近他们的据点时，他漠不关心地吹着口哨，还把步枪扛在肩上。我曾多次怀疑也许这个士兵根本就是想被俘获。"这具尸体就在路上躺了3个星期，最终被一层厚厚的冰雪盖住了。

那天晚上后半夜，迪卡洛在巡视时停下来花了几分钟和一等兵乔·哈里斯说话。"小心香烟，哈里斯，我右边的上一个士兵说，'你觉得汉克怎么样？这儿真能出什么岔子吗？'我把毛毯两头都裹住自己，回答，'我真不知道，乔，但是就目前来看，附近有人要受罪了，我真希望老天保佑那不是我们！'"

天色渐暗，克拉克·海格涅斯递了一张基础的概略地图给他的助手哈里·贝格少尉，他回忆道，"我刚派了6个士兵沿着1排右边那条肮脏的路挖战壕，克拉克就命令我转移到铁路那里，并且和第501团建立联系——第501团应该是在守卫铁路东侧的区域。那个时候我们连一个暗号都没有，因此我十分担心会被他们的某个家伙射中。在向树林的边缘走了大约500码后，我还是找不到铁路（被一层薄薄的雪覆盖住了），于是决定在我们的驻扎地对面的大草垛里睡觉过夜，之后赶回去向克拉克报告。"

贝格在巡逻时，1班班长肯·约翰逊上士在确认他的替换员清楚地知道自己应该干些什么。"大兵'弗兰克'弗兰克林·内勒才19岁，目前为止是最没有经验的，和我一样他也是来自新泽西州然后在隔壁镇上学，我把他留在了我身边。"在被2排占据的树木之间的开阔地之前是一个采石场，如今这块地到处布满了洞，肯回忆："内勒和我占用了一个最大的凹地，为我俩舒适的共用提供了足够大的空间。我们得知I连在我们左方的林子某处，虽然我自己从没真正见过他们。"那时2排和3排的战线由第321滑翔野战炮兵营的75毫米自行榴弹炮和丹卓特遣队的架在半履带车上的50英寸口径的大炮支援。"那真是个噩梦，"内勒回忆，"整个部队甚至连足够分配的像样的铲子都没有，那些日子我穿的靴子小了好几个尺寸！"

H连3排本应该在3营战地指挥所附近的铁轨处集合，但是一直不见第501团的踪影。事实上，501团E连和F连驻扎在比佐里往东1英里，而预备的D连则在不超过400码远的一片树林里，就在德塔勒农场后面。尽管这样，第501团还是活跃于3营的侧面地带，正如阿尔·卡佩利目睹的："我无意中撞见一个第501团E连的士兵，我知道他来自跳伞学校。我们聊了一会儿然后我问他和他在一个部队的我的老乡汉克·迪西蒙的情况。"

"3排在一片林地里驻扎，"亚历克斯·安德罗斯回忆着，有点儿口齿不清地说道，"我的助理威利·米勒少尉在我们的最右边挖战壕。我信赖两个士兵一个散兵坑的两人作战系统，并把战壕布置为每100码一个。然而，森林太茂密以至于单个敌军可以在我们任意的战壕之间移动而不被发现。"

从诺维尔方向传来微弱的轰隆隆的坦克声。由于无法和1营取得联系，辛克上校十分焦虑地想知道马路是否还畅通，并召集了埃德·西姆斯少尉来援助。"随着天越来越黑，"埃德回忆，"辛克上校开着自己的吉普车，要求我从佛依调一个步兵巡逻队沿着主干道向东北到诺维尔。"辛克告诉西姆斯他最远只能到镇子南边界的草垛那儿。在作指示的同时，西姆斯觉得很搞笑地看到了克拉伦斯·海斯特少校（团S3区）和比尔·利奇上尉（团S2区）两人挤在车子后座里，还有罗伯特·斯特雷耶中校（506团2营的指挥官）。

那会儿，理查德·温特斯上尉还是2营的人，诺曼·戴克中尉是E连的新任指挥官。西姆斯继续说：

> 我从童子军中挑选了大兵厄尔·麦克朗、一等兵"小瘦子"韦恩·西斯克、大兵"门面"唐·穆勒、大兵埃德·斯坦（刚刚加入排队）作为侦察兵，还挑选了一等兵罗德·斯佐霍作为迫击炮兵。浓雾使得能见度下降到了几码，我们在黑暗中十分小心地摸索着道路。到了诺维尔的郊区，在和斯佐霍前进最后的那几百码之前，我先让所有队员做好全面的防御。

在浓雾中凝视着，我们只能勉强看出辛克上校告诉过我的那些干草垛的轮廓。斯佐霍于是说这简直是他见过最搞笑的干草垛了。突然我们听到了引擎发动的声音，才意识到那些轮廓原来是德国佬的坦克（第2装甲师）。我把嘴凑近了罗德的耳朵，低声说，"让我们离开这鬼地方"，然后小心地沿着原路回到队友那儿去了。雾一散去，我们就加快速度回到了佛依的北边境，并向辛克报告，他质问道，"好吧，西姆斯，那你发现了什么？""我们发现了18辆坦克，长官，"我回答。斯特雷耶问道，"哪种坦克？""大的，"我有点儿气急败坏，然后补充道，"……我不知道，长官，我们徘徊了一会儿没来得及问！"斯特雷耶不满意，于是试图让我回去亲自鉴定一下敌军的装备，不过幸运的是辛克上校插进来解救了我。

然后上校指示西姆斯和他的排加入I连，等待下一步指令。

之前，I连1排的弗洛伊德·约翰斯顿中尉被通知带一支巡逻队离开勒科涅，伦恩·古德盖回忆："他没找到任何自愿的人，于是最后我答应了他，强迫里奇·希恩和大兵鲍勃·斯蒂尔和我一起。我们穿过田野到达一片山底的小林地，从这儿我们只能看到一些停着的敌军坦克。在半夜回到后防线后，报告了我们的发现，第二天那片区域就被炮兵队包围了。"

生死一线——在X交叉路口的不幸

在巴斯托涅的天主教神学院的小教堂停下来集中了更多的伤员后，"狡猾鬼"费勒在21:30后离开前往赫柏蒙特附近的位于圣奥德的第326空降医疗连救护站。离开巴斯托涅不到30分钟，这支小护送队就快到X十字路口了——就是前一天下午金纳德中校来的同一个地方。

医院位于一片稀疏的林地后面的一块开阔地上，在N4公路的北边。大家都认为德军进攻肯定会从东边来，因此医疗设备最好远离危险区。早前第801空降军械连的护送队刚从巴斯托涅开车赶来时，就停在路口那边，鲍勃·希金斯中士回忆："我们的指挥官'帕特'约翰·帕特森上尉接到分区供给长官卡尔·科尔斯中校的命令，加速赶到交叉路口等待进一步指示。我们看到一辆坦克停在附近，这给了我们一些安全感，尽管我们有自己的架着0.50英寸口径重机关枪的卡车，有人随时待命行动。"

这一整天，多达几十辆想返回穆尔默隆（需要越过那个十字路口）的空运货车都被军械士兵指挥到南边沿着N826公路向利班去了。那天深夜，另一支护卫队带着汽油和弹药从巴斯托涅前来，停在第801团后面。"大约20:00，我们开始听到远处的机关枪开火的声音，"鲍勃·希金斯回忆，他的吉普车和拖车在他们护卫队的最后，因此他是离交叉路口最近的一个。"帕特从前线下来告诉我他有种不好的预感，我们应该尽快把车辆和装备撤走。"

从巴斯托涅赶到后，"狡猾鬼"费勒和他的士兵觉得附近农舍里的每一盏灯都开着，十分的奇怪。费勒期待至少能看到一支宪兵队在指挥交通，但是随着他的司机接近X交叉路口，两辆车都被一队穿着便服的士兵打信号示意停下了。费勒和他的同事不知不觉中就卷入了一场和第116装甲集群医疗队的战役的开端中。坦克、半履带车和车辆（一些是之前从第106步兵师缴获的）的疯狂进攻从胡法利兹穿过贝尔托涅和吉弗卢而来，在奥尔河附近寻找去往迪南的路，这时他们发现那些帐篷属于医院。

敌军大约100人，在夺下覆盖医院北入口的前哨战之前还带着一大队的难民。一直在守卫交叉路口的"谢尔曼"坦克很快就被拿下，并被德军征用来摧毁南边的另一个军事指挥所。回到主干道，费勒变得越来越多疑，几分钟后，他就派出了第一辆卡车去附近的小道上。一个看起来健壮结实的男人走进费勒的车，问他们去哪儿。副驾驶多宾斯上士回答，"第326医疗院，我们后厢里有伤员，有问题吗？"在检查了卡车的后车厢后，这个男人礼貌地要求费勒的司机普拉奇把车往前开停到其他车辆的后面。他一说完另一队护卫队就紧跟着他们到了。那个男人用他的母语喊了一句命令，就在那时，身为犹太人但说德语的费勒意识到他最害怕的事发生了，从四面八方涌来的敌军出现在路上。

按照那个男人的指示，多宾斯和费勒（正揣着之前巴内·赖安给他的手枪）都下了车，开始指挥普拉奇开到其他车后面。"在那个德国佬靠近护卫队的卡车时，我听到费勒上尉冲我喊，'多宾斯，把车开回来，快！'在我们把车倒到路上去时，德军的注意力都在另一支护卫队上，俘虏了前面的三个司机。那几分钟事情有点儿混乱，不过感谢上帝，因为普拉奇和其他司机才能够把我们的车都倒回到路上，加速前往交叉路口。那时我们都站在普拉奇的车后面，殊不知大祸即将来临。"战斗开始于一队德军半履带车进入N4公路后面的田野，开始用机关枪朝帐篷扫射。

深入前线，鲍勃·希金斯的生命受到了冲击。"当我们准备搬家时，我们的车队遭到敌人的炮火攻击，"他回忆道，"幸运的是我们那些20毫米的炮弹被设定在一个更远的射程爆炸。然而，一些炮弹还是击中了停在我身后的装弹药的卡车。"另一支护卫队里的一名司机拿着0.50英寸口径的机关枪开火，于是德军炸毁了他们的所有东西，在对别的护卫队施以同样行径前他们还摧毁了驾驶舱。在车辆爆炸那一刻，费勒和他的队伍纵身跳入了壕沟里，他们中还有伤员，但尽管燃油在他们周围四处着火，他们却没发出一点声响。

在交火十分激烈的时候，费勒的小队跑到房子里（依然灯火通明）躲在一堆甜菜后面。几秒钟后，20毫米的加农炮开始瞄准这幢楼。伞兵们冲到房子后面，从路堤后设法逃到了附近的一片地里，他们在这儿停留了一会儿，听着不断激化的骚动。第801团正在向着枪口反方向的树林里撤退，他们开始沿着N4公路向马尔什撤退。美国第333野战炮兵队（他们恰好在附近）的几个士兵和一些医院的工作人员穿过树林赶来，跳上了鲍勃·希金斯的拖车。

回到十字路口的费勒仍陷在恐慌之中，担心自己会被俘获，于是他把他的手枪（之前巴内·赖安给他的P38手枪）扔到了壕沟里，朝着逃离的护卫队走去。多宾斯回忆，"我能看到最后一辆车上的防空灯，追着它全速奔跑。"幸运地，费勒和其他人成功地爬上了另一辆属于第801团的车辆，顺利地逃跑了。

午夜时分，敌军进入医院时炮火终于渐渐停息了。一些重伤的病人正等待着被转移到利班的第107后方医院，结果却被残忍地杀害在了自己的病床上，而像威廉·丹卓这样的军官则幸免于难。分区的外科医生大卫·金中校向敌军投降了，敌军命令他在30分钟内召集他的手下、伤员以及运输设备。而丹卓刚刚从急救手术的麻醉中恢复意识，躺在救护车后车厢里，完全没有意识到身边刚刚发生的事情。

第801团面对的情况真的是一团糟，鲍勃·希金斯回忆：

> 我们在倾盆大雨中开车离开，导致我的司机撞上了前面的车辆。同时我们还被另一辆装着手榴弹的卡车追尾，这导致坐在我们拖车里的第333炮兵队的两名士兵严重受伤。更糟糕的是，另一辆拖车上的一名医疗人员（可能是大兵亨利·沙利文）被碾压，于第二天早晨死亡。
>
> 我的吉普车完全被摧毁了，但幸运的是我们的两个家伙在他们的拖车翻车时放弃了另一辆车。我设法解开拧在一起的拖车钩，然后把我们所有的装备堆积到第二辆车的后面。沿路开出去的途中另外两辆车（装载着极其重要的备件）抛锚了，我们告诉司机救险车将会尽快派出。一小会儿之后我们赶上了我们的护卫队的后方梯队，护卫队停在奥尔河上的浮桥上。
>
> 我走到前面去看看发生了什么，发现一位少校和一名坦克手在激烈地争论，坦克手主张保护这座桥，因此一口拒绝炸掉桥。由谢尔曼指挥的技术军士告诉那个军官（他的车辆阻塞了交通）把路让出来，等他做

好决定时他会炸了桥。军官默许了，我们继续开车，终于赶上了剩下的部队，他们曾沿着一条通往圣休伯特的碎石子路改变了方向。帕特森上尉想在这里过夜，但是当我们发现占领村庄的工兵们没有任何炸药来拆除附近的大桥，同时他们绝对没有重型武器之后，我们决定继续前进。幸运地，一位当地的农民和他的迷人的妻子成为我们的向导，那一夜我们就一直在赶路，通过圣休伯特前往纳沙托。在途中，我们遇到了一支加拿大陆军伐木支队挡住了去路，他们看起来对于当下的紧急事态漠不关心，直到我们告知他们德军要来了！在通知了第7军团总部后（总部完全不知道这次进攻），帕金森上尉刚向巴斯托涅汇报，道路就被刚刚回到纳沙托的敌军切断了。

尽管这场灾难导致了第101空降师的第二梯队医疗设施完全崩溃，真实情况还可能更加糟糕。在第116装甲集群到来前半小时，第326空降医疗连指挥官威廉·巴菲尔德少校带着5辆救护车和大量的医疗人员第一个撤离到了利班。幸运的是在回赫柏蒙特的20英里的途中，巴菲尔德的护卫队和其他几个随从的队伍被迫返回了利班，原因是斯普里蒙的桥被炸毁了。这一次小小的好运意味着100多名的医疗人员仍然可以工作，还能被比利时、最终到巴斯托涅的其他医疗机构吸纳。在12月20日06:30，官方证实，第326空降医疗连的大多数人被俘虏，未来的伤亡人员的疏散从现在开始由第8军团和第429医疗收纳连来完成，这两队最近刚刚被安置在马舒尔的一幢两层楼的教学楼里，马舒尔在莫琳菲尼附近，离卢森堡30英里远。

在医院的这次突袭中被俘虏的其中一名医疗人员是埃德·彼得森中士，他回忆了这次事情的前前后后：

在穆尔默隆我们在很短的时间内就收拾好了所有东西。帐篷被水浸透了，在折叠前必须弄干。12月18日，大约在17:00，一切准备妥当。在19:00我们离开，才行驶了5英里我们的护卫队就减少到了6辆车，之后仅剩2辆。不断地停车弄清方向只会进一步拖延我们的时间。"软木塞"罗伯特·科克伦中士几次建议我们应该回到穆尔默隆，第二天早上再尝试。然而，斯坦利·拉特中士坐在前面的驾驶室，一直坚持说我们的黑人司机知道他的方向。

02:00，我们遇到了一辆正在被修理的车，负责管理的那个长官告诉我们在附近等一会儿然后跟着他。晚上十分寒冷，我们挤作一团取暖。黎明时分，我们赶上了最初的车队，他们正一辆接着一辆地停在路边。清晨的雾气在渐渐散去，露出一层薄薄的积雪堆在路边。数十辆卡车和装甲车（有的来自第28步兵师）正朝着后方前进。我们被告知巴斯托涅正在交战，因此我们在小镇西边几英里的一个叫作赫柏蒙特的地方一个十字路口附近停下。从东北方向来的难民在尽可能快地跑着，骑车或者走路，他们脸上的神情会永远刻在我的记忆深处。

"伍迪"约翰·伍迪里奇中士和我尝试阻止阿尔文·科恩上尉在X交叉路口区域建立我们的救护站，但是完全没有用。我们搭建了三顶帐篷作为临时措施，在14:00我们一直在接收第一队伤员，同时还有另外的50队伤员在路上。和"软木塞"、伍迪、约翰·卡拉上士和拉克·米德上校一起，我们在靠近治疗棚的地方挖庇护所，但是雨水和其他的职责使得我们这项任务不可能在天黑前完成。在17:00左右，我们终于能喝上一杯咖啡了，从那会儿开始大家都已经疲惫不堪。在大约21:00时，我和"软木塞"一起去找一些血浆的时候发现了金上校、埃德·耶尔瑞上尉和乔恩·苏斯德格上尉站在一辆拖车旁边聊得十分投入。

这并不是什么好消息，老大通知我们德军正在试图包围巴斯托涅，这对我们不会有好处的。我们回到帐篷，不一会儿就听到重型车辆从北至南的声音。我们一度认为那是送来保护我们的自己的装甲，直到一枚0.50英寸口径炮弹（可能来自第801团）把我们所有人都埋到了土里。更多的枪支加入了这场喧嚣，子弹呼啸着穿过帐篷的布。当火力变得更加间歇性时，我们的一些军官朝德军喊我们只是一个医院，完全手无寸铁。德国人毫不理会，继续着进攻。我在麦基上尉的身旁，我还记得我努力在自己和炮火方向之间隔了一个医疗箱。在其中某次间歇时，克兰德尔上校让我帮他把附近担架上的一名病人放到地上。我们正在这么做时，詹姆斯·奎利上士从桌子底下钻出来，这让我们非常吃惊，他居然从开战一开始就躲到了现在。

更多的子弹在我们头顶上横扫着帐篷的布。现在我们能听到敌军的步兵就在外面互相呼叫着。三四辆卡车（部分护送队在十字路口遭到了埋伏）以及德军的一辆半履带车开始着火，虽然我们熄灭了所有的灯光，但这整个地方依旧亮堂得如同一棵圣诞树。这场交火持续到大约23:30，这段时间里金上校和一名德军长官建立了联系，他接受了上校的投降。我们被要求上了一队车，并准备好在30分钟内搬出去，那样攻击才会停止。在装载病人时，我们中的几个人跑到我们之前挖的散兵坑，匆匆忙忙地挖出一些我们能找到的个人设备。

已经登上卡车的人试图找到座位。当我提议大家都向前挪一挪以便腾出更多空间时，大卫·哈比福上尉嘀咕着说我表现得过于热情了，但我只是在努力为自己、"软木塞"、卡拉、伍迪和米德腾出点空间。我们在装货时，对面着火的车上的弹药开始爆炸。我的一个朋友一直在忙着病人，他跑了过去，我把他拉到我们正要开走的车里。当时我们往北向胡法利兹前进，卡车沿路经过了几支敌军的小队。在某地，我们停下来，一些官员和士兵被放下车送去照顾受伤的德军。我们的车队则继续前进了一整夜，直到黎明时分才第一次暂停了一会儿，直到那时我们才有机会好好想想刚刚发生的一切。其他帐篷里男孩们在交换账目，把碎片拼凑起来后我们发现不少病人和医护人员被杀死或在这次攻击中受伤。

一些医护人员之前在附近的树林里挖了散兵坑，靠着棱柱指南针他们设法逃了回来。"和两位同事一起，我们沿着东南方向走了几个小时最终跌跌撞撞地跑到了一个偏僻的农场，"莱斯特·史密斯上士回忆，"那家人非常的好，给了我们足够的食物和喝的，之后我们继续朝着巴斯托涅前进。"一开始，在这几个人快到达阿瑟努瓦时，他们被一个哨兵拦住了，阿瑟努瓦已经被第326空降工程师营占领。"我们当然是不知道通行口令的，但我们成功说服了这个前哨我们是美国人。在我们被单独一个个盘问后，我们最终被送到了神学院。"

与此同时，野战医院的囚犯们正在前往卢森堡。埃德·彼得森把他的野战背包抛到了他们卡车后面的那辆拖车里，包里的东西几乎快掉出来了：

> 我示意大兵吕西安·丹尼斯伸手抓一把以免所有东西都丢了。我揣测我的那包香烟会是德国人最先拿走的东西，想到这我把几包烟递给了不吸烟的安迪·罗奇下士，放在他那儿保存会安全一些。事实证明这是一个明智之举。我穿着防寒的衣服加上一双德军军官的手套，尽管有人建议我扔了这双手套，但我还是决定自己留着。直到现在也没有人对我们搜身，但毕竟有几个人带了手枪，于是他们把枪拆了然后扔了。看到德军开着我们的车回去，一路上我流泪了……12月20日的这个周三，是我经历过的最漫长的一天。

> 路上好几次为了给德军装甲让路，我们不得不离开马路。几十辆毁坏的美军坦克和车辆散落在田野间，军人的尸体就躺在树篱和路上，来往的车辆飞溅起的淤泥落在那些尸体上。周四大约03:00时，我们抵达卢森堡，在一个小村庄下了车，我们住在一个四周是大院子的学校建筑物里。在睡了几个小时后，天刚亮他们就让我们去干活，从卡车拖车上

卸载装备。村民们提供了饼干和糖,还帮我们整理好食堂。从这儿我们被赶到维尔茨的一个剧院里,这个剧院的墙还用"圣诞晚餐和舞会"的海报装饰着。刚进入剧院我们就被要求排队挨个搜查,几乎每个人都竭尽全力地藏匿自己的贵重物品。轮到我时,一个守卫搜查了我的野战背包,顺走了几包香烟,然后把我的Zippo打火机丢了回去,骂了一句"过时货"。当我穿过房间走向我的伙伴时,一个年轻的德国军官说着英语,夺走了我的手套。我可以看到他和他的一个同事讨论着,谈话中他的同事坚定地点点头。我以为他们会让我很不好过的,结果那个军官把手套丢还给我,只说了句"是的,德国手套"。在被搜查之后,我们走出了剧院,排成5列阵列。在接下来的几天里,我们步行向东穿过了德国边境,和来自第28、106步兵师的大约500名囚犯会合。12月23日,周六,等到我们到达格罗尔斯泰因(距离维尔茨大约30英里)一个火车站时,我们的人数已经增加到大约1800人。

我们被押到一个旧仓库,每个人给了一块面包。德军拒绝和我们讲英语,但是我知道这个建筑楼才刚刚被另一队转移到车站等待运输的战俘空出来。

在圣诞节前夜,调车场被美国空军袭击了。到了夜里,我们再次排队被搜身。这一次德军明确表示再有人被抓到藏匿打火机或者火柴立即枪杀。他们给了我们每人一勺高粱(一种作为动物饲料的禾谷类作物)作为提前的"圣诞节礼物",我挤在排队取食的队伍里时,一个犯人偷了我腰带上的工具箱和水瓶。黄昏时分两辆德军救护车开出去,满载着在铁路袭击中受伤的德军步兵回来。那些可怜的人被关在车厢里,被扫射火车的轰炸机无情地屠杀。警卫终于打开门,幸存者们用他们的毯子在雪地里铺成字母"PW—US"(请救—我们)。虽然轰炸机立即停止了攻击,仍有85名战士受伤、15人死亡。我和其他几个医护人员忙着去打理送来的伤员——虽然德军不会帮任何一点忙。

不久之后,囚犯们被押到火车站,安排在40辆8车箱的车里,之后被运到位于巴斯托涅东北方向120英里的德国科布伦茨附近的林堡的第12-A战俘营里。[1]

---

[1]第12章继续讲述战俘的生活。

3

"今天是唯一的真相"

1944年，12月20日

在夜里，敌军多次试图一次性用两三辆坦克以及步兵对诺维尔的1营实现边缘突破，重型火炮和坦克的声音在凌晨传来。07:16，预备反坦克排向诺维尔进军，一起前往的有坎汉上尉和B连第321野战滑翔队的前线观察员们，他们前一天下午才刚刚被从佛依召集回来。后防线仍被低云和浓雾覆盖着，将从东边来的去往诺维尔的第2装甲师的敌军装甲的声音放大了许多。

幸运的是德军指挥官冯·曼陶菲尔并没有命令第2装甲师的指挥官劳赫特上校沿着N30公路对小镇的南边界发动正面攻击。相反，曼陶菲尔将军采取了三分包围战术（由20辆坦克组成），事后证明这是一次失败的战术决定。国民掷弹兵78团附属于装甲师，他们想进一步封锁1营背后的退路，派出几个步兵团以及更多的坦克攻击佛依侧面并包围勒科涅。到了08:00，敌军占用了所有可用的道路，冲破H连和I连正前方的浓雾。而在后防线的西侧，G连遭到另一支小装甲队伍的严重打击。

下午，托尼·麦考利夫开车去了纳沙托和米德尔顿将军开一个关于如何最好地组织B作战队的坦克的紧急会议。尽管装甲指挥官罗伯茨上校的根据地也在巴斯托涅勒布伦旅馆里，但他仍受到特洛伊·米德尔顿的管理。在简短的会议里，麦考利夫和米德尔顿讨论将B作战队的任务移交给第101空降师的可能性。在回到自己的作战指挥所后，麦考利夫接到米德尔顿的电话，他把坦克的指挥权给了托尼。随后，罗伯茨把他的总部搬到了马尔什大街上，靠近海因茨兵营的麦考利夫的燃料库。这次指挥结构的突然变动事后证明对于即将到来的战斗的成败至关重要。

这天夜里，麦考利夫得知敌军已经通过了纳沙托大道，当时他已经被完全包围了，并且被切断了与米德尔顿将军和第8军团总部的联系。包围前，只有少数的100多辆被派回到法国的营地的补给车回到了巴斯托涅。虽然与米德尔顿联系的电线已经被切断，正常的无线电广播频道仍然还开放着；另外，第8军团信号连维护的专业设备为即将来临的作战提供了全部无线电及电话设施。第一个空运补给的请求已经发出，但是由于恶劣的天气状况，这是不可能实现的。

巴斯托涅旅馆——供养囚犯们

乔治·艾伦下士是分区审讯战俘队的，他在距离海因茨兵营1英里的警察局工作，回忆起他刚到巴斯托涅的日子：

> 我们的9人小队接管了宪兵队周围的几幢大楼（在马尔什道路靠近铁路桥的地方），宪兵队在这里建立了一个战俘集中营。12月20日下午，B作战队的坦克开始运来第一批战俘。起初我们按团、营、连队安排他们，维多上尉、吕弗勒上尉和一等士官长查尔斯·瓦勒（他是一名奥地利政治难民）则执行审问。囚犯们告诉我们他们中的大部分人一直受到压迫，过去的48小时里几乎没有正常的进食。大多数的士兵都愿意说话，但他们的长官和军官们都拒绝合作。那天深夜，马厩上方的一个大空间里大约关押了160名战俘，他们被包围着，我们完全没有机会放走他们。

马厩区看起来在构造上和宪兵队一样，只不过马厩区（其中包括很多小房间）在警察局那边的一片大院子里。艾伦继续说：

> 当我问一个宪兵他们有什么计划来养活这些囚犯时，他告诉我他们没有足够的人力管这种事情，所以这帮德国佬就得挨饿。
>
> 一等士官长瓦勒允许我建立一个厨房并打理日常用品。我发现了一个以前被用来洗衣服的大浴缸，这简直再合适不过了，因为它自带了加热元件。那天晚上我走过去看看囚犯们在做些什么。在马厩上方的楼梯顶部，我遇到了一个躺在临时担架上的国民掷弹兵，他失去了一条胳膊，情况很糟糕。我不知道为什么那个家伙没有被送到附近的救助站去，我蹲下来时他低声对我说了一些他很饿的话。一个宪兵递过来一些饼干，我放到那个男人嘴里。我问他是否介意来一支烟，他点点头，于是我点燃一支烟，放在他嘴唇之间。他吸了好几口然后死在了我的怀里。
>
> 第二天一早大约在08:00，我回到了战俘集中营，带着宪兵队的许可，我叫了两名士兵当厨师。结果三个男人走过来，跟着我走下楼梯到院子里的洗衣服的地方。囚犯们开始着手用肥皂擦洗浴缸，从附近的泵里取水。我带着这三个人，一起到附近的地下室、地窖里搜寻我们能找到的任何食物，像土豆、燕麦、苹果和紫甜菜。我们当中没有人见过紫甜菜这种根茎蔬菜，因此我们都不确定这能不能食用。我决定把它给关

在一个小房间里的5个德国军官看一看……他们也不知道，反对食用这种甜菜。等我回到"厨房"时那几个厨子已经尝了这种白色的肉质根，认为它是一种完美的粥的甜味剂。我们开始准备第一顿饭时，终于有时间聊一会儿了。他们中的一个来自威斯特法利亚，曾经在克里米亚服过兵役。另一个曾经是兴登堡飞艇上的管家，第三个和瓦勒一样来自奥地利。

一大锅食物煮好后，就被舀到桶里，拿到楼上去给囚犯们吃。这一整天这三个男人都在烧饭、上菜、擦洗，然后准备另一项活。到了16:00，天色渐暗，我们不得不暂停我们的临时餐厅，因为担心烟囱里飘出去的火花会吸引敌军的炮火。

这是一个稍微不同的故事，有关被困在这个城市里的居民们。几幢有地窖和金库的大型建筑，比如坐落于小镇中心仁巴特大街上的圣母姐妹天主教寄宿学校和法国方济会修道院，在围攻时期成了800多人的安全避风港。有趣的是在德军突破之前，特洛伊·米德尔顿曾计划在修道院举行一次晚会来庆祝第8军团成立一周年。巴斯托涅的市长里昂·杰克明控制住了民众危机，任命一支志愿军来帮助，其中包括两名当地医生。由于其拥有的设施，寄宿学校成了一个面包和食物分发点。附近马厩的牲口被集中起来，宰杀后送到学校。随着围攻继续，圣母院的酒窖也成了满员的伤员救助站。乔治·艾伦继续回忆着：

在21日的黎明里，更多的规模不同的囚犯队伍抵达，我们又重新开始做饭的流程。随着德军的炮火越来越猛烈，我们后面的建筑被炮弹击中，两名宪兵死亡，之后他们被送到墓地埋葬。几天后我们得知我们队里的两名士兵贝努瓦和赫伦，他们和分区总部一起一直坚守在兵营里，也被炮火击中身亡了。他们两人都是后备人员，和部队在一起还没有一周。大约这时，希金斯将军来访宪兵队，查看了囚犯们进展如何，我带他看了"厨房"。囚犯们一直在增加，有一些被送去看守墓地，在冻土上挖坟墓。埋葬的活能让他们得到额外的口粮，因而这些德国人都十分开心地志愿加入。我去那儿看了，目击到达菲尔德上尉，我们的代理墓地登记官在折叠一个女人的尸体，试图用斧头砍掉她的胳膊，这样就能方便地把她放到一个棺材里了。最终他成功了，尸体、断臂和一切都被埋到了结实的地底下。不久之后达菲尔德在兵营里严重受伤，我再也没有见过他。

那天晚上很多德军飞机试图摧毁在不超过200码远的把我们和小镇的

中心地带隔开的那座桥[1]，结果没有成功。宪兵队立即决定把所有囚犯都撤退到房子的地下室里，也就是我们正占用的地方。他们把战俘送来时，战俘们争先恐后地沿着房子里狭窄的地下室台阶往下挤，简直一片混乱。我们全在那儿站着，敌军对大桥的进攻就在头顶轰轰作响。

防守线——东南站场

最初这个由H连3排保护的战区没有遭遇国民掷弹兵——78团；然而，另外两个排就没那么幸运了。12月20日黎明不久，哈利·贝格少尉正在后防线对面的干草堆里打盹，突然一阵机关枪声横扫整个草堆。"草垛起火了，我们赶紧逃跑。子弹撕毁了我附近的地面，我跳到一堆肥料后面。过了一会儿，敌军坦克的哗啦声透过大雾越来越响，我们开始遭受重型迫击炮的袭击。迫击炮火非常的近，以至于在他们开火时我们能清楚地听到'砰砰'的声音。"克拉克·海格涅斯跑过去，在贝格耳边说亚历克斯·斯普尔上士在草堆边时左膝盖被击中，问他能否帮忙把他撤退回营总部。这两个男人刚带着斯普尔走出一小段路，克拉克就命令贝格回到后防线，告诉他尽可能坚持住。整排还在路边挖战壕，由于烟雾根本看不见敌军。突然，临时上士肯·约翰逊和他的1班发现了3辆坦克和由步兵支援的自行火炮正在他们对面。

这个来自第321野战滑翔炮兵营的部队持有的7.5毫米的手枪至少抵抗了敌军的一辆坦克。在第一次交火时，约翰逊击中了3名敌方士兵，大兵科内尔掉到了战壕沟底，像个胎儿那样蜷缩着：

> 我一边开枪一边喊科内尔，把他拉起来，他立即集中了意识，站起来面对着敌人。我很庆幸他这么做了，因为没过多久我的机关枪手唐·海格涅斯被击中，开始寻求帮助。我把我的M1枪递给科内尔，在雾中冲出去70码救了唐。坦克的炮弹就落在我们前面，我甚至都能感觉到爆炸发出的波冲击着我的胸膛。子弹就从我们头上嗖嗖地飞过，在回去的路上，我两次被击倒在地。我们曾一度只能在地面匍匐前进，一枚弹片擦过了我的头盔，在钢铁里留下了一道深沟。要是再往里一英尺它很可

---

[1]1940年这座桥被比利时部队炸毁后，德军在铁轨上进行了重建。沿着铁轨往南走一小段是让人印象深刻的南码头终点站。这条铁路系统连接着巴斯托涅的两个站：去往利布拉蒙的南码头和去往古维的北码头（经过比佐里）。南方旅馆位于桥的东端，毗邻一个大型的混凝土水塔。由于这条单向的铁路突然朝西北方向转90度然后继续沿着桥从马尔什大道通向法梅恩的马尔什，这个旅馆就在铁路转弯的地方充当了车站。

能就把我脑袋都切下来了——那天早上一定是有人在保佑我!

海格涅斯上尉带着半导体可调536便携式收音机手机(即无线电话机)失踪后,排里的通信成了问题。"我们期待着我们的炮兵随时会出现,"哈利·贝格回忆,"我告诉孩子们越过马路撤退到树林里。在树林里移动时,我看见了I连的弗雷德·安德森上尉,他告诉我要小心猛烈的敌军炮火,并节约弹药。"I连至少一个排被派去雅克林支援H连的右翼军队了,他们接到的指示是不要和任何敌军交火,除非他们占据了有把握的优势。吉姆·沃克上尉下令贝格带领4人到德塔勒农场附近的铁路路堤,掩护威尔金森中尉和他的队伍,他们正被困在马路东边的那片开阔地。

贝格带着士兵,沿着树林边缘的一条大约300码的小溪一直到树林的一角。从这儿开始,小溪转了90度的弯,平行于铁路流淌直到和路堤汇合。一到战地指挥所附近,贝格和他的小队便开始支援威尔金森,威尔金森正沿着一条穿过路堤旁田野的栅栏向他们爬过来。贝格正在观察威尔金森时,几枚敌军炮弹在他们身后的树林爆炸。过了一会儿一辆吉普车(可能来自第501团)开来,战士们听到司机大喊,"坦克,坦克!"

一辆德军坦克正在沿着威尔金森身后的铁路朝德塔勒农场推进。随着雾气开始消散,一枚穿甲弹击中了战士指挥所,又向右穿过了那幢楼。又一枚炮弹落在贝格上方的树上爆炸,严重伤到了他。"直到1945年3月,那是我的战争的结束,"他回忆,"……一早上痛苦的战斗。我走到就在战地指挥所旁边的我们的救助站,沃克上尉让我上了一辆可用的医疗疏散吉普车。"之前,克拉克·海格涅斯被一块弹片击中,那弹片穿透了他左膝盖上面的大腿。这两名军官和八九个其他的伤员都被一辆第326团的医疗队撤离吉普车送回巴斯托涅去了。这些人被带到了教堂里的分区救助站,救助站位于皮埃尔托马斯大街和古斯塔夫大街交叉路口的天主教神学院内。

这个小教堂属于神学院,被临时用作手术室,美丽的拱形玻璃铺成的庭院成了恢复区和病房。那时,在通往纳沙托的路被封锁时,超过100名伤员在等待着转移到马舒尔,现在医院又需要更多的空间来安置他们。

"狡猾鬼"费勒上校,曾在X十字路口被抓过,但他自己回到了巴斯托涅(很可能和帕特森上尉一起),然后专门为那些受伤后仍能走路的伤员建立了一个二级救助站,就位于辛克上校战地指挥所的正后方,在海因茨兵营的室内步枪打靶场。新设备部分由来自第81机载防空营、第326空降工程师营和第705反坦克装甲营的医生和医疗人员支配,他们接管了隔壁在射程内的工作区。在接下来的日子里,医护人员们在工作区内相继建立了一个X光部门和一个手术室。

回到后防线，2营接到命令接管了H连的区域和德塔勒农场。在战斗期间，杰罗姆·奈特中尉（I连2排）牺牲了。哈雷·丁曼上尉觉得自己看到一个德国士兵潜入了附近的一个草堆。"这是战斗中唯一一次我用左轮手枪开火，我朝着草堆开了一连发子弹，然后草堆就着火了，但我并不觉得这两码事有关。"之后3排撤退到小溪边上路堤毗邻的树林里。"我们一直都在喝泉水，因此我回去很快把我的水壶装满，"丁曼继续说。"吓到我的是，我向下看时突然瞧见了一个人脑壳的前面部分，一些脑浆在水里，于是我立即缩了回去。"丁曼清空了这些东西后，指示他的人都不要用这溪水，即使这意味着在接下来的几个小时里都将没有水可用。

代理中士"山姆"伦恩·古道尔和一等兵哈维·克罗斯、雷·克劳奇正在配备一把0.30英寸口径的轻型机关枪。由于队伍正与敌军机关枪交战，子弹像冰雹一样砸在他们周围的土地上。几发子弹从侧面击中了哈维。"我很幸运，"古道尔回忆，"一颗子弹只是擦过了我的脸颊。掀起哈维的衣服，雷和我才意识到他严重受伤了。"在那一刻，古道尔发现一辆医疗疏散吉普车正从他们身后开来，在黑暗中沿着比佐里大道行驶。哈维毫无意识地躺在他们怀里，古道尔和克劳奇示意车子停下，把哈维放在一个空的担架上，与另外3个伤员一起。"后来我们才听说哈维死在了神学院的救助站，但是我觉得在我们送他上车时他可能已经没有救了。"

早些时候，里奇·希恩在穿过马路时被机关枪击中。尽管希恩身手敏捷，一颗子弹还是穿透了他的手掌。哈罗德·斯特德曼看到他的拳击伙伴倒下，便冒着猛烈的火力跑去救他。哈罗德跑过去时希恩还完全不知所措地躺在地面上。"我几乎感觉不到里奇的气息了，他看起来站不起来，于是我把他背到肩上，跑回了救助站。一个医护人员看到我的腿以为被血浸透了，直到那时我才意识到我裤子的裆部被打飞了。事实证明一颗子弹穿透了我的两个水壶，导致水都流到了我的腿背面！"为了救希恩，斯特德曼被授予了另一个"V"青铜星章。

"吉恩"尤金·约翰逊下士是H连3排的一个无线电操作员。"安德罗斯中尉让我去和我们的右翼军队取得联系，途中我发现一群德军正爬行穿过树林。带着这个坏消息我跑了回来，撞上了E连的一位军官，然后他带着几个士兵追踪敌军去了。"约翰逊遇到的军官最有可能是理查德·休斯少尉（埃德·西姆斯的新助理）。3排和I连一起度过一晚之后被重新部署去援助3营。亚历克斯·安德罗斯回忆，"正当我们在撤退时（大约10:30），2营（一直是预备军）终于赶到了，然后占据了我们的据点。我们摸索着回到高地（香槟林），在佛依正南主干道的西侧。在H连向山脊移动时，在去荷兰前刚刚加入3排的19岁的一等兵盖伊·杰克逊记得他们经过了5个穿着整齐面庞整洁的德军尸体，整齐地排成一排躺在地上。"

由于雾、烟和混乱，肯·约翰逊和他的1班在H连撤离时被落下了。"我不记得我们是被E连还是506团2营的其他连落下的。最终我们自己在大雾中找回了部队，那时我们已经被列为失踪。"

当哈利·贝格和克拉克·海格涅斯到达神学院时，那儿有很多受伤的德军躺在地板上，哈利回忆："德国佬在呻吟着，而且一刻不停，于是我喊道，'闭上你们那该死的嘴，你们这些混蛋！'"贝格比海格涅斯幸运得多：

> 我是被最后几辆救护车撤离出巴斯托涅的，和我一起的还有帕特·斯威尼中尉（506团1营总部连），他在诺维尔时肩膀被打穿了。到达一所前线野战医院后（可能是马舒尔），医护人员只能检测一下我们的伤势，然后贴上标签继续转移我们。几天后我们终于到了一家位于列日附近的韦尔维耶的野战医院（在比利时的韦尔维耶有两家医疗机构，都供美国第一军团使用——第77后方医院和第9野战医院）。帕特和我才刚到那儿几个小时，由于敌军靠得太近，这个医院就不得不撤退了，最后医疗服务队把我们送上了一辆通往巴黎的医院的火车——直到那会儿我觉得我们已经整整3天没有睡觉了。

"12月下旬，北码头被德军空袭严重摧毁，我们在24小时里创纪录地服务了24辆货车，"海伦·布里格斯回忆。"大多数时候火车东站有四到五辆火车，每辆货车大约载了300名伤员。士兵们在等待被卸下车时，我们会提供咖啡和甜甜圈以及《星星和条纹》杂志的副本。不幸的是，我在美国红十字会的主管工作却从来没有真正让我有足够的时间去到列车上，除了一些奇怪的场合比如我要事先警告来自3营的士兵们。看到那些受伤的男孩们如此感激由美国女孩组成的服务队伍真的让人心碎。"

在接下来的一周里，德军加紧了对巴斯托涅周围的把守，越来越多的受害者被困在城里，人数增加到了一个庞大的数目。克拉克·海格涅斯回忆道："我们这些无法撤离的，一天两次接受治疗。医护人员用磺胺粉（一种强效的抗生素）清理我的伤口，同时还注射一剂吗啡（不同于口粮，吗啡供应充足）。这儿没有食物，我唯一能吃的就是苹果。"

在敌军首次进攻的前夜，H连1排在佛依的埋伏点被自由扫射的炮火多次击中，鲍勃·斯特劳德中尉回忆："史密斯中尉吓坏了，我一整晚都在让他走开，去干自己的活，照看自己的部队。"马丁上士所在的班里由于迫击炮火的进攻有几人伤亡，包括替补士兵拉尔夫·基恩和亚瑟·麦金尼斯。"有一人胃部被击中，被撤回我的战地指挥所，"斯特劳德继续说，"我派人去后方部队找一个担架，但是他空着手回来了。因此我们在附近马厩里找了一个梯子，用毯子包住梯子。然后我仔细叮嘱两个士兵把这个受伤的伞兵送到山上的救助站。"

在楼上的窗口监视加斯帕德农场，戈登·耶茨用他的听筒在监控通信。天刚刚亮，通信中士眯着双眼，看到街对面一片阴沉中的帕奎农场里的前哨。前哨中，汉克·迪卡洛的一位配备无线电的手下突然悄悄地提醒耶茨，有一些敌军坦克和一些自行火炮正在靠近，其中一辆现在正停在前哨正下方的一条小巷里。正当耶茨通知斯特劳德中尉时，又一辆坦克咔嗒咔嗒地穿过大雾开过了拐角沿着马路到了他的右方。那一刻灾难如暴风雨般突然来袭，装甲车开始从左往右随意扫射开火。

到处都是坦克炮弹在爆炸，斯特劳德决定毁掉无线电设备并放弃战地指挥所。撤军前，鲍勃匍匐前进再次检查帕奎农场的情况。"在揭下几片屋顶的瓦片后，我看到德国坦克仍然停在外面，被吓坏了。大量的敌军士兵若无其事地站在坦克周围，于是我跑到楼下，回去拿了一个火箭筒。我把火箭筒捅进屋顶的那个洞里，朝着装甲车方向发射了一炮。"斯特劳德冲到楼下去拿更多的弹药时撞上一等兵威尔伯·约翰逊，他很有先见之明地拿来了另一个火箭弹。与此同时，大雾中装甲车队在小型武器的掩护下撤退回来。

意识到前哨已经无法使用，斯特劳德下命令放弃这幢大楼。汉克·迪卡洛没有理会斯特劳德的指示，仍在大楼的另一边，对他那些正在下面挖战壕的士兵们发出了火力准备的命令。"我当时只关心透过迷雾出现在主干道和我面前视野里的北边的敌军。虽然我还没有看到任何坦克，我还是冲我的班喊道：'看我的炮火方向'，同时开始用M1步枪朝着我右手边的正在推进的敌军开火。大兵哈格特和他的搭档朝领头队伍发射了几轮火箭炮，片刻之后杰克·格蕾丝的机枪紧随着步兵开始拼命攻击。我继续朝着每一个暴露的目标开火，直到一辆德军坦克闯入视野，它的枪口直接对准了我！"

这可能是几分钟前鲍勃·斯特劳德瞄准的同一支装甲队。毫不犹豫地，迪卡洛——仍在战地指挥所里——转过身来，沿着粮食传动轴跳了下去。头一发炮火使得传动轴的顶部和筒仓分离了，幸运的是在地下室有足够的干草缓冲他的下落。敌军坦克攻击帕奎农场的前哨后，全体队员都将注意力集中到了2排机关枪发射的曳光弹上，卢·韦基回忆："前一天晚上，我告诉我的机关枪队员们从他们的弹链里拿出所有的红色曳光弹，但是他们根本不听。正当我想前进说几句话时，敌人坦克的炮塔转向我们并开火。炮弹在我们身后的一棵树上爆炸，严重损害了我的听力，使得我完全无法判断方向。就在我以为我们要完蛋时，一辆"谢尔曼"坦克歼击车来了（可能是之前留在佛依备用的一辆坦克），在极近的距离摧毁了敌人的坦克。"

汉克·迪卡洛设法重新集合了他的队伍，另一个意想不到的好运砸到了他们身上。"浓浓的大雾逐渐又弥漫了整个战场，导致所有的小型武器的攻击停止了大约10分钟。雾又慢慢消散了，我们和敌军又在清楚的视野里彼此近距离开火。雾再一次降临。几分钟后在雾气逐渐消散时我们看到更多的敌军前来，同时有消息传来，我们必须后退约700码回到高地。我来回地清点我们的人数时被吓到了，我的队伍里只剩受了轻伤的两个人。"弗兰克·帕蒂萨克中士蹲伏在一堆木柴后面用勃朗宁自动步枪朝着迎面而来的敌军疯狂扫射，在他的火力掩护下他们排撤退下来。士气略低落的穿灰色制服的步兵正在拼命地阻断N30公路，"斯洛伐克"（帕蒂萨克的外号）则坚守着他的阵地，为大部队争取宝贵的时间。

那时H连和I连在佛依N30公路西边的山脊上重组了队伍。在香槟林里重组后，盖伊·杰克逊伸手到他上衣口袋里掏出一盒香烟。"我吃惊地发现这个盒子（我在荷兰得到的）被一块弹片刺穿了，还打歪了我的白铁皮勺子！"卢·韦基由于完全丧失了听力而十分痛苦，走过去问鲍勃·斯特劳德他是否撤退去治疗。斯特劳德同意了，正当韦基准备辞去部队的供应上士离开时，费迪南德·维尔切克要求他交还他的部队作战手表！"我简直不敢相信，立即告诉他去哪儿拿，"韦基回忆。过了一会儿，大兵查理·科尔开着一辆吉普车到了，他在荷兰受重伤后现在还很清闲，他把韦基送到了海因茨兵营的步枪打靶场。

基尔和韦基走后，沃克上尉过来通知鲍勃·斯特劳德部队现在接到警示性指令，对佛依发起牵制性进攻从而帮助1营从诺维尔撤退。汉克·迪卡洛就在附近，不小心听到了他们谈话的最后几个字，沃克对斯特劳德强调，"他们可能会认为他们要前往巴斯托涅，但是他们是不会走上这条路的。你明白我吗，鲍勃？要么就在这儿要么哪儿都不去。把这些话告诉你的手下。"当时斯特劳德刚刚和他的送信员大兵比尔·布兰克特和史密斯中尉挖战壕回来，史密斯帮着用圆木棍把大大小小的洞填上。虽然这山脊大部分被林地遮蔽住，树林前方的开阔地却是一块下降的凸斜面。沃克请求斯特劳德带着几个人到前方建立一个俯瞰佛依的观察哨。"我们沿着斜坡继续前进，穿过一长段林地到了林子边缘，不过那儿看起来似乎没发生什么，于是我回来赶紧吃了几口。坐在沟壕的顶上，翻着口粮包，就在这时一枚炮弹在树上爆炸了，炸伤了史密斯上尉和我。史密斯在失去手臂后痛苦地大叫。虽然我肩部也被击中，但是我的伤势和史密斯相比也不算痛苦。幸运的是布雷克特逃过了一劫，没有受伤但是被吓得不清。"在和排队道别后，斯特劳德和史密斯由查理·科尔送到了步枪打靶场。和这两位军官不同，卢·韦基在打靶场只待了不到24小时。

"这太可怕了，铺满沙子的混凝土地面也冷得要命。我决定离开这鬼地方——前线都比这里好多了——于是我拿起了我的装备回到佛依，我的耳朵还在滴血。"

早些时候，在诺维尔更北边，鲍勃·哈威克少校焦急地等待着，祈祷大雾不会散去："过了一会儿，敌军的猛烈炮击突然涌来，产生了更多的烟尘，和雾气融在一起，把能见度拉低到了20码。从前哨传来消息他们听到德军坦克在前进。几分钟之内这个乡村就变得一片混乱：叮当的踏板声，黑色的阴影，肮脏的黄光，坦克肆意地扫射着这个镇子。敌军的编队阵型解散，随之而来的是一辆坦克配几个士兵的阵势，他们探探这里，试试那里。我们的一辆坦克歼击车找好位置后近距离开火了，由于射程很近，结果非常残酷。这大雾真是一件喜忧参半的事，让敌军坦克逃过了我们的防御。"

20多辆坦克排成一个U字形围绕着诺维尔，持续不断的炮火将这个镇子化为灰烬。哈威克继续："有一辆坦克被我们的歼击车打到了快50英尺之外，我们的歼击车尽管部分受损还是坚持在保护战地指挥所。炮火加剧了，教堂塔尖的部分墙坍塌落到了街上。"

坎汉中尉和他的来自第321野战滑翔队的前方观察小队在镇子东北边缘选了一个石砌的谷仓作为观察哨，一等兵杰伊·斯通回忆：

> 坎汉和普卢默上士在二楼通过一扇打开的窗户观察情况。坎汉接通了我提前在谷仓另一头设置好的无线电台，正在向萨维的火灾探测中心转发火灾任务。德军正在开足火力猛击诺维尔，伴随着刺耳的哨声炮弹铺天盖地飞来。突然一辆坦克就在谷仓右边爆炸了，普卢默打电话告诉我中尉被炮弹打中了。我们随便揪了一个医护人员就冲上楼去，发现长官已经死了。令人吃惊的是火灾探测中心督促我们留在原地坚持住，尽管我们那时也没想去哪儿，普卢默上士接管后成功地继续指挥我们作战。

由于救助站的伤员已经超过了容量，1营在附近的一个地窖里又建了另一个。"很明显，我们的伤亡导致前线出现了无法填补的缺口，而且我们还没能和巴斯托涅通上信，"鲍勃·哈威克回忆。他继续说：

> 战地指挥所的人员包括接线员、职工以及还能行走的伤员都被派出去和步枪队并肩作战。敌军坦克在重新组织时，才有了一个短暂的间歇。一辆配备着没用的无线设备的半履带车载满了受伤最严重的士兵。我指定一位司机，强迫他开回巴斯托涅，并且让他捎一句话："伤亡沉重——没用更多的装甲穿刺弹，请求支援弹药以及医疗用品。"这辆车开出去了但是没有回来，不过我后来发现这个司机其实已经通过巴斯托涅了。

　　大约10:00，我们通过无线电和团部简单地联系了一下。我很害怕在电话里告诉他们我们的真实情况，我们得到的指令是"不惜一切代价坚守"。就在这时，德军坦克对我们的前哨展开了新一轮的进攻，并沿着N30公路朝着我的战地指挥所前进。反坦克装甲车队找到了他们的第20辆坦克，它正在镇子边界燃烧，还使得一栋楼着起火来，不过那栋楼直到那会儿还奇迹般地没有受损。

　　前方观察哨的无线电成了和第506团通信的唯一途径，它通过火灾检测中心和兵营的一等兵维克多·萨尔河伯之间的联系而实现。任何传来的消息都会立刻被传递给哈威克少校，他回忆："诺维尔的情况已经如此严重，于是我召集了所有的部队指挥官简单报告了一下情况。我解释说，再来几次进攻，我们的战斗部队就完蛋了，之后我们讨论了撤退的计划。我的一个士兵自愿驾驶一辆吉普车，载着3个伤员沿着主干道，给麦考利夫中将捎去一个纸条，上面写着'我们能坚持但不是无期限的'。大约12:30，一辆坦克里的一个无线电操作员收到一条消息告诉装甲部队前来支援在诺维尔之外战斗的步兵。"

　　45分钟后，撤退的命令传到了前方观察哨的无线电。普卢默上士写下了一条简短的信息，立刻交给哈威克，哈威克继续说："我拿着这条指令，合法地做我知道的该做的事，在13:30我下达了撤退命令，留着纸条作为'证据'。在残存的5辆坦克（来自最初的第15特遣部队）中，我只找到了两个人。我的军队接管，开走了另两辆坦克。损坏了的'谢尔曼'坦克在战地指挥所外面着了火，一根5米的导火索放在了剩余的一点点弹药上。敌军妄想用这次爆炸打落教堂的残骸，堵住我们身后的路（结果失败了）。"首先离开的是梅霍斯基中尉的士兵，他下命令不惜一切前进，带着一车队摇摇晃晃的4辆"谢尔曼"坦克。其中一辆坦克被梅霍斯基的士兵占用了，他们还霸占了一辆半履带车、一辆卡车和一辆吉普车。

　　"和A连一起的反坦克装甲车队形成了阻止德军跟随前来的后卫，"鲍勃·哈威克回忆，"持续的浓雾给了我们急需的掩护，剩余的伤员装载完毕我们就立即出发了。没过多久我们就听到从第一支部队传来的炮火声。"随着最后一辆半履带车离开诺维尔，一长串的敌军机枪火力从某地横扫过田野偏向了右边，紧跟着的是从左边（东边）来的直接而准确的炮火。杰伊·斯通和第321团的小队与哈威克一起在徒步，向萨维发送了一个"移动"的火力任务。正在这时，少校命令他的纵队离开马路，在西边的沼泽死角地隐蔽。"我们的火力任务是成功的，保证了纵队能够继续，"斯通回忆，"但是我们坐的半履带车不断地陷到淤泥里，因此我们决定步行走完之后的路程。"

在第一纵队的前面，领队坦克在去佛依的路上被击中了，但是哈威克不能停下来去帮助那几个恰好是C连的志愿参加的队员。同时，支持村庄东北边缘撤退的是另一辆"谢尔曼"坦克，它强行从克莱因房子后面开出一条路，眼下正在和佛依和诺维尔之间的敌军激烈交火。

"过了一会儿，我派出一个排到左侧（东边），但他们很快就遇上了麻烦，而我带领大约30个人前往3营的右侧，"哈威克少校回忆。"从马路穿过开阔地，我们的机关枪发射的曳光弹点燃了一个谷仓，杀死了很多敌军，因为他们暴露了。"在混战中，几个1营的士兵被来自友军506团3营的炮火打伤。"我们俘获了32个战俘，其中包括1个少校，"哈威克继续说，"幸运的是敌军撤退了，使得经过佛依的道路通畅无阻。我们的特遣小队缓缓经过我身旁，开始重新组织。他们凌乱不堪，衣服被扯坏，沾满了凝固的泥浆。他们经历了几天非常艰难的日子，但是他们知道出色地完成了任务。最初进入诺维尔的有600人，如今只剩400人能讲述这个故事。"

杰伊·斯通和前方观察员们带着3个德国战俘在1营之后到达佛依。"我最终找到了我们的联络官山姆·斯金纳上尉，他正与506团3营一起工作，我把战俘交给他。不久之后，A连的尤金布鲁克斯中尉（第二天就重伤了）接管了我们的刚刚被分配给帕奇上校的小队。"

到17:00，506团1营已经转移到了位于卢塞利的巴斯托涅郊区的布莱斯农场，用附近的一个复杂的谷仓作为团队的储备区，几个小时之后，他们用一顿热饭、甜甜圈和咖啡来欢迎我们——尽管每个人都想知道这些食物究竟是从哪儿来的。

再取佛依

弗兰克·帕蒂萨克中士现在是H连1排最高职位，因此召集剩下的班长并给他们分配和I连一起各自的攻击线路的工作取决于他。在斯特劳德和史密斯撤离后，"斯洛伐克"断然拒绝了沃克上尉提议的战场委任。早先弗兰克就曾和唐·扎恩一起被派出去完成在荷兰的一个战地委任，但是后来他发现这个委任已经解除了（也许被沃克——不过弗兰克永远都无法证明这点了）。"斯洛伐克"对于1排来说是一笔巨大的资产，他的巡查、战场能力和枪法是与生俱来的。

汉克·迪卡洛回忆：

> 我们的排被通知要和两个班一起前进进入佛依，我离主干道是最近的，几乎就在我的右手边。帕特森上士和他的60毫米迫击炮小队留在了树

林的东边，一起的还有几支负责提供火力支持的机关枪小队。进攻大约在11:00开始，我们一冲下山就立刻遭到了小型武器和自动炮火的压制。我们用上了所有的武器，抵达第一个附属建筑物，开始打退敌军。我们分散为小队，系统性地清除每一个房子、谷仓和小屋，在各个地点之间来回察看。下士和我们一起走过诺曼底和荷兰的比尔·戈登，他成了第一个伤员。我停下来去查看他，但是他已经死了。在继续前进之前，我从他身上拿走一副望远镜。

比尔·戈登是一个漂亮的犹太男孩，他来自一个大家庭，他总是和我们共享他的补给包。在他死后，戈登的家人还继续邮寄一些装有糖果和杂货的包裹给排队。

"在来自第705反坦克装甲车营的两个坦克摧毁车的帮助下，"迪卡洛继续说，"我们把德军逼退到好几百码之外的佛依北边的田野里，把1营前面的主干道清理出来，1营当时正在'攻击'从北而来的敌军。"

哈罗德·斯特德曼和韦曼·沃玛遭到来自某个建筑楼的炮火攻击时发现自己正在他们自己的步兵前面。这两个迫击炮战士躲在一堵墙后面，用光了大部分60毫米的炮弹射击这个房屋。就在斯特德曼派沃马科回去取更多的弹药后，唐·里普洛格尔中尉带着剩余的3排赶到了。几分钟后，那个房屋里的狙击火力用光了，直到沃马科带着另外的10个弹匣回来，斯特德曼回忆：

> 一分钟或者两分钟后，我们就只剩下最后的3发子弹了，这次轮到我去取更多的弹药。我穿过两个谷仓之间的一道缝隙时，一颗子弹穿过了我的耳朵。我本能地躺到地上装死，过了一会儿才试图继续前进。我回到沃马科那儿时，我们排已经拿下了那个房屋，杀死了3个敌军。另外2个成了战俘，其中1个还是军官。这个家伙很高大，看起来很卑鄙，出于某些原因，男孩们认为他就是刚刚朝我们射击的狙击手。这个德国人其实是普鲁士人，拒绝把手举到空中，于是我跑过去狠狠地揍了他的后背，但是他还是拒绝服从。有一个男孩对他动粗，然后问中尉他是否可以杀了他，但是中尉说任何人都不允许仅仅因为他的傲慢而被杀。

H连3排在休整中，不安地看到第一辆反坦克装甲车（属于C连部队）在佛依郊区撞上了德军路障。"'谢尔曼'坦克被击中，开始着火，我清楚地记得惊恐的队员们在大火中奋力求生，"安德罗斯回忆。在战斗期间，校舍被摧毁，夷为平地。最终，大约15:00，506团C连的带头部队被目击正在朝3营杀出一条路。汉克·迪卡洛说道："在他们经过我们的战线时，我看到了我的老排长梅霍斯基中尉，这是自从诺曼底以来我第一次见到他。'麋鹿'还是曾经的那个自己，非常冷静，完全掌控着局势。那天我们的联合部队摧毁了敌军第2装甲师的20辆坦克和车辆，捕获了113个战俘，主要来自于国民掷弹兵——78团。据估计我们在这次火力进攻中遭受了60%的伤亡损失。"

在休整后，部队又在通往勒科涅的道路北面几码处挖出掩体，等待进一步指令。那天晚上，每个小时都有巡逻队被派到第502团。2营对于第501团也是如此。到了17:30，斯特雷耶中校的队伍舒适地驻扎在了东区。506团F连1排的奥斯瓦尔德中尉和施塔佩尔菲尔德少尉转移到了铁路路堤西边的很近的区域，F连则在德塔勒农场建立了自己的战地指挥所。和里奇中尉以及3排一起，本·施塔佩尔菲尔德沿路在他的区域埋伏下了两架机关枪和一个60毫米迫击炮，2排则为第321滑翔野战炮兵队的一支枪队护航。

埃德·西姆斯和巡逻排一起被分配到了佛依到比佐里大道附近的一个区，在雅克林的最西北边。这个新区接近采石场，H连2排之前曾在那里驻守过。"那时候我拥有的全部就只是一张手画的佛依地图，"埃德回忆。"谢天谢地不久之后正式的1：50000比例尺的地图发布了。"这一地带四处散落着砖块，这些砖块来自于一间在1940年被比利时部队炸毁的狩猎小屋。俯瞰着佛依的那部分森林成了接下来两周内埃德的"前屋"和巡逻基地。有趣的是，在2014年的今天，在比佐里大道东边和西边的树林已经被砍伐，成为一个更加裸露开放的景观。在1944年，被3排占领的区域进一步向西北扩展——马路东侧的后来被敌军占领的那片树林也是如此。还值得一提的是在二战期间，埃德的根据地正后方的那片森林一路向N30公路延伸——为排队提供了通往3营战地指挥所和主阵地前沿的安全通道。西姆斯的大部分指令都是直接从团部接到的：

> 通常每天下午我都会在雅克林里听海斯特少校或者利奇上尉抑或吉恩·布朗上尉（团总部连军官）的简报，直到夜晚即将来临。他们通常会给我一些需要考察的一套参考坐标，还有诸如监听巡逻队的东西。对于我们来说在任何一个晚上在勒科涅和佛依有几个三人小队并不常见。通常我会带领一支小队，"狡猾鬼"达雷尔·珀尔上士、一等兵"大力水手"罗伯特·韦恩、厄尔·麦克朗、"皮包骨"西斯克和"护林熊"沃尔特·戈登下士会带领另几支小队。战斗巡逻队是一件完全不同的事情，通常由大约6个人组成，要求俘获敌军士兵进行审讯。我的迫击炮"乡巴佬"保罗·罗杰斯上士（在"克拉斯"克拉伦斯·泰德上士受伤

后他接管了工作）经常留在露营区内监督我们的防守。我们中的几个能说流利的德语，比如我的军械士下士福勒斯特·古斯、罗·斯佐霍和埃德·斯坦。

在大多数情况下"乡巴佬"与我们的副排长"巴克"泰勒一起工作，并掌控基地的管理和我们遇到的任何检查点或者观察哨的口令。泰勒中士有着真正的权力，应该很快就会当上该死的军官，这使得我有更多的时间专注于任务准备和规划。泰勒经常从我们巡逻队挑人，并确保每个人都准备好了，无论他要求的是什么任务。在离开这个区域之前，我们的人会经过巡逻口令、手势、时间限制以及为了突发考验标准的紧急行动，我们称这为"打分"。罗杰斯和泰勒达到了一个军官该有的一切素质甚至更多——唯一的区别就是士兵们不用称他们为"长官"。

理查德·休斯中尉是一个富有的格外友好的纽约人，他最初被派到2排当"巴克"林恩·康普顿中尉的助理。"我相信他的祖父曾经是州长，后来成为美国最高法院的首席大法官，"埃德回忆，"在开始那几天我们开始注意到他呼吸里带的酒精味，在被质问时，他坦然承认值班期间喝酒。这对于我来说是完全不能接受的行为而且无法容忍。于是我意识到他这次必须得离开。"

G连——西区："我们是军队抑或我们是西点军校！"

G连2排的弗兰克·罗中尉在诺曼底的表现并不好，因此他得到了一个外号"散兵坑"。西点军校毕业生特纳·梅森·钱布利斯原先是排长，在6月6日于布雷旺德附近的人行桥上死亡。钱布利斯中尉是一个很难与之媲美的人，但是最终罗在荷兰证明了自己，如今已是一个不仅仅有能力而且受人尊敬的战斗领袖。"罗的助理谢尔曼·萨瑟兰少尉是一个出色的家伙，他获得过战地委任，并且他愿意花时间倾听那些应募入伍的士兵，"吉姆·马丁回忆。当敌军在第一天的黎明袭击了G连根据地时，切斯特·奥斯本中尉和1排担任了主攻，2排则被派来支援。一等兵尤厄尔·马丁和其他3个战士携带约翰·威辛保中尉爬上山到达了救助站。

参谋长的伤是致命的，那一天下午就死去了。12月20日那天连队的主要伤亡都是炮兵。安德鲁·霍布斯上士和一等兵约瑟夫·莱特后来都因伤死亡。伤的更严重的还有莱斯特·麦克尼克下士、一等兵斯坦·戴维和厄尼·德嘉玛，以及二等兵克莱德·麦卡蒂和罗伯特·梅。

在他们进入勒科涅后的第一个侦查任务中——勒科涅即后来人们熟知的"迷

离之地"——G连的任务是和502团H连取得联系，吉姆·马丁回忆："比尔·安德森上士（后来被弹片打伤）和我一直在修理60毫米迫击炮，因此我们已经对于我们前面和左侧的地形了如指掌。"G连正在守卫一条向勒科涅东北部鼓起的战线，而西边则在第502团的掌控之下，他们大概是这么认为的。"由于我们没有太多的时间，我建议萨瑟兰少尉只让我们俩人前去侦查村庄边缘的情况，其他人'待在原地等'。一个普通的军官绝对不会允许我这般和他谈话，但是萨瑟兰知道现在的情况，非常乐意接受我的建议。然而，当少尉和我向西进入勒科涅时却怎么也找不到第502团，这次任务比我们预期花费的时间多得多，而且我们还没能成功找到他们。"菲兹帕特里克中尉调派约翰·基尔和阿尔伯特·格雷到勒科涅担任观察哨的职责，基尔回忆："由于菲兹帕特里克是在足球队里认识我和艾伯特的，因而在我们看来如果有什么需要做的，我们总是他的第一人选。第二天晚上，我们被派出去巡逻，我记得在我们出发前我说'耶稣基督，中尉啊，你能不能了解一下别人的名字！'1945年1月2日，在夜间一次巡逻中，艾伯特·格雷失踪了，后来我们得知他被德军俘获，几个月后被杀害了。"

在G连正后方，太太路两旁是高大的山毛榉，标志着连队根据地的最西边。那条尚未修好的马路向山下延伸600码就到了一个美丽的农舍，由5个谷仓包围着，这5个谷仓最近刚被德吉夫家族遗弃。从山脊沿着太太路下行延伸大约250码，是一块林地，后来成为连队的长期主抵抗线的一部分。

"在首次巡逻之后，我听说萨瑟兰实际上是由于没有注意具体时间限制被帕奇上校处分的，"吉姆·马丁回忆。"我猜想谢尔曼会把它记录到档案里，但是我知道他提供的信息意味着缺口暂时被填补了，直到第502团完全部署好。"尽管部分被豪夫施密特庄园俯瞰着（成为第503团H连的战地指挥所，直到12月底），勒科涅注定是不易驯服的土地，只能在夜间由任意一方巡逻。

"一代人的墓志铭"

1944年，12月21—24日

此时后防线已经没有一人了，在第二天凌晨03:30，3营再一次受到攻击。敌军炮火沿着N30公路推进时遇上了第705反坦克装甲营的两辆"谢尔曼"坦克的火箭炮和提前布置好的炮弹。哈利·丁曼上士和I连3排警觉到一支身份不明的巡逻队正朝着他们前进：

> 我们不是很确定他们是谁但是我们怀疑。我立刻发出了质问，要求口令。很快就清楚地看到这些士兵穿着平头钉的靴子，但是之后黑暗中一个美国口音回答，"上帝，我是史密斯中尉，让我们过去。"我犹豫了一小会儿，下令开火，然后拿起一个负荷的火箭炮。一扣动扳机，我就被震倒在地，砖石的碎片漫天飞舞吞没了我。在恐慌中，我忘记了我身后的砖墙，火箭几乎还没飞过马路就爆炸了！不用说了我的手下都印象深刻，不过我们最终成功驱散了我们区域内的敌军。

由于被包围了，炮兵不得不节省弹药，只允许对准特定目标开火，比如吉姆·马丁描述的："在部队退出佛依前，我们请求了火力支援，透过大雾中的一丝缝隙，我看到一队敌军在进入村庄，于是我们进行了快速有效的轰炸，德军被炸得不省人事，付出了昂贵代价。"由于浓雾，几十个国民掷弹兵在几辆坦克支援下成功进入了佛依。几个德军已经渗透进入了G连后防线，1排被迫修复刺刀，近身肉搏。06:00，部队的撤退命令传到了香槟林。在撤退前，奥斯本中尉让20岁的代理上士斯坦·克莱夫和他的班，包括替补大兵"杜威"詹姆斯·梅利韦瑟和尤厄尔·马丁断后，掩护撤退。斯坦·克莱夫拿着他的机关枪，勇敢地继续近距离向浓雾里涌现的模糊身影开火。克莱夫和他的班尽可能久地坚持着，直到穿过猛烈的小型武器炮火后腿到树林的边缘。

在这次作战中，机枪排至少有两把机枪给了G连。吉姆·梅尔许斯下士回忆：

　　我和大兵"迈克"文斯·迈克尔（G连）正在配备一支0.30英寸口径的炮筒，一起的还有几个火箭炮队，这时坦克攻击了村庄，炸掉了我们正在用的房子的屋顶。那一刻大家都退到了树林里。我们正在撤退时，在那个房子和一个大长方形的谷仓之间的半路上，"迈克"和我捡到一个废弃的火箭炮和3枚炮弹，我们决定和两辆"美洲豹"交火，他们已经在勒科涅和佛依之间的路上，距离我们很近。第一辆坦克开近了但是没能注意到我们，那时候我们的腿都在靴子里打颤儿。"迈克"装载好炮弹，给管子连上电源，我们等待着直到那辆坦克通过那幢楼，这样它的炮塔就无法瞄准我们的方向了。炮弹飞到了发动机舱里爆炸了，几秒钟后这辆坦克就停下了。第二辆坦克开过来，停在了我们刚刚炸毁的那一辆的后面，于是我们决定和其他人重新部署。

　　斯坦·克莱夫的行动为G连争取了足够的时间来巩固他们的新根据地，也为他自己赢得了代表英勇的青铜星章。11:00，H连和I连也照着我们的战术做了，位于佛依和勒科涅之间的香槟林北边缘的主抵抗线被发现了。

　　在佛依上方的斜坡上，汉克·迪卡洛和一等兵比尔·布里格干掉了之前吉姆·梅尔许斯发现的Mk-V型装甲车，它正在朝他们推进：

　　我们碰巧在树林的边缘看着坦克的右方。在从3排借来一个火箭炮和几枚炮弹后，我们爬行到了离预定目标20码范围内。坦克手似乎没有注意到我们的存在，继续朝我们身后的树林开火。比尔装载了3英尺长的炮弹，我则尽我最大的可能保持双手平稳，在负重轮和上坦克链之间放置了一个穿甲弹。现在坦克离我们已经非常近了，甚至我们已经在炮塔的下面了。我幸运的一击穿透了侧壁的装甲，引燃了里面的弹药。布里格和我跑到树林中躲避起来，然后回头查看我们的杰作。我有些期待会看到枪口转到我们的方向，但是相反，装甲车开始退下山坡。随着它的远离，装甲车里的人员都跳出来，朝着佛依跑回去。掩护我们的4班巴克·博伊茨下士击中并杀死了冲出装甲车的敌军指挥官，我们都为此欢呼雀跃……我觉得我们那天得到了所有的回报。

　　在撤退期间，大兵鲍勃·坎加（I连3排）严重受伤，绝望地躺在地上。讽刺的是，来自圣盖博加列夫尼亚的坎加才刚刚从医院回来，他之前在诺曼底严重受伤。一等兵埃德·彼得罗斯基从他的新挖的散兵坑里爬出来，跑向坎加。迪卡洛回忆："彼得罗斯基在拖着这个受伤的家伙，就在他们快要到达林木线时，一枚迫击炮弹在附近爆炸了，击中了埃德。尽管受了伤，彼得罗斯基坚持确保自己把这个受伤的家伙带到战壕里，躺在伞兵的上面，保护他以免再受伤。我们中的几个跑过去帮着把他们抬到撤离的吉普车后面。这些人是完全陌生的，然而埃德冒着生命危险去救他们因为他觉得这是正确的事情。"遗憾的是鲍勃·坎加在几个小时后死了。相反地，沃克上尉在跳到散兵坑里的时候手在罐头上划伤了。"在向救助站报告需要治疗后，沃克的名字被写入了医疗日志里，之后他被授予了一枚紫心勋章，尽管我们都认为这完全不合适，"卢·韦基回忆。

年少的玛吉·马里恩还和她的家人以及大约40个来自佛依的居民躲避在朱尔斯·科恩家的地下室里。她回忆道：

> 那天早上早些时候，战斗就在这房子的外面，我们能够分辨出哪些军队是美军，因为他们的靴子不像德军的鞋钉会在路上发出那么大的噪声。从一扇正对着主街道的窗户狭缝里看出去，我看到一名美军士兵躺到了地上。和我们一起在地窖避难的其中一个男人冲到了外面，想看看自己能否帮助这个受伤的伞兵。在他到达那个受伤的士兵的身边时，德军已经把这个男人的靴子拿走了。不久之后，敌军在街对面的加斯帕德家——就在学校隔壁，开始对地下室的窗户进行射击。在这场战役中，一枚德军坦克炮穿甲弹从诺维尔方向飞来穿进了地窖，穿过了两个房间最后落在了一堆水果里！

一旦敌军坦克指挥官使用烈性炸药炮弹的话，在地下室避难的人一定都会被杀死。

第二天事态都平息下来，玛吉被允许和海伦·加斯帕德以及她的两个小儿子一起出去几分钟。海伦的家就在路对面，在12月20日之前被鲍勃·斯特劳德用作战地指挥所。玛吉继续说道：

> 我们在外面马厩前面露天的地方玩了一会儿，然后我回到了地下室，留加斯帕德夫人、8岁的若斯和2岁的盖伊在外面。过了一会儿一枚炮弹落在了马厩正对面的马路上，当场炸死了海伦和盖伊。后来德军决定他们要占领整个楼，于是命令每个人都搬移到下一个属于科东尼尔家族的农场里。科东尼尔家的条件十分简陋，尤其是浴室，就像房间中间放了一个水桶。十几岁的母亲吉莱纳·巴斯坦利用这个机会逃出了这里，去了柯布鲁，在那儿的圣诞节那天她生下了一个小男孩，然后给他起名叫诺尔。

由于恶劣的卫生条件，人们相继因为痢疾倒下了，但是幸运的是我们没有挨饿。作为孩子，我们不能理解为什么大人们不断地在祈祷，直到今天他们低沉喃喃的声音的语气好像还在我耳边。12月31日，德国人进来告诉我们在午夜前离开，不走的会被枪毙！我的母亲不相信他们真的会这样做，但是在傍晚8点左右我们还是说服她离开。这天晚上我们和科东尼尔一家沿着N30公路走了5英里到哈丁，N30公路总是每隔一段时间就会因为被吹倒的电线杆和树而堵塞。

回到12月21日的诺维尔，一大批帝国保安部的官员前来质问当地人。受雇于政治理想主义者的帝国保安部是一个情报收集的安全组织，和盖世太保组织有着密切的联系。在之前丹卓的战地指挥所的那个学校里建立了他们的总部之后，帝国保安部拜访了这个村子里的每一户人家，询问了当地居民。在后来的寻访期间，发现了在9月10日的解放期间拍的照片，这些照片上是一些和美军一起庆祝的家庭。还发现教堂的祭坛上面的墙上贴着一个标语，上面写着"比利时万岁，国王万岁，法国和盟友国万岁"。

帝国保安部的几个成员是法国人，看起来对他们想要问话的那些人特别了解。在他们搜索期间，帝国保安部逮捕了16名居民，包括牧师路易·德尔沃、当地学校教师奥古斯特·路特跟、费尔南德·布尔津（他的家已经被506团1营用作救护站）、弗尔南德的两个儿子布莱斯和罗杰，以及22岁的来自卢森堡特洛伊小镇的米歇尔·斯全恩。讽刺的是，斯全恩，一名"潜水员"，那时候却一直在逃跑，和朋友一起在当地躲躲藏藏，就为了逃避德军强征劳动力。在德国军队的押送下，男人们被排成队列，站在教堂前面，然后10个人被带到学校去审讯了。

当吉利夫人发现帝国安全部带走了她的丈夫路易斯后，她冲到校舍抗议，说男人们是无罪的，但是被勒令回家。在她离开大楼后，就在正午前，全部的16名村民在武装包围下都站在教堂前。"囚犯们"被下令去清理N30公路上的碎片。一些人包括路易斯·德尔沃一开始是拒绝的，仍被安全部强迫继续。德尔沃走在马路上对路易斯·吉利轻声说，"一切都结束了兄弟——忏悔你的罪过。"几个小时后，帝国安全部对道路的清理很满意，于是在学校前面重新召集了这16个村民。一位德国军官从口袋里拿出一个清单，让8个人回家了，包括费尔南德、布莱斯·布尔津和路易斯·吉利，然后他又补充道，"剩下的人，手抱在头上，跟我走。"德尔沃、鲁特根、罗杰·布尔津、斯全恩，还有剩下的4个人被押到教堂后面的一片开阔地上，那儿挖了三个坑。弗尔南德·布尔津在走远时他听到了几声枪响，立即明白过来剩下那些人已经被枪毙了，包括他21岁的儿子罗杰。

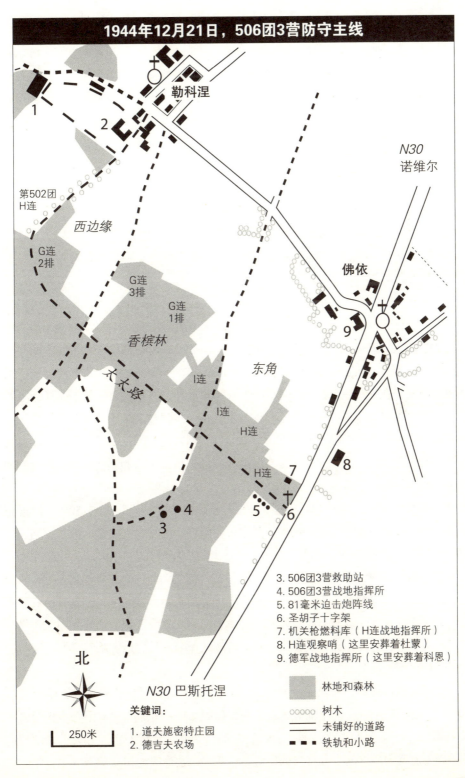

1944年12月21日，506团3营防守主线

勒科涅

1

2

第502团
H连

西边缘

G连
2排

G连
3排

G连
1排

香槟林

木木路

I连

I连

东角

H连

H连

7

5

6

4

3

N30
诺维尔

佛依

9

8

北

N30 巴斯托涅

3. 506团3营救助站
4. 506团3营战地指挥所
5. 81毫米迫击炮阵线
6. 圣胡子十字架
7. 机关枪燃料库（H连战地指挥所）
8. H连观察哨（这里安葬着杜蒙）
9. 德军战地指挥所（这里安葬着科恩）

林地和森林

树木

未铺好的道路

铁轨和小路

关键词：

250米

1. 道夫施密特庄园
2. 德吉夫农场

　　显然对于当时在诺维尔的情况，3营在佛依沿着香槟林的边缘掘壕固守，多少是有点儿羡慕正在谷仓里奢侈地睡觉的德军。沃克上尉、一等士官长戈登·波尔斯以及H连的军官们接管了佛依庄园，俯瞰着N30公路的一个小混凝土碉堡。机关枪位于树林的最北边，靠近一个在当地被称为圣胡子十字架的宗教地标。这个碉堡是在20世纪30年代比利时军队在这个村庄附近修建的三个相同的防御工事之一。其他两个在更东北边和约瑟夫·巴斯坦（吉莱纳的父亲）、卡米尔·杜蒙特家的农场附近。

　　1944年，掩护着3营的主防线的树木被修成一种奇怪的形状，构成了两个又长又密的突起——我们把这两个非常重要的突起称作"西手指"和"东手指"。那时候G连负责香槟林最大的区域，覆盖了800码宽的前线，向东穿过三个区后和I连汇合。2排（G连）驻扎在"西手指"，从上面看下来形成了一个独特的形状是拉长的"W"形的垫肩模式。

　　"东眼"位于H连和I连共同负责的区域，最终成为第506团进入佛依的大门。作为离那个村庄最近的根据地，大量的前线观察哨建立在此，包括第81毫米迫击炮排（他们在太太路后面的空地上有4个管子）。一单排树在警戒区和村庄中间穿过向西北方向而去。在这个特征区的中心，就在"眼"的正对面，林木线分成了很多独立的块，在之后的3个星期里，成为监听站。和I连3排的大多数人一样，哈罗德·斯特德曼和韦曼·沃马克一起在挖战壕，用一层树枝和蕨类植物铺在沟壕底部来保暖。"由于步枪子弹还处在严重短缺中，"斯特德曼回忆，"我们拿了所有我们能带的东西，以及在死去的队友身上能找到的东西，然后和其他东西比如食物和糖果一起均分给每个人。"

　　拉尔夫·班尼特中士（H连3排）在混凝土碉堡（在"眼"向东150码）附近挖战壕，和他一起的还有无线电操作员基恩·约翰逊、医疗大兵欧文·波尔定格和报信人埃尔默·斯旺森。"我决定挖一个足够大的战壕给我们4个人用，我们轮流着挖。地很坚实，我们只挖下去了大约1.5英尺，然后我就产生了一个孤注一掷的想法，用一个手榴弹把土地弄松软。手榴弹爆炸时，我们全都趴下，绷紧自己。只不过我们周围的家伙并没有被我绝妙的意图而震撼到。也就是说它确实起到了作用，而且没人受伤，这足以让我们无视在附近苦挖战壕的大兵乔治·哈特和詹姆斯·索沃斯的负面评论。"

　　德军的试探性攻击持续了一整天，10月5日那天"杜德"山姆·赫夫纳上士从拉尔夫·班尼特手中接管了60毫米迫击炮，他回忆道："来自第81滑翔步兵营的附属于我们的37毫米反坦克枪组，在大约550码时朝着一辆德军坦克开火了，德军坦克立即朝着我们的方向发起猛烈的反击。"第一棵被炸飞的树立即夺取了吉姆的生命。班尼特听到乔治·哈特哭喊着寻求帮助，于是和赫夫纳一起爬过去看看发生了什么。哈特脸朝下躺在一个浅浅的弹坑里，他的脊柱根部有一个巨大的洞，看起来腰部以下都瘫痪了。这两人小心翼翼地把哈特从浅坑里挪出来，然后叫波尔定格（也被叫作"黑人"）过去帮忙。波尔定格决定给乔治捐献脊髓，把他带回营地救助站。一到太太路，他们就拦下了一辆经过的医疗吉普车，这辆车恰好要回巴斯托涅。"我们没人想到哈特居然能挺过这一次，但是他的确做到了——只是在轮椅上度过了余生，"班尼特回忆。

5分钟之后，在另一次攻击中，正在操控机关枪的大兵拉尔夫·金突然大叫。基恩·约翰逊过去帮忙，惊恐地看到金的左肩一部分已经被扯裂开，露出了骨头：

> 我把拉尔夫拖到山脊（太太路），让他靠着一棵树坐着，然后又回去帮助其他人，包括一等兵阿道夫·尼克拉托。我们总共把大约10个人撤离出直接危险区。在医护人员到来之前，我尽我最大可能去帮助拉尔夫，他总是试着去看自己受伤的肩膀。随着他陷入休克中，我打了一下他的脸，大喊："你不准在我身上昏倒……你不准！"那一刻他开始集中注意力，然后注意到我头上的伤口也在大量出血。"这不是我的血……可能是你的，"我回答，但是当我伸手去摸我的脸时，他是对的……那血是我流的！
>
> 没多久医疗人员赶到了，把我俩带到步枪打靶场，那儿立刻就躺满了伤员。那地方特别冷，唯一让我们充饥的东西就是黄金汤。

赫夫纳的助理是4班的吉姆·麦卡恩下士，他补充道："在这次攻击后，我们在点名，当叫到大兵麦克·埃里克时没人回答。我慌忙跑过去查看他是否有事，我看到麦克似乎睡着了。我试着叫醒他，但是他已经死了——我简直无法相信……他看起来那么安详。"

眼下大多数时间都用来加固防守，汉克·迪卡洛回忆："敌军的撒手锏是通过'树爆炸'把各种形状和大小的弹片穿过树枝射进我们的散兵坑里。大家都开始用木头遮盖自己的壕沟，用土填满缺口然后浇上水（大多数是尿），然后会凝固形成一个几乎不能穿透的屏障。"H连在一个农舍里建立了长期的观察哨，就在N30公路东侧的混凝土碉堡的斜对角。

胡法力兹大道第40号是一幢两层的房子，由马塞尔和茱莉亚·杜蒙所有，他们在部队到来不久之前遗弃了这幢房子。这房子的一半都是用来住宿，另一半包含了一个有一头小奶牛的牲口棚。杜蒙一直非常以他们的牲口为傲，尤其喜欢他们那极好的白马。在H连接管杜德的时候，除了一些小鸡外的大部分牲口都被炮火杀死了。那些牛仍然在畜棚里，鼻环还挂着，但已经死了，杜蒙如此心爱的白马躺在外面的牧场里，头已经被砍下来。

22岁的"查克"查尔斯·理查德上士那时候是3排的一个班长，他回忆：

> 一天晚上"杜德"赫夫纳、我和其他几个人正在观察哨里，两个德国士兵沿着一条小路接近了这幢房子。一阵短促的交火后我们击毙了一个士兵，另一个逃跑了。在把尸体拖到院子里后，我们把他的身份证拿去给沃克上尉，尸体就靠右侧躺在地上，一只胳膊伸着。早上，我把尸体翻过去检查他的部队徽章时，那个家伙的右臂突然就向上伸向了空中。从那之后每次我们进出那个房子，和那个德国佬握手都成了一种惯例。我猜我们都觉得这样做会让我们自己感到相比他而言我们的情况已经好太多，不久之后有人拿走了这个死亡士兵的靴子。

12月23日，当第一场雪开始飘落，这个尸体很快就被一层薄薄的雪盖上了，剩下那只伸展的可怜的胳膊冻僵了，暴露着像纳粹式的敬礼。

在接下来的48小时里，汉克·迪卡洛整夜都在巡逻：

> 我知道我们人力不够但是我就是不相信我们已经绝望到了那种程度。巡逻，至少对我来说，是一种放松神经的活动。爬过田野，在德军的探照灯光里一动不动，总怀疑有埋伏，让我如此的兴奋以至于我用了几个小时来放松之后才想起来要睡一会儿。到了下一轮巡逻的时间了，但我觉得对大家来说都一样。身体上的不适是一方面，但是长期暴露在风雨之中也开始导致伤亡。到那时我们的脚都已经湿透，那些脱了靴子准备换袜子的士兵发现很难再把脚塞回去了，因为已经肿得很厉害。看到这么多人凑合着穿着鞋子蹒跚四处走着，或者不得不在脚上缠上绷带，我都不敢脱下我的靴子了。

对巡逻情况深感不安，于是汉克去和早前在托科阿时就认识的一等士官长弗雷德·帕劳说话。弗雷德告诉汉克最好和3区联系一下，他们的中尉恰好是之前向迪卡洛借了500美元的德伍德·坎恩。"我徒步走到了营战地指挥所，和中尉单独说话。'长官，我们是平等的。请减少我的巡逻任务，你欠我的钱就一笔勾销！'他盯了我一会儿然后才说话，'我很遗憾你居然认为我会为了几块钱故意安排你去做那种危险的任务？我用生命发誓我一有钱马上还你，但是事实就是我们需要像你这样的战士轮流着弄清楚外面的情况。'关于这一点我敬礼、道歉，然后悻悻地回到了1排战线。"

营战地指挥所位于太太路南边大约350码，很好地隐蔽在H连后面的香槟林里的一个废弃的采石场，这个采石场在N30公路西边大约250码远。在另一个再往南70码的坑里，巴内·赖安建立了自己的救助站，就在一条起始于佛依经过主防线向上到山上、最终和N30公路交汇的小路边上。

这两个废弃的坑有10多英尺深，直径大约25英尺，非常理想。尽管它们被一层厚厚的树枝覆盖着，在里面还是可以直立站起来，这两个天然沙坑很快就成了帕奇上校和他的手下的避风港，弗雷德·巴哈勒回忆："无论何时我的手下在整顿调休期间，我总是让每个人都脱去靴子，按摩脚趾和脚底来促进血液循环。"轻微的脚脱臼或者冻伤的士兵被安排在救助站里，靠着一个燃煤的火盆，之后再被送回他们的散兵坑。"在主防线上，士兵们其实是不被允许点火的。然而，白天的时候，在营战地指挥所附件挖战壕的我们可以烧开水，融化口粮里的切屑，我们因此在空降兵里有了'热巧克力'的代号。每天早上，作为总连队一等士官长，我的一个任务就是去营指挥所，报告在过去24小时里的任何伤亡。"混战了几天后，总部连队开始向步枪连队输送士兵以图弥补他们严重的人力短缺。

雾中的身影

12月21日午夜过后的某时，506团2营的一支巡逻队在德塔勒农场周边的铁路附近发现了很多脚印，跟着脚印追踪到了东主防线后面的树林里。

敌军是来自第26国民掷弹兵师第77团侦察队的分队，他们之前曾在玛格丽特附近支援过莱尔装甲师，现在正在攻击比佐里的途中。那时候2营正在坚守从佛依东边缘穿过雅克林到德塔勒农场（第506团F连战地指挥所）的铁路路堤的这段主防线。而第501团E连和F连在比佐里附近挖战壕，铁路东边的那片地显然没有防守。第501团D连还据守在林地里的一个孤立的L形状的露天区域，就在农场东南方向半英里。此时，防线的缺口极其脆弱，尤其是大雾还导致能见度非常低。看起来国民掷弹兵是先锋军的一部分，他们的任务是沿着铁路突破并巩固一个缺口，为装甲车进入巴斯托捏顺畅道路。506团D连和F连正沿着雅克林的边缘挖战壕，D连现在正驻守着路堤西边的战线。

在凌晨，250个国民掷弹兵穿过毗邻比佐里大道的田野。躲过了第506战地指挥所，敌军在迷雾中悄悄向东北前进，然后到达501团D连露营地附近的铁路路堤。意识到树林已经被占据，在白天的快速接近后，德军决定横穿，到铁路另一侧的密林地寻找掩蔽处。这片森林四处分布着比利时军队在1940年以及美军在1944年9月挖的战壕，对于国民掷弹兵来说真是因祸得福。在建立了他们的根据地之后，德军派出了侦查巡逻队和前方观察员来保护军队两侧。08:30，D连和F连听到从树林里传来的德军的声音，立即成立了一支牵制小队，和第501团一起封锁了所有的撤退路径。

30分钟之后，1营开始出动，为了消灭敌军，由辛克上校从附近的卢瑟里调兵。鲍勃·哈威克回忆，"A连和C连也出动了，B连被安排在目标区和卢瑟里之间的位置。唐·扎恩少尉的排队留下来备用，我带领着迪克·密森中尉的A连和梅霍斯基中尉的C连，在09:00时从主路（N30）小心翼翼朝着东南方前进。我们穿过树林试图把敌军引到赫尔伯特·明顿中尉带领的B连埋伏的地方。"这片森林都是浓密的林地，树枝都伸到了地上，战士们只能沿着纵横交错于雅克林中的唯一一条小路行进。

两支袭击队伍小心地朝着铁路前进，鲍勃·哈威克继续说：

> 我们遇到了敌军的一阵不大的炮火攻击，因此落后于我们前进的部队。随着战士们继续行进，指令都是通过耳语或者手势来传递的。突然一声枪响，大家都趴到了地上，想着这枪声到底是从哪里传来的。紧接着是一阵机关枪的炮火在树与树之间穿梭。A连注意到了一些刚刚翻新的土丘，意味着这就是敌军的防御设施，于是和C连联合进攻。过了一阵子，在一阵混乱中，我听到有人喊了一声"医生"。

> 到了此时（11:00），C连仍在前进，我经过扎恩中尉走到前面去确认两个连队有没有在森林里分开。就在C连刚刚结束这一次战斗时，又一阵敌军的机关枪炮火穿过树林扫射而来。部队在如此近的射程和敌军交火，因而爆发了一阵又一阵的嘈杂声。我碰到了一个我们之前就牺牲的士兵——他脸朝下在尘泥里，头盔歪在一旁——还抓住他的步枪。我们的人俘获了两个战俘，严加看管着。这两个德国人都吓坏了，子弹就在树林里穿梭着，他们一直低着头。一阵自动手枪的开火使得他们溜到了附近的一个散兵坑里。守卫为了不让他们溜走朝他们身后扔了一枚手榴弹，之后又用卡宾枪开了4枪，然后回到战斗中去了。

哈威克少校爬到一个需要帮助的伤员身边。他身边是另一个士兵的尸体，那个士兵在试图给他受伤的伙伴敷上战地止血包时头部被击中身亡了。整个C连在这次战斗中损失了4名士兵。"越来越多的战俘在进来——其中一个，口齿不清地说着德语，吓得不知所措，一直在往地下跪，眼睛转的飞快像个疯子。最后他开始用英语重复说'不要杀我'，然后瘫倒在地上啜泣着。其余战俘的态度都差不多，除了一个尉官一直冷淡漠然地站着。我们的一个士兵揍了他的脸，使得他的鼻子大量出血之后，他的傲慢也随着崩塌了。"

在当时，C连的支援排队正在东北方向沿着铁路路堤与敌军陷入冲突之中，俘获了另外30名战俘。"我们统计了一下散落在树林里的德军尸体，大约有65人。大多数是在退回二次防守据点时被杀死的，"鲍勃·哈威克回忆。"其中一名'死亡'的德国佬被我们发现在试图操作一个收音机，他就躺在那收音机上面……不用说他的通信戛然而止。并不是所有的敌军都被消灭了，因此我们决定一路扫荡树林前往B连。没过多久我们就在林木线边缘发现了很多的敌军，他们正匆忙地挖掘。德军害怕在露天和我们交火，于是朝我们的侦察兵开火。"A连2排的一位班长从侧面靠近，杀死了4个国民掷弹兵，击伤了3个，俘获了1个，一等兵唐·伯吉特回忆："在我们回主路的路上，大兵唐·布里尼斯杜尔、大兵查尔斯·霍恩和我正在掩护部队的左翼。"霍恩在伯吉特和布里尼斯杜尔身后几码远，突然围攻的国民掷弹兵拿着机关枪开了火。第一枪打得太高了但是第二枪就准确了很多，唐回忆："一连串的子弹朝我们飞来，我们扑倒地上翻滚而去，但是霍恩太慢了，脸上被击中后立即身亡了。"

霍恩被杀后一会儿，伯吉特和布里尼斯杜尔成功地绕过敌军据点，干掉了炮手和两个火枪手。早上，迪克·梅森腹部中枪，严重受伤。A连也损失了大兵伊曼纽尔·费尔、约翰·尔斯基和西贝尔·斯皮尔，他们都来自2排。剩余的德军一共13人，逃离了他们的据点，撞上了B连，于是B连立即俘获了他们。第501团在他们区俘获了另外85名士兵，这些士兵似乎是国民掷弹兵（有一些才15岁）在穿越铁路向东撤退时被落下的。大约18:00，506团1营刚刚回到卢瑟里就发现在这次战斗中受伤的57名战士已经没有撤离的希望了，因为巴斯托涅现在已经完全被敌军包围了。

3天后在步枪打靶场，梅森患上了急性腹膜炎。幸运的是，由于青霉素和磺胺嘧啶（通过静脉注射）都十分充足，他活了下来，最终痊愈了。多亏了第8军团在海因茨兵营留下了他们大部分的医疗用品，我们的血浆供应也充足。

回到3营主防线，乔·道蒂上尉一直和谢尔曼·萨瑟兰一起在调查勒科涅。这两位军官正站在2排分区的边界上时，"西手指"遭受了敌军迫击炮的猛烈攻击。不知什么东西击中了萨瑟兰的右太阳穴，其他人只能惊恐地看着他抽搐着倒在地上。吉姆·马丁回忆："奇怪的是，道蒂上尉试着叫醒谢尔曼时，一颗子弹从中尉额头左边的一个裂开的伤口中滑落！"（马丁以为谢尔曼当场就死亡了，但是根据官方的部队调查说他其实两天后才死。）

唐·斯克格隆上尉（2排）在给1排传送消息的路上也被杀害了，1排有十几人伤亡，包括斯坦·克莱弗、艾尔登·金格里奇上士、维克·西顿上士（通信员）以及约翰·希尔德布兰特下士。克莱弗和其他还能走路的伤员一起被送回巴斯托捏去治疗。斯坦没走出多远就有一队全副武装的德军巡逻队穿过前面的小道。"他们没有看到我们，消失在了树林里。沿着路继续往前一点我们遇上了一群坐在'谢尔曼'反坦克装甲车边上的滑翔步兵，在一个小火堆上烤着热巧克力。我们告诉他们有德军巡逻队在附近，但他们看起来似乎无动于衷，回答，'那又怎么样——反正我们没有任何弹药了！'我们耸耸肩，继续向巴斯托捏前进，到了巴斯托涅，费尔上尉治疗了我的伤，建议我第二天早上回到前线去，因为我的伤势并不严重。那天晚上这个小镇被轰炸了，因此很坦诚地说，我很高兴能回到主防线去。"

2营和3营在勒科涅连续巡逻，佛依和雅克林附近捕获了几十个潜在目标，拿到了迫击炮和火炮。E连3排经常把太太路作为他们进入勒科涅的捷径，途中经过G连2排和502团H连。埃德西姆斯和他的手下花了很多个晚上在村里潜行，试图找出敌军根据地所在以及建筑物的位置。

一天晚上，大兵雷·卡兰德拉正在站岗，他简直不能相信自己亲眼所见。"有人在营战地指挥所附近使用手电筒。我在夜色里生气地低声说着，要求他出示证件，他立即把灯火熄灭了！'巧克力棒在哪里？'他回答。我听出了这个声音；是约翰·威廉中尉。尽管我们在主防线之后，中尉看起来浑然不觉他可能暴露了我们……我简直不能相信一个人能如此愚蠢……完全不能相信。"第二天早上，帕奇中校坐在战地指挥所门口刮胡子，突然一连串德军炮弹疾驰而来飞过头顶。帕奇对这些爆炸似乎漠不关心，拿出他的领导架势，在一片喧闹中大喊，"这些混蛋永远也别想抓住我！"

一天晚上，当万物都安静下来，卢·韦基选派了几个士兵潜入佛依，到N30公路西边阿方斯·德吉弗家和朱尔斯·科恩家之间的一口井里取一些新鲜的水来。这条路被一个浅浅的凹陷保护着，周围种了一条长长的篱笆，起到了很好的遮蔽作用。一天夜里一辆"谢尔曼"坦克被看到从巴斯托涅方向而来沿着N30道路前进。奇怪的是，这辆坦克慢慢穿过主防线向下进入了佛依，径直到了一条小路上，一辆德军装甲车藏在那条路的斜坡处。德军坦克的长枪撞到了一边的"谢尔曼"炮塔，促使他的指挥官旋转了他那短一些的枪管，然后在近射程朝着装甲车开了几次火，把它烧成了灰。"这辆'谢尔曼'坦克又退回了山坡上，到了我们的据点，于是我们从这个人得知他们实际上迷路了，错过了到我们营战地指挥所的左转弯路口，"汉克·迪卡洛回忆。"在佛依的敌军开始朝着'谢尔曼'坦克狂轰滥炸，于是我们蹲在散兵坑里，把它开出去。"

在勒科涅的一次夜间巡逻之后回到雅克林，埃德·西姆斯注意到了从他的排队散兵坑发出的一阵光。"厄尔·麦克朗和我想知道这究竟是什么。在我们靠近战壕时我们发现了军械士福利斯特·古斯，也叫作'古迪'，在一件雨衣下面靠着电灯读书！在简短的'交谈'之后，我们让他切断了电线确保他不会再暴露我们的根据地。在冷静下来之后我们询问他到底是如何把电灯弄起来的。'古迪'是一个足智多谋的人，听说他在这天早些时候从一辆德国摩托车上回收了一个旧发电机和大灯来搭建他的'战壕'照明系统时，我们一点儿也不吃惊。"

在12月22日的早上，汉克·迪卡洛被送回了巴斯托涅，任务是收集弹药。"我决定到神学院去拜访埃德·彼得罗斯基，去看看他在干什么。尽管埃德看起来有些痛楚，他还是相当有条不紊，我们聊了几分钟。我准备离开时，埃德抓住我的袖子把我拉向他——'汉克，如果我不幸发生了什么，我希望你保证一定会去看我的妻子和小女儿，然后把这个交给她们。'然后埃德递给我一串念珠和一枚勋章，这是我们在荷兰时在乌登一个教堂里'获得'的。我保证迟一点一定会回去的，拍了拍他的手，告诉他不要犯傻了，并向他保证一切都会好起来的。"

沿着N30公路往佛依走的路上，迪卡洛经过了兵营的后门，他注意到尸体正在被搬进室内打靶场。经过几扇双开门后，汉克发现自己在打靶场尽头的一个储藏室里。继续往下走是一段很短但是陡峭的台阶，迪卡洛穿过一扇滑门走进那个靶垛。迎面看到的场景深深震撼到了他。铺满沙子的地板以及斜坡上全躺满了不计其数的尸体，美军和德军，还有几十个被锯下来的胳膊和腿。

在接下来的48小时里，兵营的团战地指挥所采取了一系列直接进击，导致了更多的伤亡，团S3区（3营前连总部）的大卫·菲利普下士回忆："12月23日，大约01:30，一枚105毫米的炮弹落到了我们房间附近的走廊里。两名战士受伤了，我们被掩埋在尘土碎片里。我的直属上司、一等士官长约翰·西尼尔把自己刷了个干净，然后给了我们所有人一大杯白兰地来帮助稳定我们的情绪。"就在那天晚上德国空军飞到我们头顶，开始轰炸这个小镇。鲍勃·哈威克少校在卢瑟里附近布莱斯农场自己的战地指挥所里，他回忆说，"我立刻逃出我在二楼的房间，跑到楼下的客厅。有一个炸弹落到了对面100码远的田野里，留下了一个巨大的弹坑。"

"疯子"和战争的运气

前一天早上（12月22日），在南巴斯托涅的阿尔隆路边，4个德国人从勒莫夫斯方向接近了美军在喀斯乐农场的战线（由第327滑翔步兵团F连占据），举着休战的"白旗"。好像是第47装甲军的指挥官，海因里茨·卢特维茨自己写了一封信要求美军投降。这4个人是第47装甲军的瓦格纳少校、装甲教导指挥区的赫尔穆·亨特中尉和两位大概是装甲掷弹教导第901团的士兵。

亨特中尉说英语，请求见指挥官，然后被带到去见了卡尔·迪金森中士、奥斯瓦德·巴特勒上士和医护一等兵欧内斯特·布莱米茨。亨特指着他拿着的公文包，向迪金森解释他有一封在巴斯托涅的美军指挥官手写的信。瓦格纳和亨特被蒙上眼睛，带到四分之一英里远的林地里的F连战地指挥所，两名士兵则被留在原地。詹姆斯·亚当斯上尉（F连军官）打了好几个电话然后他才对他的团S3分区的阿尔文·琼斯少校说，他被分区总部要求拿回那封信，带到海因茨兵营。

投降的要求分别用英语和德语来写，上面写着：

给巴斯托涅被包围的小镇的美军指挥官：

战争的风水轮流转。这一次在巴斯托涅内部以及附近的美军已经被强壮的德军装甲力量包围了。还有更多的德军装甲力量已经跨过了奥森维尔附近的奥尔河，已经占领了马尔什，经过了和普雷-昔布类-提列特，到达了圣休伯特。利布拉蒙已经在德军手中。如今只有一种可能拯救被包围的美军不被全军覆没，就是整个小镇光荣地投降。为了让你们仔细考虑一下，从看到这字条开始我们将给予你们两个小时。如果你们拒绝这一提议，一支德军炮队和六个重型野战步兵营将会消灭所有巴斯托涅内部以及附近的美军。两个小时后开火的命令会立即下达。炮火带来的所有严重的居民损失和众所周知的美军的人道主义可是不相符的。

签字：德军指挥官

琼斯少校和内德·摩尔中校（分区G1，士兵的代理首领）把这一消息带给了托尼·麦考利夫，那时候麦考利夫正打算睡觉。琼斯向将军解释了情况，出乎所有人的意料，将军勃然大怒，把那纸条摔在了地上，然后咆哮"我们投降？靠，混蛋！"然后我走出大楼，到西边视察了一个部队，祝贺他们摧毁了德军路障。

琼斯被这反应搞得一头雾水，回到自己的团总部向巴德·哈珀上校（第327滑翔步兵团的指挥官）简单汇报。大约两个小时之后，当麦考利夫旅程归来，他被告知哈珀已经打电话给那两名还等在F连战地指挥所的德军军官。麦考利夫在属下面前，大声询问他跟瓦格纳和亨克说了什么。直到哈利·金纳德接过话，暗示将军他之前说的话晦涩难懂。大家都这样觉得。麦考利夫在一张纸条上写了一行字，然后命令埃德·伊伦菲尔德上士把它打印出来。条子上简短地写着："给德军指挥官，'混蛋'——美军指挥官。"

哈珀上校和琼斯少校一起，被召集到海因茨兵营，要求亲自把这信息递交给在战地指挥所等候的德军军官。哈珀告诉亨克他拿着美军指挥官亲手写的回复，然后把它给瓦格纳，然后再开车把蒙住眼睛的他俩送回了喀斯乐农场。在短暂的旅途中，亨克问将军的回答是否是肯定的，还补充说，如果必要的话，他们被授权进一步协商其他事宜。哈珀告诉他们回答绝对不是肯定的，而且只有一个词。亨克向瓦格纳解释了"混蛋"这个词，显然他被这个俚语弄晕了。

他们到达农场时，这两名军官被等候他们的同事簇拥在一起。士兵被命令解开他们的眼罩，瓦格纳打开了信封。F连的一名士兵会说德语，翻译了哈珀之前的解释"去死吧"。在德军散开时，哈珀在他们身后大喊，"如果你们继续进攻，我们会杀了每一个妄想攻入这个城市的该死的德国人。"瓦格纳怒气冲天，把眼罩丢到附近的一个口粮箱里，时间是14:00。由于其他在包围圈附近的德军遵守行动承诺，扬言的猛烈炮火攻击延迟了，之后卢特兹就因为下令把炮队重新调集回巴斯托涅而受训斥。

爆破作战——从废墟中站起来

第二天（12月23日）早上，尽管地上铺着浅浅的一层雪，阴霾天气终于开始消散了。到了下午早些时候，盟军轰炸机（前往德国）飞过的数百道飞机云出现在湛蓝的天空里。第一天的好天气给盟军提供了一个无限上升高度，从而方便穿过作战区域。地面上摆放着空气面板，贴心地标了位置，美军P-38"闪电"、P-47"雷电"和P-51"野马"与皇家空军的"台风"号、"飓风"号以及"喷火"号一起攻击了德军坦克、军队以及炮火库。

天气的好转还带来另一个惊喜。来自第101开拓者连的第一支两人小分队开始在铁路西边靠近纳沙托大道和前岛，即巴斯托涅往西南方向1英里的地方下落。24岁的沙腊波·威廉中尉在领头飞机里，由乔尔·L.克劳奇中校驾驶。威廉和戈登·罗斯维尔中尉简单地洗牌来决定哪个队伍先出发。罗斯维尔打赌输了，遵守命令在空投区域上空盘旋，直到接收到威廉的警报解除信号为止。"一开始这个任务是被安排给第22团的，但是在最后一分钟突然就被搁置了，"威廉回忆，"在法国上空飞行时，我们接到了空中支援，这真是太万幸了。"出于某种原因，克劳奇飞过了空投区，决定盘旋，罗斯维尔坚持自己先跳。戈登的队伍里包括理查德·赖特下士（E连）、拉文·里斯下士（E连）、一等兵卡尔·冯斯特马克（E连）、大兵拉科伦·蒂尔曼（D连）、大兵查尔斯·帕特洛（D连）、一等兵马丁·马耶夫斯基（团总部连）、一等兵南森·弗斯特（1营总部连）、大兵托马斯·弗洛伊德（A连），最后一个是大兵欧文·舒马赫（H连）。在和地面队伍友好地交流过后，罗斯维尔发射了烟幕弹示意威廉开始跳伞。威廉是第一个出舱门的，之后是杰克·麦克尼尔斯上士（团总部连）、约翰·罗斯曼上士（A连）、克里奥·梅尔兹上士（C连）、勒罗伊·小舒乐伯格上士（B连）、约翰·杜威下士（团总部连）、乔治·布兰下士（总部连1营）、一等兵约翰·阿格纽（团总部连）、大兵威廉·科德（团总部连），和一等兵乔治·斯莱特（B连）。在士兵们修理尤里卡信号设备时，罗斯维尔和威廉径直去了海因茨兵营去确认师里具体想让供应物品落在哪里。

开拓者队被指示在格兰德·方丹附近的那个城市西边的高地建立他们的尤里卡信号传送器和接发设备。在着陆后一小时内，这两支小队就和爆破行动的头16架飞机建立了通信——眼下爆破行动小组正在突破敌军飞机凶猛的炮火前往巴斯托涅。从西布雷特方向飞来，在第一波之后3小时40分钟的是第18军团开拓者队的40架飞机，乔治·麦克米兰回忆：

> 我们从牛津郡的蒙贝里起飞，我们在队列的最前面，B24和B26轰炸机战斗机掩护我们。我的工作是空中调度员，和空军的两名工作人员一起。在我们飞过空投区时（在11:50），我站在飞行员身后，看到荧光的"T"面板（美社联20世纪30年代），彩色烟雾标志着空投区。绿光刚一亮，我就回到我的位置，帮着把三个大箱子推出机舱门。在降落后，我们看着其他飞机发送他们的货物。这场面看起来十分壮观，后来我们知道超过90%的投递的供给都被找到了。

就拿这个投递货物的例子来说吧，来自第441美军航母战斗群的21架C-47飞机，按照优先顺序分别装载了66800磅的弹药、15600磅的口粮和800磅的医疗用品。总的来说，12月23日，大约238架飞机抵达目的地；然而，有6架把东西误投到别处去了，4架（包括第441美军航母战斗群的3架）被击落，还有另外3架还没到达空投区就被迫返回了。最后一架飞机在16:06到达，代表着所有这些巴斯托涅的守卫者们的历史性的一天结束了。

空投开始的时候，中尉梅霍斯基和1营在卢瑟里休整："C连还占用着我从诺威尔开始就申请使用的车辆。我们把所有的能用的卡车和吉普车都派到空投区去帮忙收集并向团总部运输物资。因此，部队从包装着的板条箱上凑齐了几十个降落伞和帆布、毛毡衬底。这些废弃材料被我们铺到了木头上，极大地改善了我们的生活条件，为部队提供了温暖的住宿。很多人比如我，鞋子都出现了问题，我们的鞋底和鞋面脱胶了。剩下的毛毡用伞绳捆在一起，做成了临时的鞋子，让我们的脚能干着，相对温暖一些。"

12月24日、26日和27日，更多的补给任务接连而来。由于天气恶劣，圣诞节那一天所有的飞行都暂停了。接着来的物资有各种各样的东西，有炮弹和电话电缆、

上图：罗伯特·F.辛克上校，指挥官，第506伞兵团，1942—1945年。（唐纳德·冯·登·博格特）

下图：H连指挥官"臭鼬"詹姆斯·沃克上尉。（科拉西的剪贴簿）

上图：罗伊德·帕奇中校成功率领第3营穿越了巴斯托涅坚持到战争结束。（科拉西的剪贴簿）

下图：团部参谋长"查理"查尔斯·蔡斯中校，照片摄于诺曼底登陆日之前，在英国的马里加山训练区进行训练。（约翰·里德通过诺曼底登陆伞兵历史中心，圣康杜蒙特）

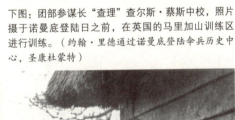

左图：1944年12月，穆尔默隆，鲍勃·马丁上士（右）和H连1排的长官正在和新来的唐·扎恩开着玩笑。从左到右：扎恩少尉、汉克·迪卡洛上士，以及弗兰克·帕蒂萨克中士。（汉克·迪卡洛）

左图：1944年，巴黎东火车站，美国红十字俱乐部。从左到右：卢·维奇上士、拉尔夫·班尼特中士、布鲁斯·帕西顿下士、海伦·布里格斯、一等兵斯宾塞"SO"菲利普斯和汉克·迪卡洛中士。（马克·班度）

下图：一等兵肯·罗斯在他的哥哥唐之后加入了穆尔默隆的第101团，在506团3营服役期间于诺曼底登陆日被捕。（肯·罗斯）

下图：大兵鲍勃·和泉，G连3排，摄于1945年8月的巴黎。（鲍勃·和泉）

上图：G连2排一等兵吉姆·马丁，在获得军队伞兵资格后不久，1943年1月。（吉姆"皮威"·马丁）

上图：I连3排哈雷·丁曼中士，后来在营总部，1945年奥地利。（哈雷·丁曼）

下图：I连3排哈罗德·斯特德曼上士，摄于美国，1943年年初。（哈罗德·斯特德曼）

下图：I连1排一等兵理查德"利奇"·希恩，在他的军旅生涯中，希恩至少为部队赢得荣誉30次，在战争结束后，他成了著名的职业拳击手。（乔治·科斯基马迹）

上图：在最初的德军进攻中被捕的美国士兵。（国家档案，唐纳德·冯·登·博格特提供）

上图：在巴斯托涅的头9天里，炮兵指挥官中将安东尼"托尼"·麦考利夫负责管理第101空降师。（国家档案）

下图：约翰"杰克"·普里奥医生，第20装甲步兵营丹卓特遣小队，1944—1945年。（罗伯特·克兰）

下图：3营下士约翰尼·吉布森从香槟林开始就一直在救助站工作，直到战争结束。（雷哲·詹森）

上图：第501伞兵团是最先离开穆尔默隆前往巴斯托涅的。501团2排的成员正等着上车。（国家档案，乔·穆洽提供）

上图：155毫米M1野战炮"长脚汤姆"和阿登高地的士兵。（约翰·吉布森，引自约翰·克莱因）

上图：大兵雷·纳高（中间）和321滑翔步兵团B连的队友正在训练组装他们的75毫米帕克榴弹炮。（雷·纳高，引自雷哲·詹森）

下图：第506伞兵团的伞兵们正冒雨前行通过海因茨兵营，沿着胡法力兹公路（N30）前往诺维尔。（国家档案，引自雷哲·詹森）

上图：506团2营从罗氏公路拐向N30公路，前往雅克林主防线后方的后卫根据地。（国家档案，引自雷哲·詹森）

左图：战争结束后佛依的一所学校的残骸。（乔尔·罗伯特）

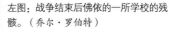

左图：1945年从波卢瑟公路上看到的诺维尔一个被摧毁的教堂（圣艾蒂安老教堂）和长老区会。（雷哲·詹森）

下图：第506伞兵团的士兵向北沿着N30公路离开巴斯托涅，前往佛依和诺维尔。（国家档案，引自雷哲·詹森）

右图：在比利时边境，德军指挥官在某处休息，附近是一辆废弃的美军M8灰狗装甲车。（国家档案，引自唐纳德·冯·登·博格特）

下图：在德军发起对X十字路口的突袭之后，赫柏蒙特附近原属于第326空降医疗连的废弃的帐篷。

左图：天主教神学院的一个小教堂是巴斯托涅第一个成立的医疗机构。（雷哲·詹森）

下图：1945年1月末，从诺维尔沿着N30公路向北方的胡法力兹望去。战争的碎石洒遍了长老区（右侧）门口的马路。在前方空地上还能看到一辆德军StugIII突击炮。（雷哲·詹森）

上图：年轻的德国士兵在突出地某处投降。（乔尔·罗伯特）

左上图：第28步兵师（拱心石男孩）的落伍者们在斯布雷特，可能正在被派去支援巴斯托涅的第101师，赶在他们被包围之前。（国家档案，引自唐纳德·冯·登·博格特）

左图：第501伞兵团的战士们正在搜查德军战俘，战俘们站在巴斯托涅的宪兵队后面的马厩门外。（安德烈·莫里斯）

下图：德军战俘在海因茨兵营对面的小镇墓地里掩埋尸体。（雷哲·詹森）

上图：这张照片拍摄于巴斯托涅中心莱布伦旅馆对面，照片中是B作战队的两名队员在等待重新部署。（国家档案，引自唐纳德·冯·登·博格特）

右上图：一大堆美军伤亡人员聚集在包围圈里的某地，可能是比佐里。（约翰·吉布森，引自约翰·克莱因）

右图：伤员到达海因茨兵营的临时医院。担架上的那名士兵似乎是德国人。（雷哲·詹森）

下图：哈利·贝格少尉（H连2排）率领他的手下到达的那条小溪。远处能看到铁路路堤和德塔勒农场（3营的战地指挥所）。1944年，这条河道的右侧全是树林，左侧的那片地是开阔地。

上图：团总部连指挥官基恩·布朗上尉在英格兰利特科特城堡的房间里拍照。（约翰·里德，引自D日伞兵历史中心，圣康杜蒙特）

上图：G连切斯特·奥斯本中尉率领1排穿越巴斯托涅，之后在1945年1月末被调派到总部连。（丹和劳力·乌尔曼）

下图：H连3排新英格兰人大兵麦克·埃里克，在1994年12月21日的一次作战行动中牺牲。（亚历克斯·安德罗斯，引自马克·班度）

下图：H连3排山姆"达德"赫夫纳上尉。

上图：赫尔穆特·汉高中尉，来自装甲车作战区，是德军代表团中的一员，被派去和托尼·麦考利夫商谈投降事宜。（雷哲·詹森）

右上图：探路队莎拉波·威廉中尉坚持在12月23日去帮助巴斯托涅的抚慰疏散工作。（罗杰·戴）

右图：圣诞节前夜，照片中是向北穿过香槟林看到的太太路和3营的主防线。部队的救助站位于前方（右侧），林木线内侧。（科拉西的剪贴簿）

下图：一场空袭前期，巴斯托涅被摧毁的小镇广场。（雷哲·詹森）

上图：1944年12月23日，第一批空运救援物资到达。（雷哲·詹森）

左上图：分区医疗队在投掷区拾取物资。（雷哲·詹森）

左图：伞兵们在搬运最近一次投放的物资。

下图：探路队一等兵杰克·阿吉纽（团总部连）正在操作信号设备，为了下一次大约在节礼日的马尔什大道的砖厂的物资投放。（国家档案，引自唐纳德·冯·登·罗伯特）

香烟、糖果和邮件——在此期间40多架飞机不是被损伤就是被击落。大多数时间降落伞投放的时间是准确的，但是有一个小问题。帐篷的彩色编号都变了。那区别除了让地面军搞不清什么物资装在了什么集装箱里外别无他用。在接下来的几天里，机智的费勒组织了很多工作小队到空投区外面（就在兵营西边几百码远）去接收医疗物资。很多降落伞被收集起来拿回了打靶场，它们被用来当作毯子、床铺和绷带。这次行动期间，一共有超过2000个降落伞被空投下来，携带着共计481吨的物资。在他们的工作完成同时围困解除，开拓者队被卡车运到了兰斯，然后从那儿他们被空运回不列颠的第9美国航母集群总部。

吉姆·马丁当然记得第一次和之后的降落伞空投了，因为这给他捎来了家书。他回忆：

> 我们正在勒科涅上方的"手指"东边挖战壕，这时一辆吉普车开到了我们身后。司机完全没注意到我们的存在，他拿出一袋邮件递给了离他最近的人，然后以相当快的速度撒腿就跑。过了一会儿，一枚德军迫击炮轰击穿过了树林。每个人都四处奔逃寻找掩护，我成功地跑进最近的散兵坑，一等兵麦克·小纳西夫紧跟着我。我们很幸运，一枚炮弹在我们的战壕附近爆炸，把我们俩覆盖在尘土和无烟火药下面。
>
> 在袭击过去之后，大家都还在咒骂那个送信的家伙，然后我们就发现迪恩·克里斯滕森上士严重受伤。迪恩在刚刚爬到附近一辆刚刚被炮弹炸成碎片的"谢尔曼"反坦克装甲车后面时就有一枚炮弹在离这坦克不到2英尺的地方爆炸了。

那天晚上，另一辆送信卡车从主路穿过主防守线，驶进了佛依，在村庄边缘碰上了一个地雷。收到信件的喜悦远远盖过了风险的可怕。在夜色掩护下，一支H连2排的巡逻队能够接近这辆车，把信件包裹带回主防线分发了。

5

"地下6英尺"

50年来最恶劣的冬天

通过坚守一条坚不可破和团结的圆弧防线，也就是后来著名的"甜甜圈洞"，第101空降师才得以将敌军步兵和装甲阻挡在巴斯托涅之外。在分区防御力量重组之后，第506伞兵团作战小队扩充了A炮组（反坦克）、第81野战步兵营、C连的1排和2排、第705反坦克装甲营。幸运的是，至今为止德军还没有选择重点集中火力打击某一个特定的地方，而是使用小型的试探性攻击试图找出美军的薄弱之处。尽管德军下了要横扫全军的最后通牒，其实并没有改变什么，这对军队来说是很好的宽慰。然而，团队并不知道敌军正在勒科涅、柯布鲁积蓄力量，也许更重要的还有主防线的东侧。在圣诞节前夜的08:30，国民掷弹兵在他们的雅克林据点对E连和F连发起了一场连队规模的侦察性攻击。德军伤亡惨重，尽管这次袭击失败，仍然表明规模减小的敌军依然很活跃，已经准备好交火。

埃德·西姆斯的排刚刚度过了艰难的一天和敌军的一支特殊巡逻队交战，这支巡逻队成功地渗透进了他们的藏身地的边缘。代理班长"史摩基"戈登在进攻的前期操控一支机关枪的时候被击中，严重受伤。这颗子弹进入了戈登下士的锁骨下方的胸膛，从后背穿出。一个德军正躺在埃德的散兵坑边上，他回忆道：

> 这名死亡的国民掷弹兵正好充当了我们的"前室"，我们之后还把他冻僵的身体用作了临时的沙发！后来大家都养成了这种习惯，就是在每次我们进出巡逻区时都摇一下这个德国佬的手。大约这一时期的某个时候开始，一个谣言开始流传，说另一个连队的一名士兵被一支德军夜间巡逻队刺伤。据说德军特别期待谋杀或者逮捕他们在散兵坑里找到的任何人！说真的，被刀刺死的危险深深地吓到了我以至于后来的大多数夜晚我都在睡袋里像个疯子一样颤抖。

第一场大雪在圣诞节前夕的中午降临了。当时大约只有50%的部门有鞋子，而这些人的大多数都没有到过前线。作为权宜之计，麻袋（沙包）和所有能用的白布都被征用来遮盖。一直到这时，战士们都觉得天气不可能变得更糟糕了——但是这天气真是大大出乎他们的意料。竭力与迅速下降的气温做抗争，埃德·西姆斯用麻布袋包裹住他的靴子，还成功"俘获"了一件德军的外套和一双露指手套。"尽管看起来像稻草人，每天早上我都让我的士兵们修面，无论在什么情况或者气温下，"埃德回忆，"因为我觉得如果他们看起来像战士，他们可能会表现得更像一个战士。"

纯白色的毯子现在已经满是粉末，还很干燥，从敌军那儿飞来的炮弹里包着专门修改过的不计其数的传单，上面写着：

> 听着……报信的天使在唱歌！好吧，战士们你们已经在"无人地带"了，就在圣诞节前，远离家乡和你们深爱的人。你们的甜心或者妻子，你们的小女儿，也许你们的小儿子：你们难道没有感觉到他们在担心你们，为你们祈祷吗？是的老男孩们，祈祷并希望你们能重新回到家里，很快的。你们会回去吗——你们想再次看到那些亲爱的人吗？就要圣诞节了，圣诞节的时光……圣诞蛋糕、槲寄生、圣诞树，无论什么，那都是家，所有你认为好的事物，为了庆祝我们的救世主诞生。男人，你想过吗，如果你回不去了……你的亲人怎么办？好吧，战士们，"和平终将会到来"……只要希望还在就有可能……前方只有300码了……圣诞节快乐！

这天下午晚些时候，大兵"朱尼尔"赫布·舒尔斯，在穆尔默隆加入了3排，决定去拜访隔壁分区的密友，那时候隔壁分区在"巴克"林恩·康普顿中尉的2排的掌管中。大家都知道康普顿承受着一些由于战斗疲劳引起的体力不支。不管对错，埃德·西姆斯不能容忍康普顿的状况，他认为他几天前就应该退位，就算只为了他的手下的安全。在最近发生的敌军袭击之后，大家都感受到了这种压力。尽管他们都用不同的方式处理。在舒尔斯拖着沉重的步伐穿过密集、大雪覆盖的树林到2排的领地时，康普顿大步走过去，指责他，"朱尼尔"非常愤怒恶毒地几乎眼泪都要流出来了。他的指责里有这样的字眼，比如"未经允许，你怎么敢……你以为你是谁啊……你知道你在干什么吗"，甚至有"逃兵"。当然，在离开前，舒尔斯需要确认他得到了泰勒中士的允许，由于"朱尼尔"还不够资格出现在巡逻名单里，因此只要他在傍晚之前回来就没什么关系。

舒尔斯回到港区后不久，麦克朗就向西姆斯报告了这件事。"士兵，我很生气然后跑过了树林去见康普顿。巴克完全不知所措因为我把他推着抵在一棵树上，就当着他的排队指着他的脸大骂，'你他妈的到底怎么回事？没有事先和我说，你怎么敢辱骂我的手下——他只是希望大家都过一个愉快的圣诞节！'"大约一周之后，巴克由于战斗疲劳从前线被召回了，取而代之的是杰克·福利少尉。

由于雅克林的袭击，3营加强了夜间在勒科涅和佛侬之间的巡逻。在一次去勒科涅的G连巡逻过程中，吉姆·马丁、乔治·戴博中士和罗路中尉过看到一个受伤很严重的德国人，他在之前的一次进攻中被落下了。"这个人状况很不好，一遍又一遍地呼唤着他的母亲，"吉姆回忆。"很明显他没法儿再见到他母亲了，因此戴博——我的排长，回去在这个男人头部开了一枪结束了他的痛苦。"1排就在附近，而且能听到受伤的国民掷弹兵们的嘶喊和坦克不详的声音，一等兵尤厄尔·马丁回忆道：

> 我们的班在主防线前面连夜形成了一条战线。第二天凌晨，在我身后挖战壕的其中一个家伙召唤我们撤退。我决定爬下山坡查看我们挨着的那个班，他们驻扎在一道灌木篱墙的后面，他们也接到了这个通知——这简直就是个天大的错误！在我跨过树篱边上的栅栏时，敌军的一阵炮击——枪火，我认为来自一辆坦克，迫使我爬下掩护自己。最近的散兵坑仍旧还在使用中，我只记得我咒骂那些家伙没有把这个洞挖深一点。追踪者们就从我上方的地面沿着树篱行驶过去，有一枚子弹擦过了我的裤腿。过了一会儿，我爬回主防线，通知75毫米炮队去我认为坦克去的方向但是他们没有看到，而且没有足够的弹药冒这个险。

汉克·迪卡洛的排的人数下降到了8人，而且逐渐开始感觉到最后几天的难熬。这时候供给已经严重不足了，迫使战士们从德军步兵的尸体上搜罗东西。迪卡洛回忆："我们尽可能地搜集散落在主防线前面的巡逻地区的尸体上的口粮。他们中的很多人都有这些小圆形木质器皿，像肥皂盒一样但是装着黄油。我真的很喜欢阿根廷牛肉罐头，但是尽管我最大努力地尝试了也还是不能接受德国人叫作血布丁的一种食物。"

那时候大多数前线的男人每天都只给自己一顿小餐。"很快我的裤子就变松了，"曼尼·巴里奥斯回忆。饮水总是一个问题，尤其对于曼尼，他大多数时间都在"东眼"的前方观察哨里度过。"融化雪是我们唯一的选择但是在那种条件下这并不好实现，通常装满5个头盔的雪融化了才够装满一个水壶。"

下午晚些时候，吉姆·莫顿上尉参观了G连驻扎地，并停下来和吉姆·马丁说了会儿话，他回忆："莫顿上尉曾经是我们最开始的参谋长，因此我和他很熟。上尉告诉我由于H连军官的短缺，他现在临时代替沃克上尉兼任参谋长。由于我们经常无意间讨论我们的个人温饱问题，他注意到了我的位置前面躺着的一个德军士兵的尸体。我简直不能相信他接着说的话——'野人·吉姆'居然建议我们在夜色中出去，把这个德国佬的后背切下来煎成'牛排晚餐'。'先生，'我回答，'你是在开玩笑吧？'他看着我，笑了，反驳道，'这只是个提议'，之后他便消失在树林里……我从未弄明白他是不是认真的。"

4人的散兵坑对拉尔夫·班纳特中士来说是家一样的存在，是3天前用手榴弹帮了个小忙才挖出来。

在离开穆尔默隆之前，我的父母给了我一个包裹，里面装着很多东西，一大罐甜豌豆和一张神秘的纸条上面写着，"不要打开，直到你22岁生日那天"，那天是圣诞节前夜。3排的家伙们对待他们的护理包裹是很自由随意的，无论什么时候大家都共享一切。在壕沟里的每一个人都祝我生日快乐，我在罐头上开了几个孔，把它放到我们班的炉子上加热。随着罐头慢慢沸腾我们闻到了一种奇怪的味道，我们突然明白了容器里装的是酒，于是我在大家的杯子里倒了一点儿然后递给排里的其他人。这真是让我们开心的东西，这一次我为我爸爸做了很英明的事情而干杯。生日那天夜晚，我们吃到了第一顿热饭，是从巴斯托涅带回来的——因此我的生日简直不能更好一些了！

H连2排仍然坚守着香槟林东边缘的战线，突然弗兰克·科内尔站起来，试着唱起"沉默之夜"——这简直太糟糕了。肯·约翰逊并没有被吸引，尤其是在佛依的一支没什么同情心的敌军决定扫射他们的情况下。子弹在两个战士之间穿过，科内尔对于这一反击非常愤怒，于是他立即连上无线电并召集了迫击炮："我能看到村庄南边郊区有些动静，当炮火打来时，我们看到几个德军士兵突然尖叫着跑到空地上，他们的衣服着火了。我仍然对于我冲动的行为感到内疚，这几天带来了这么多痛苦和折磨。"

为了对抗敌军的宣传单，金纳德中校代表麦考利夫上将写了一份特别的圣诞语录并打印出来："盟军部队正在进行反击。我们要继续坚守巴斯托涅。守住巴斯托涅，我们就能确保盟军的胜利。我们知道，我们的部队指挥官（仍在回前线的路上）泰勒上将一定会说：'干得漂亮！'我们在给我们的国家和我们在家的亲人一个宝贵的圣诞节礼物，有幸参加这一英勇壮举的你们真正在为自己过一个愉快的圣诞节。"

汉克·迪卡洛在巴斯托涅收集弹药时，德国空军轰炸了小镇。"我们正要离开时空袭就开始了，迫使我们在一个地窖里度过了很不舒服的几个小时，然后才回到主防线。当我回去时，男孩们告诉我埃德·彼得罗斯基在巴斯托涅死于伤口感染。尽管我们的生活条件很原始但这并没有扼杀我们的人性。一波又一波的情愫撞击着我，我不得不走开一会儿。"紧紧握着埃德的奖章，一个人背靠着一棵树坐着，汉克的脸上很快全是泪水。"在这无力的时刻我为他的妻子和孩子哭泣了一会儿，尽管我只在照片上见过她们。"迪卡洛的手颤抖着把宗教奖章串到一条绳子上，然后把这个挂饰戴在自己脖子上暂时保管，又返回前线去迎接下一个挑战。

下午，H连的部分人转移到G连2排控制的西北区，由于第502团已经被敌军发现。那时502团H连的埃德·威尔兹波斯基中尉在道夫施密特庄园内部有自己的战地指挥所，他回忆，"至少有两次德军派出警犬来识别我们的前方观察哨"。团总部发来指示，要求收集在勒科涅潜在敌军力量的信息。506团H连的一支部队抽到了那根倒霉的签，成为专门征集弹药的巡逻队。吉姆·马丁回忆：

> 当第一架侦察机经过我们的地盘到村庄上方的空中时，一支敌军机关枪开火后他就倒地了。我们推测这家伙被击中了，没有期待他能站起来，但是他奇迹般地站起来了。看起来安然无恙，军官（可能是埃德·威尔金斯）命令这个战士继续前进，这一次我被一枚子弹击中，真的倒下了。整个巡逻队接着便穿过林木线，两三人一组撤退了，下斜坡（和太太路平行）前往勒科涅的东边界。他们才走了100码左右就再次遭到了火力压制，其中几个人受伤了。

回到林木线，医疗派遣队的沃尔特·佩奇下士（被分配到穆尔默隆的G连）开始翻他的包。吉姆和其他一些人问他在做什么。"我必须走出去，去那儿急救他，"佩奇回答。其他人回答，"如果你去了然后牺牲了，对谁都没有好处。"但是他无视他们的建议，跑进雪中，到最远的那个战士那儿。佩奇把那个受伤的战士扛在肩上，穿过密集的小型武器炮火回到相对安全的"手指"地带。"我们都觉得这是一件难以置信的英勇事迹，并告诉了他，"吉姆回忆，"但是他似乎并不觉得自己做了什么不同寻常的事情。"

任务快要完成时，G连立刻动员去帮助H连。吉姆·马丁回忆：

> 就在我们朝着勒科涅推进时，大约15辆敌军坦克在步兵支持下攻击了我们的左翼，看起来他们可能会赶上我们。我们回到村子里，但是没法抵抗他们的坦克火力，只好试图退回主防线的据点。我们的军官和战士们在拼命试图稳住战线。就在我们快要崩溃时，德尔沃·坎恩中尉（S3营）出现了，他强制性的指挥迫使我们再次成为战士而不是乌合之众。这时候我们承担着巨大的压力，身体已经被饥饿逼迫到了疲劳极点。自

从坎恩在麦考尔兵营弄坏了膝盖后我不经常和他眼神对视。坎恩非常遵守军纪，辛克上校如此看重他因此我们经常叫他"金子男孩"。他总觉得我是一个"自作聪明的"人，但是他几乎不加掩饰的表露出来的仇恨也让我一直觉得他在勒科涅所做的是大家能想象的到的最好的军事行动之一。

局势变得更紧张了，H连1排也被下达命令，迪卡洛上士带领他手下1班的大兵比尔·布里格斯、费农·蒂姆、威尔伯·约翰逊和杰克·格雷斯下士重进树林去救援。在接近G连2排根据地的途中，汉克的班听到了坦克开上山坡朝他们而来的轰鸣声。使用一些未清扫的道路和车轮轨迹，从勒科涅跟踪而来，敌军装甲成功包抄了G连，并且包围了道夫施密特庄园，如今正在寻找进入香槟林西部的道路。"一支大约20辆装甲作战车的队伍进入视野，随之还有步兵，"汉克回忆，他的士兵都在2排的树林里埋伏着。"美洲豹"战车拆分成了更小的队伍，每一队都采取不同的路线朝着山脊而来。完全暴露的德军步兵被502团歼灭了很多，502团坚不可摧地死守着俯瞰着庄园的这半圆林木线。之后大量的坦克开始聚集到一条行驶路径上，穿过G连区域的右手边的太太路。

那条路从这儿开始穿过主防线后面的那片森林，然后向南到萨维和巴斯托涅的边缘。汉克的小分队和G连的一支后卫队只能压制住试图追上"美洲豹"的德国散兵，却无法阻止他们前进。一越过主防线，敌军坦克就被"谢尔曼"反坦克装甲车拦截住了，并强迫几辆"美洲豹"行驶到附近的一片地里，在那儿被干掉了。随着他们的退出，迫使其他的坦克只能继续前进穿过树林前往萨维，在那儿他们被反坦克炮弹一个接一个地击中。回到主防线后面的地里，坦克炮塔被掀开，坦克人员朝着森林跑去而没有投降，在那儿他们被502团H连拦截。别墅边上的这次战斗十分激烈，密集的敌军炮火造成了伞兵的多人死亡。

最终，在圣诞前夜的午夜时分，炮火终于平息了。在主防线上空，史里乌——也称作"天狼星"——在夜空中格外突出，明亮地闪烁着。这颗星星总会出现在平安夜，2000年前耶稣诞生在伯利恒时起就这样。这对于那些刚刚参加了这场战役的人来说引起了他们发人深省的思考，他们现在一定在思考接下来几天会发生什么。

"听，天使们在唱歌"

在平安夜第502团和第506团主防线遭到攻击的前一天，鲍勃·哈威克上校和1

营仍在卢瑟里休整等待中，这时他们听到西南方向传来的炮弹爆炸声，在第327滑翔步兵团坚守的战线那儿。19:00，部队拉响了长达30分钟的警报，尽一切可能支援滑翔步兵。"同时我们等待着，讲着听过无数次但仍然看起来很滑稽的烂笑话。午夜时候，大家在占地指挥所组成一支方队，我依次给每个连的指挥官打电话，并在电话上唱'平安夜'给他们听。"

为了舒缓大家的情绪，来自明尼阿波利斯的保罗·达纳海中校（分区G2）给所有指挥所发了一个恶搞的情况报告。一个包围着小镇的红圈标明了敌军的位置，而"圣诞快乐"的绿色字则写在美军防线上。同时，离沃娜奇的北边12英里处，B作战队正从西边挺进，第4装甲师的A作战队正和德军第5降落伞师的队伍激烈交火中。

分区审问员乔治·艾伦还在巴斯托涅的警察局，他回忆道："在12月20日和圣诞节之间，我们接收了537名德军战俘。这些战俘不是在早上晚些时候就是在下午较早的时候送来的，有一个目睹了空投供给物品的战俘说道，'对于能够做到这种奇观的一支部队，我们还能做些什么呢？'空投并没给我、关押战俘的队伍和战俘带来直接的好处，我们仍然匍匐在地四处寻找食物。大多数时候战俘只能依靠我们日常供应的混着萝卜和土豆，以及加了甜菜调味的稀粥度日。我们羡慕地看着卡车进入空投区，把包裹运到附近的供应转储地，那里有指定的人收集整理。"

这天下午，艾伦走进巴斯托涅寻找供给物，他停了一会儿看着一个空军前进引导员在工作。"在小镇中心的一辆吉普车上，空军军官正忙着准备空袭。我兴致勃勃地看着，那个长官仔细看着地图，一个坚守前线的兵团正在描述敌军坦克。在确认了下一步可用的对地攻击机之后，一位飞行员就在无线电上确认起飞前的网格坐标。我十分的震惊，这个系统运作的如此高效而且一架飞机能这么快地就被指挥到一个具体目标。"吉姆·帕克上尉（他自己也是一名飞行员）和理查德·切利，以及乔治·伍尔德中尉组建了第101机载航空联络队。这3个人和空军前进引导员们工作联系十分紧密，他们改装的"谢尔曼"坦克在围攻期间也发挥了至关重要的作用。随着天气转好，随时一次性调动多达19支霹雳战机分队也变得可能了。

"在平安夜，在敌军的又一次对马尔什大道上的铁路大桥发起轰炸袭击之后，酒窖里的唱诗班开始歌唱很多赞美诗，包括《平安夜，圣善夜》（沉默的夜晚，神圣的夜晚），"乔治·艾伦回忆。"宪兵队的一个人请求唱勃拉姆斯的《摇篮曲》，于是我们的客人优美地唱起来。"艾伦继续：

> 在圣诞节早晨02:30，德军对包围圈东北部发起了进攻，那地方是几次艰难的战斗才保留下来的。那天晚些时分，在我确保了德国厨师有充

足的食物和煤炭后，我出去走走，看看空军对桥梁造成的破坏。第28步兵师的两名战士牺牲了，他们的防空炮在50英尺之外。其中一名战士脑袋的上半部分已经不见了，裸露着大脑。回到宪兵队，我和我的三个厨师一起坐下来，他们现在称我"我们的下士"和我聊起我们在圣诞节的传统是做些什么。我们都想知道我们在家中的亲人在这一宝贵时刻都在干些什么，然而还讨论了那两名牺牲的滑翔步兵。第28步兵师和第9装甲师的很多散兵游勇最近被第7军团重新组建，和第101团一起送回巴斯托涅附近重新加入作战。小型的机动储备队"混乱小队"（局势一团混乱）被组建来加强包围圈的据点。斯坦·克莱弗回忆起和一个刚被分配给他的军需队的混乱小队替补队员一起经历的一次特殊的事件："我的班里有一名卡车司机，他在修理一支M1卡宾枪时不小心打中了自己的脚。我的有些手下认为这是故意的，但是我相信这纯粹是由于没有经验和较差的手枪操控技术。"一天晚上，卢·维奇带着大约15个战士的一支小队伍到了前线的观察哨。"他们都是替补兵，恳求我不要抛弃他们。他们是那么的没有经验而且惶恐，我不得不和他们待在一起直到该回去的时候。"当然，在夜晚主防线确实是一个很吓人的地方，尤其是听到战场上四处回荡的伤员的哭喊和呻吟。

无人地的圣诞快乐

在圣诞节的05:25，1营再一次进入了警戒，3小时过后，他们从卢瑟里向西前往萨维去支援第502团。这一天夜晚，德国空军再一次袭击了兵营，这一次S2区的几名士兵受伤了，包括一等兵维尼·伍兹，他失去了左臂。炮弹逼迫辛克上校不得不放弃伤亡士兵，和团总部一起转移到卢瑟里的布莱斯农场，这个农场一直到那时都被鲍勃·哈威克占用，他回忆："我们出发穿越过雪地，遇到了4辆还在燃烧的敌军坦克，象征着他们最近对勒科涅进攻的全盛时期。我们到达萨维没多久就接到了进一步命令，挖战壕并建立第二防线。"前坦克手杰克·格雷斯和几个H连1排的同事都觉得在失败的平安夜开走一辆敌军废弃的坦克到巴斯托涅作为一种奖励是一个不错的主意。

尽管被围攻，在转移到卢瑟里前，团总部还能够打印团报《反骰子小报》。在前线的战士中最受欢迎的是戴夫·菲利普斯的小说，他回忆："那时候我住在兵营里，在团S3区工作，是个绘图员。如果我们那阵子很闲，特等士官长西尼尔就会让我写自己的专栏发表在新的刊物上——'社会笔记'——以'尚帕涅·贝尔奇'

的笔名。"有机会读到这篇文章的人都会记得戴夫的圣诞节礼物:

> 你的社交编辑为你特别的夜晚去哪里吃饭和跳舞提供了以下建议……巴斯托涅酒吧格子的主要特色是美味的午餐菜单,主要包括凯的咖啡。在鸡尾酒时间,杰拉尔德·克劳特和他的"88块"乐队提供现场各种娱乐演出。日落之后,俱乐部有时候会由罗夫特·沃夫先生埋单,以及他带来的著名的"火焰舞"……"蓝色博世"会在街上提供设计精妙的民间传统舞蹈。最有趣的是出名的"德国华尔兹战争",合唱队双手高举表演着难度高超的转圈,高喊着表演的倒计时,被称作"国防军花花公子"而出名,口号是"我永远高喊投降"。

继续向西,肯·罗斯和第502团正对着第26国民掷弹兵师进行的团规模攻击,该掷弹兵师由装甲掷弹兵的一个营的坦克和装甲掷弹兵第15团的两个炮兵营增援。"我正好在外面遛狗,团总部收养的一条流浪狗,这时炮轰开始了,"罗斯回忆。紧接着的袭击是势不可挡的,甚至一度都攻到了斯蒂夫·皮斯中校的指挥所,迫使他不得不和他的员工一起拿起武器;几名敌军士兵在营部办公室被击毙。两个小时后,向西南方向一英里,18辆敌军装甲战斗车冲破防线,率领着由装甲掷弹兵第77团增援的步兵,攻击了由第327滑翔步兵团防守的在尚普和赫姆洛之间的战线,企图通过第502团。在那几天里,6辆坦克被摧毁,2辆美军反坦克装甲车被击退。直到被分配到第502团的空军前进引导员向第9空军寻求空中支援,才击退敌军。

在德军撤退那天快过去时,在芒代圣埃蒂安西北边的树林和田野里到处躺着尸体和报废的车辆。第327团和第502团(被希金斯中将布置为行动小组)的联合行动击毙敌军165名,捕获208名战俘。尚普的校舍已经见证了无数次的战斗,一个教室黑板上某位老师写着潦草的粉笔字:"希望这个世界再也不用见到这样的圣诞夜。为了那些远离孩子、妻子和母亲,牺牲在炮火之下的战士们,世上再没有杀戮。用一个人的生命来夺取母亲的儿子、妻子的丈夫、孩子的父亲,这样做值得吗?生命只为了爱和尊重。看到这满目的废墟、鲜血和死亡,博爱会降临。"

预期的后续进攻并没有到来,2营在极度寒冷不舒服的条件下坚守着散兵坑度过了圣诞,鲍勃·哈威克回忆:"在26日的黎明时分,我开始让我的战士转移到当地的谷仓里恶补一些急需的睡眠。没过多久,我们区的战斗就减弱了,德军分散了一部分兵力到别处,试图阻止第3军救援军从南方挺进。"

回到主防线,3营通信排的鲍勃·韦伯下士和勒罗·伊维氏中士被叫去修理81毫米迫击炮队位于"东眼"的前方观察哨的一条坏掉的电缆。勒罗个子矮小、健壮,他来自得州的尔斯比—博蒙特北边的一个小镇,鲍勃就是在那里长大的。他们俩同时应征入伍，并成为好朋友。韦伯回忆：

> 风一阵阵地吹着，把雪花吹得垂直打到我们的脸上。大约02:00，在检查了电缆之后，我们返回到前方观察哨，它看起来更像是一个小木屋而不是地上的一个坑。在里头你几乎可以直立站起身，有三四个一捆捆的干草铺在地上。他们拥有一个科尔曼炉子，放在一个低矮的加热器上，那炉子和烤箱一样温暖。卸下我们的装备后，我们都坐下来取暖。迫击炮队的士兵给我们提供了"纯咖啡"，装在十个水果罐头里。你应该把水煮沸，然后加入咖啡粉，之后再往杯子里加一小块雪球，那雪球立刻沉到杯底，一杯"纯"咖啡就做好了——这真是一个漂亮的伎俩。
>
> 在最后的几周，我一直被频繁的胃痉挛折磨着，而且越来越严重，我不得不到外面的卫生间去。蹲在附近的厕所，我注意到一个身影慢慢向我靠近。我只能大概分辨出这个男人的轮廓，他穿着一件沉重的大衣，带着一把步枪。"噢天呐，"我思索着，慢慢把手伸到口袋里拿手枪。那个身影靠得更近了，用德语咕哝着什么。我举起0.45英寸口径手枪，小心地对着那个男人的头部，突然意识到那是维克士！那贱货以为我没有带武器，就想跟我玩个恶作剧……这家伙得到惊喜了吧——万幸我没有扣下那该死的扳机。

第20装甲步兵营（B作战队）由"杰克"·普莱尔上尉管理的救助站仍在纳沙托大道边运营着。他回忆："生活在一个没有电、食物或者必需的药物的城市是一种持续的挑战。我的士兵们在废弃的人家里搜寻着能找到的任何东西。"幸运的是普莱尔得到了营S1区的帮助，赫曼·雅各布中尉感天动地地搜寻着医疗物资和额外的相关人员来帮助治疗、照料病人和为病人烧饭。其中有两位年轻的比利时护士蕾妮·乐麦尔和奥古斯·纽华。奥古斯是比属刚果的本地人，她有着异域的咖啡色肤色和美丽浓密的黑头发。奥古斯的叔叔是当地一名医生，医术很好，用各种方法来帮助我们，比如夹板疗法、伤口敷料和出血控制。蕾妮则不同，她喜欢责任较轻的工作比如擦身子和喂食。杰克医生回忆：

> 作战部队送来了他们能省下来的食物和医疗物资。缺水是一个严重的问题，尽管融化的雪很大程度上帮助了我们。不过，香槟酒似乎填补了水的稀缺，我们经常用香槟来洗漱和刮胡子！尽管至少有三位其他营的外科医生跟随着装甲部队，我是唯一一来自B作战队的医生，运营着各种各样的救助站。我们现在已经收容了超过100名病人，其中30名伤势十分

严重。为了防止气性坏疽，那些受伤很严重的伤员不得不被喷洒过氧化氢。遗憾的是，由于缺乏外科医生和操作设备，头部、胸部和腹部受伤的病人面临着缓慢但几乎是必然的死亡。

之前，在12月23日，普莱尔上尉第一次拜访了兵营，在那儿他遇见了代理分区外科医生、第502伞兵团的道格拉斯·戴维森少校。"我问他是否能尝试给我们提供一些医疗帮助。戴维森听我详细地描述我们的情况，然后告诉我最近要带一支滑翔手术队伍进来是不可能的，至少也要等天气好转了。"为了说明第101团面临的问题的严重性，戴维森带普莱尔参观了步枪打靶场和毗邻的厂房。普莱尔简直不能相信大量的伤员躺满了这两个地方，在看到神父约翰·马洛尼送走奄奄一息的伤员时，他感动得不禁流下了眼泪。对杰克来说这看起来很奇怪，一个天主教神父居然在肩带里携带着一支0.45英寸口径的半自动手枪，但是这就是巴斯托涅的人的本性。"有人宣布第3军只有几英里远了，这在病人中引起了一阵巨大的欢呼，"杰克回忆。"这次旅途之后，我回到我的站哨感到无比沮丧。第二天，我得知戴维森少校去德军前线了，带着白旗，尝试为医疗疏散安排一次停火。戴维森提出每两个美国人换一名德国伤员，但是这个想法被德军指挥官拒绝了。"

讽刺性的是，在圣诞节，尽管天气恶劣，第3军的外科医生霍华德·索雷尔少校先于他的队伍被皮坡·库伯空运进来。12个小时前，德国空军刚刚不小心炸了第20装甲步兵救助站，杀死了20位病人和护士蕾妮·乐麦尔。杰克·普莱尔和雅各布中尉以及奥古斯·纽华在隔壁的建筑物里，敌军飞机攻击了街对面的护卫队。"在袭击过后，我们跑到外面，发现救助站已经变成一片燃烧的火海。飞机抛下来的镁光照明弹还在熊熊燃烧，我们在一片废墟中刨出来一条路。飞行员见状，又回来扫射人群。"

尽管被飞落的砖石砸伤，赫曼·雅各布还是帮忙疏散病人并组织消防队去扑灭大火。在飞机离开之后，普莱尔上尉和其他几个人终于能够赶在整个大楼坍塌之前通过地下室的窗户进入救助站救出两三位伤员。在把剩余的病人都集中在一起后，普莱尔将他们转移到了兵营的打靶场。在圣诞节早晨大约03:00，另一轮袭击彻底摧毁了那个引燃的医疗机构隔壁的建筑物。"在1月17日我的部队离开巴斯托涅之前，我们穿过那片废墟，成功地转移鉴定了大多数尸体，包括蕾妮·乐麦尔，我用一个白色的降落伞包裹住她的身体，带回去给她的父母。之后我为她写了一封特殊的奖状，并上交给我的指挥官威廉·莫尔斯少将。"

主防线上日子十分的平静，很多人比如汉克·迪卡洛靠改善散兵坑和拜访其他排的朋友来打发时间。在圣诞节的早晨，埃德·西姆斯派厄尔·麦克朗和其他几个人一同前往巴斯托涅去收集前一天降落伞投下的物资。埃德回忆：

> 当他们回来时，麦克朗走过来说："上尉，这里有一个给你的包裹。"我当时欣喜若狂，想象着会是一双手套、一顶帽子或是一条围巾。我激动地扯开小包裹，它来自艾达·阿芙兰——在弗吉尼亚就认识的一个很好的女孩——但是里面很无趣地只有一支钢笔和一封折叠得整整齐齐的信。我突然感到很沮丧，于是把钢笔丢到了雪堆里，便回去继续我的工作。几个小时后，罗德·斯佐霍走过来说，"上尉，这是你丢掉的钢笔。""不要，"我回答。我嫌弃地把它丢开了。"好吧，你最好还是看一眼，长官，因为这东西简直让人难以置信，是用纯14克拉黄金做的。"是吗，肯定是——我以为他在开玩笑，因为男孩们总喜欢恶作剧，但是他完全是对的。我告诉他让这钢笔见鬼去吧，如果他喜欢完全可以拿走它。我读起艾达的信，上面清楚地写着在接受了我姐姐安娜的建议后，她觉得我们俩很合适，这支美丽的高质量的钢笔——威尔·永锋制造的，上面刻着"埃德·西姆斯上尉"——花了她惊人的245美元才做出这样一个理想的礼物！第二天，罗德把钢笔还给我，这一次我很男人地收下了这个"礼物"——因为它是我未来妻子的美丽缩影，尽管我不知道那一刻什么时候才会到来！

同时"夏基"泰基尼（H连1排）收到一封来自一位英国绅士的转递信，卢·维奇回忆："夏基让这个家伙的妻子怀孕了，而且不能更蠢地把他的地址留给了她。她的丈夫想知道他对这事如何打算，我记得事情平静一点后，夏基很讽刺地回了一封信，'如果你能立刻把我从这儿弄回去，我将义不容辞地帮助你和你的妻子，以任何方式！'我常常想这个孩子会长得什么样，因为夏基长得并不好看。"哈罗德·斯特德曼清楚地记得有人递给他几包DDT粉，这是和医疗物资一起由降落伞空投下来的。"我猜我们浑身上下都是虱子和跳蚤，于是部队终于决定采取点措施了？"

26日09:05，敌军飞机出现在佛依上空，开始进一步轰炸扫射3营主防线。尽管没有伤亡，这次袭击还是提醒了伞兵们他们仍然脆弱无力地抵抗德军空军。哈雷·丁曼记得这次攻击：

> 橙色的空气面板和降落伞就放在树林边缘的雪地里。那时我正和我的一些士兵站在树下，就听到发动机声，还以为是我们的人。然后突然地，一架飞机就轰鸣着朝我们冲过来。我们只记得有什么东西被抛在附

近。我还记得我向上看了一眼，就对男孩们说，"万能的基督——这是炸弹。"这些家伙已经涌入我们的防空袭战壕，炸弹就在树林里穿梭，在离我不到50英尺的地面炸开花。幸运的是那爆炸的冲击让我头都大了，把我逼到另一个坑里。奇怪的是没有任何声响；那一瞬间一切都是沉默寂静的，好像我身处某种真空中。

医生瑞安收到了几箱医用酒精，是在圣诞节前空投下来的。巴尼拥有的酒精已经远远超过了他需要用的，于是作为一种慷慨表示，他决定把多余的分给大家。排长被叫到救助站，他们每人拿到了许多小瓶的酒精。瑞安再三强调由于酒精强度大和纯度很高，每一个人都只能用很少量，而且还必须用水稀释。

看来，有些人忽视了医生的建议，包括帕奇下士。当弗雷德·巴哈劳到温暖舒适的营战地指挥所报道时，一位军官递给他一个绿色的瓶子，他认为里面装着热饮料。巴哈劳喝了两小口后痛苦地喘息着，几乎要崩溃，帕奇下士不禁大笑。哈雷·丁曼回忆是将酒精和融化的雪混合在一起，然后加入柠檬粉调味。"即使如此它还是太过于浓烈，不过似乎达到了目的。"那时，约翰尼·吉布森和研究员约翰·艾克曼医生一起享有救助站旁边的一个散兵坑。"艾克曼喝酒喝得太多了，大约半夜开始到处呕吐。'大约翰'不仅吐了我一身，而且把我的紧急电话拨到了营战地指挥所。那味道太恶心了，我只好掀开我舒适的战壕入口处那麻布门帘。我还是无法忍受，最后我完全绝望地爬到附近一个还没挖好的散兵坑里，露天颤抖着度过了那一晚。"亚历山大·英吉布雷切特（I连1排）要幸运，他之后患上了干脚气病，影响了他的神经系统，只好被撤离。

无声的飞翔

在12月26日和27日之间，第439和第440运兵舰队（在诺曼底登陆日把506团3营输送到诺曼底）的61名滑翔兵带来了重武器和装备，像汽油，和第3军的一个9人手术团队。志愿者医护人员有拉马尔·苏德少校，斯坦利·维斯勒瓦斯基上尉和佛依·穆迪上尉，以及技术人员克拉伦·马斯和第四辅助外科组的约翰·诺尔斯。剩下的4个医务人员亨利·米尔斯上尉、爱德华·基恩查拉格上尉、技术人员约翰·多纳休和劳伦斯·雷特维斯，来自第12野战医院。这支手术小队立即和左雷尔少校（助理是杰克·普莱尔）投入工作，对腹部和胸部受伤的病人实施手术从而保证他们度过即将到来的不可避免的撤离。

通常，在12月26日，运载着手术人员的GC4A型滑翔机会做两次的着陆而非一次，飞行员小查尔顿·科文上尉（第96航空中队）回忆："在我们的司令员弗兰克·科雷布斯中校简单介绍后，我和我的副驾驶本·康斯坦丁诺一起从位于奥尔良的基地出发，我们飞在'可靠的乡镇'后面，这是一架由罗伊·奥斯曼上尉驾驶的C47牵引飞机。和牵引飞机脱开之后，我们着陆在了艾泰恩的一片战场上，医疗小组在那里等待我们。我们一起前往手术办公室，他们通知我们至少会有一支P47'雷电'战机护卫队。在装载好医疗物资和所有他们的装备后，我们又上了罗伊·奥斯曼的飞机，飞往巴斯托涅。在飞行的最后一段，一架'雷电'飞过来，飞行员向我们挥了挥手然后消失在远方。"

12月27日，第440运兵舰队第95航空中队的5架C47被击落，牺牲了9位空军。赫伯特·博林格是第439运兵舰队第93航空中队的一名导航员，他志愿参加驾驶这次任务被选中的50架滑翔机中的一架：

> 我分到的是滑翔机35号，它装载了105毫米的炮弹。飞行中没有副驾驶员，天气很冷，但是我穿着较厚的衣服、防弹衣和降落伞。这次飞行的开始阶段，空气中充满了冰晶，导致挡风玻璃不停地震动。滑翔机没法正确地降落，只好不断地试图保持位置。很快我们穿过敌军战线时，攻击就变得猛烈了，不过大多数的炮弹都在我们阵列上方爆炸。那时我突然很想上厕所但是没法离开飞行甲板去使用安装在飞机后方的"排尿管"。几架C47飞机被击中，带着滑翔机一起下坠，我立刻就失去了尿意。过了一会儿，我的牵引飞机左副翼被击中，滑翔机的挡风玻璃、后备厢的门和电梯都被弹片穿透。想到我正载着烈性炸药真是太可怕了，即使保险丝都被拆掉了，而且是分开储存的。

滑翔机任务都是从东北出发，降落在萨维的东北着陆区。"我们通过高射炮带不久，有两道白光在我的牵引机窗边闪现，示意我在1分钟内释放缆绳。我迅速查看了地图上我下方的地势，意识到我们来错地方了，因此我没有切断缆绳。"标准操作流程规定如果一架滑翔机在60秒之后还没有释放，牵引飞机会显示绿灯。如果没显示成功，红灯就会闪烁提醒再过60秒电缆将自动被抛弃。巴林杰继续：

> 向下看，我看到了像敌军坦克的东西，因此我没有办法断开连接。在显示了绿灯和红灯之后，C47断开了缆绳。我转向着陆区，在滑翔过程中我减慢速度，发射了大量的小型武器炮火。我试图仰面降落到我们的战线以内400码的雪堆边。
>
> 伞兵队很快就和一辆吉普车和一辆拖车一起到达，需要用后门而

不是平常用的前门来卸载货物。就快要卸载完时，又一辆吉普车到了，把我带到了分区总部，在那儿我和其他的滑翔机飞行员和一些"大力男孩"（驾驶活塞发动飞机的机组人员的绰号）汇合了，他们之前被击落。在封锁解除后我们乘坐卡车并押解着巴斯托涅的德军战俘撤离，之后将战俘转交给部队。而我们则停在了一个铁路站（可能是利布拉蒙），度过了一个极度寒冷的夜晚，等待着火车的到来，终于在凌晨那会儿等到了。然后我们就被带到了机场，飞回了英国。

6

"钢铁般的旋风"

圣诞节之后的突破

尽管天气状况糟糕，第3军的3支纵队分别从马特朗日、维特尔和纳沙托同时赶到巴斯托涅。26日16:45，由105毫米和155毫米炮火队支援的37坦克营C连，在克雷顿·艾布拉姆斯中校的率领下，和53装甲步兵营（第4装甲师）C连成为"作战司令部储备队"的主力军队，负责和阿瑟努瓦附近的第326空降工程师的部队联系。第二天（12月27日）早上，纳沙托和巴斯托涅之间的公路正式宣布开通。尽管有第35步兵师的部队支援，主队要清理出一条沿着主路从卢森堡阿隆边境到巴斯托涅的更宽广更安全的通道还需要两天时间。

美军坦克手们看到这个城市周边的乡村里到处散落着超过170辆德军废弃的装甲车，感到十分吃惊。到了下午晚些时分，一车队10辆卡车和22辆救护车将260名优先病人撤离到维莱德旺的第635前方医院。在长达一周的史诗般围攻里，巴斯托涅的医疗机构处理了总共943名美军和125名德军伤亡人员。克拉克·海格涅斯也是这些转移人员中的一个，他回忆："我是被救护火车运送到巴黎的，然后被飞机送到英国治疗。回到英国，我接受了植皮手术，几个月的恢复后，我又被送回南巴伐利亚的第506团。"

尽管从穆尔默隆调遣了兵力，团部还是极度缺乏人力，开始从其他队伍挑选，像第327和第401滑翔步兵团——因而现有的一线人员都被重新安排。5架L4侦察机也飞回来，空中联络小组立即投入使用。

当第3军的急救坦克到达佛依，汉克·迪卡洛吃惊地看到一个老家的老朋友。"其中一个机组人员菲尔·博内里，来自我家乡的原始丛林——新泽西岛。菲尔的爸爸经营一家当地的杂货店，就在我爸妈经营的小旅馆拐弯的地方。看到他真是太让我吃惊了——我简直无法相信。"哈雷·丁曼也很吃惊，当一个老伙计乔·维茨格中尉拍了拍他的肩膀："上一次我跟他聊天，他还是纽约的一个废物收理员，如今我得向他致敬了！我们只有机会聊几分钟，乔就被叫回排里去了。"

对于在警察局的乔治·艾伦下士而言，却没有任何喜悦值得欢呼。

我们就是简单地和往常一样做着我们的工作。到了中午，卡车和拖车来拉战俘，要把他们带到纳沙托的一个新营地。我向我的三个厨师告别，他们并没有感谢我的努力——尽管我从来没有奢望过。就在战俘被我们的宪兵队和滑翔飞行员押送到车上时，作战指挥区的一位上尉走过来，问我是否能在他回穆尔默隆去接替补队员时接管他的职位。分区的审讯战俘队被带到兵营管理麦考利夫的总部边上的一个小型战俘集中营。这工作挺简单的，我住在分区作战指挥部的地下室，拥有一张显示敌军和我们自己的据点的地图，从而来访的联络军官可以看到我们分区战线的实时更新状况。

从纳沙托过来的马路开通后，自12月20日起就被困在巴斯托涅外的第801军火连被送到室内打靶场，这儿在前一天下午就把尸体和伤员都搬移出去了。和第801连共用这个地方的是拆弹小组和情报区的一个小分队。"我们也使用附近的一个小房子和目标商店，后来这儿成了我们的厨房和杂物区，"二等士官长鲍勃·希金斯回忆。

当第一批A类口粮配给到达时，分区司务长到了第801连，询问他是否可以把他的厨房搬到粮食仓库边上，在那里他可以更简单地提供每天的三顿正餐。在围攻期间，第101厨房被搬移到一个营房里，就在分区信号连隔壁，正对着广场。厨房很容易受到炮火的攻击，在平安夜，就被隐蔽在本农尚普东边斯奇帕奇的隧道里的一枚280毫米轨道炮的炮弹击中（幸运的是这枚炮弹没有成功爆炸）。然而，一枚更小的射弹穿过了信号连办公室，在隔壁房间爆炸，炸死了一等兵本·蔡二慈和一等兵弗洛伊德·戈德。"司务长想立刻就搬，"希金斯回忆。"但是我们还有那么多其他问题需要处理，我告诉他需要等到第二天。不到一个小时之后，一枚炮弹就穿进了目标商店。幸运的是这个地方那会儿空空如也，没有人受伤，但是如果我同意了司务长的主意，可能就是一个完全不同的结果了。大约就在那会儿，情报区的一个家伙，一个军官——我从来不知道他的名字——在毗邻的一座房子里被炮火击中牺牲了。"后来，又有300磅的炮弹从轨道炮发射出来，落在附近。"疯狂的爆炸把我在睡袋里的身体都震得完全离开了地面，"希金斯回忆。"第二天早上，我们吃惊地看到一支防空队前来（来自A作战队），然后把他们的枪塔都停放在弹坑里。"

在主防线上，弹药变得更加充足，来自前线部队的厨师现在可以做出各种各样的食物。3营的餐饮负责人员托尼·泽奥利中士和大兵鲍勃·佩内（前I连）正在部队指挥中心附近的一个战地厨房里工作，为战士们提供正常的热饭菜。最后麦斯威尔·泰勒少将到达巴斯托涅接管了这个师。在离开纳沙托之前，他顺路捎上了几名记者，其中有科尼利厄斯·瑞安和玛丽·蒙克斯。

蒙克斯（在1946年和欧内斯特·海明威结婚）在每日快报工作时被大家称作玛丽·威尔士。尽管瑞安因为高风险而拒绝，玛丽却早把谨慎抛到了九霄云外，成为第一个采访安东尼·麦考利夫的记者。后来托尼（被威廉·吉尔默代替）做了一个简短的宣传活动，然后被分配到位于阿尔萨斯洛林（麦考利夫最终在1月9日离开巴斯托涅）的第103步兵师。就在麦考利夫离开的两天前，泰勒将军把他的分区总部搬到了小镇西南边的2英里的地方，在草地和黑塞岛之间，在兵营留下了一块空地。每个总部都是完全独立自给自足的，并且能够独立而不受敌军活动影响地完成任务。

鲍勃·隆美尔无故缺勤后，在平安夜被遣送回穆尔默隆，他发现部队已经离开前往巴斯托涅了。"显而易见我们只能等到圣诞节之后和增援部队一起被运送到比利时。卡车上只有站的空间，气温也是异常的寒冷。由于极其艰难的条件，我们的司机开车打滑了，卡车的尾部撞到了一幢房子的侧面，在前面的墙上留下了一个巨大的裂缝。房主出现，生气地喊着，在空中挥舞拳头，我们赶紧开车离开。在主防线的第一个晚上，尽管刺骨的寒冷，我在散兵坑里还是觉得如此的舒适和温暖，我甚至把靴子脱掉，沉沉地睡去了——尽管这再也没发生过。"

好几天这里都十分的安静，但是尽管大家都感觉筋疲力尽，艾利克斯·安德罗斯还是让他的战士们"坚持"到了日出的第一道光。"在这段平静日子里的一天早上，当天逐渐变亮时我们注意到一辆敌军坦克的正面从佛依边缘的一座房子后面驶来。我们还驾着37毫米反坦克枪，因此我指挥一个人开一枪，但是打得近了50码。他做了调整又开了两三枪，但是子弹在坦克的斜装甲板上直接反弹到了空中。过了一会儿，坦克前进了，通过炮塔朝着我们根据地发射了好几发的穿甲弹，然后掉头离去。我们都趴在散兵坑里，掩护着，炮弹径直穿越我们的根据地，继续射向我们身后的树林。"

多米尼克家族从勒科涅搬到了西部，又决定回去查看一下他们的住宅。罗杰·多米尼克回忆：

在我们穿越法赞树林时，我们经过了很多敌军据点。当我们到达我们的农场时，一名德军士兵正在谷仓附近站岗。这个哨兵让我们进入了房子，我们发现屋顶已经是千疮百孔，但是还是可以居住的。出乎我们意料的是，牛和马居然还活着，因此我们把它们带到附近的一个没有完全冻结的水源。我妈妈走在前面，牵着另外的一匹马，她设法引起德军一个班的混乱，从而趁他们不注意穿过了道夫施密特庄园附近那个路口的路障。妈妈忙着四处张望村庄遭到的损坏，她都没有注意到散布在道路附近的一排地雷！在勒科涅有20到30支德军部队，其中的一名军士，他老是命令我母亲为他的士兵做热饭。我们称他"普里马"，因为他总是重复词语来表达他对我们提供的"强迫劳动力"的满意。

转好的天气状况允许空军在白天向着诺威尔、佛依和勒科涅飞行几个任务。营队再一次把橙色标记面板沿着主防线边缘放置，保证盟军飞机在香槟林的北边。早些时候，充分利用了清晰的天空，巴斯托涅被德国空军轰炸扫射了8次。在袭击后不久，巴顿将军的第3集团军就宣布将大力发放口罩，基于越来越担心德军正在预谋使用化学武器。地面军队有几十支新到的重型武器的支援，这些武器来自第3集团军，他们还为他们自己的第4装甲师提供了急需的额外火力。

12月30日07:10，大量敌军飞机轰炸了从卢瑟里的团指挥中心跨过马路的那片区域，导致多人受伤，包括克劳伦斯·赫斯特。那天深夜，德国空军发起了对巴斯托涅的一次最集中的攻击任务，导致很多最后仅存的居民撤离。

对艾利克斯·安德罗斯和H连3排来说，尽管新年前夜是特殊的一天，还是照常工作，他会永远记得。"一中队的P47'雷电'对地攻击机低空飞过头顶。他们投下很多炸弹，扫射着佛依，然后向西前往诺维尔，沿路击中了几辆敌军坦克，看起来就像看电影一样。"安德罗斯之前就注意到沃村西南边的一个凹角，德军在那里架了大量的高射炮。"毋庸置疑，平局是有点儿打击人的，在这次突袭期间，我们觉得好像有一架飞机被这片区域的地面炮火击中，那架飞机倾斜下落，拖着长长的一尾烟。那时我们看到一辆伪装着冬季白色迷彩的德军坦克径直向我们的防线驶来，就在不到700码的地方。"

装甲车辆做出标准的防护措施，指挥官极力操控装甲车用侧面抵御即将到来的打击。"雷电"飞机的基地在穆尔默隆，都是来自第513战斗机中队第406战斗机组。P47的飞行员被地面炮火击中，哈利·克里格中尉回忆起这次袭击的前后发生的事情：

> 我们接到命令，消灭在通向巴斯托涅路上的德军坦克车队。我们的第一波战士发动攻击，如同预想的，他们遭到了炮火机枪的猛烈攻击。作为第二波，考虑到防空炮火，我们被建议从附近的一个小山丘后面发动进攻。我飞得太低了以至于我的飞机的螺旋桨叶片撞到了树的顶端。在发射火箭炮前，我必须先提升到一定高度然后俯冲下来飞到一个合适的射击位置。我瞄准了一种特殊的白色坦克，盘旋停了一会儿避免飞入爆炸区。这时我的飞机的引擎被20毫米的加农炮击中。我转向巴斯托涅时

吃惊地发现飞机的左翼有很大一个洞，一串弹药悬挂在那儿。随着我开始爬升，引擎突然起火，导致驾驶舱充满黑色刺鼻的烟雾，然后引擎就报废了。我们知道第101团正在下面坚守着战线，而且我们也接到命令什么时候攻击、跳伞，尽可能地降落在他们的主防线之内。

标准的操作流程是先打开座舱盖，以最低速度飞行，然后跳到机翼的后缘。飞机正在加速，急速地下降，于是我站起来，风的压力又把我甩回驾驶舱。我好不容易爬出来，设法沿着机身滑动一小段距离，但是就在我跳的时候，我的左腿撞到了机尾的前沿。我从飞机上摔下，自由落体，还好我在重重地摔到12英尺深的雪地前几秒钟成功地打开了降落伞（飞机在沿着N30公路靠近卢瑟里的主防线的西南1英里处坠毁）。当我解掉降落伞时，我注意到我的左腿似乎瘫痪麻木了。那时正是上午较晚的时候，我听到说话声但是完全听不懂他们说的语言，于是我决定用白色伞衣盖住自己。

克里格实际上降落在了佛依边缘，毗邻"东眼"和3营81毫米队前方观察哨。

"着陆后不久我发现有一个医生在向我挥手，他在250码远的树林边缘，"克里格继续说，"我不能继续待在这儿，于是就在降落伞的掩护下拖着自己爬向亲切的林木线。似乎过了一个世纪般那么漫长，我终于筋疲力尽；那个医生和另一个士兵跑过来，抓住我的胳膊，把我拖到树林里。他们用毯子盖住我，把我放在一个树枝遮蔽的散兵坑里，这样可以抵御敌军的迫击炮。在被注射了一剂吗啡后，医生告诉我我需要等到天黑才能安全撤离。"

哈利接过一支步枪，被命令朝着他刚刚来时的方向瞄准。G连3排正在附近挖战壕，就在天快黑时鲍勃·和泉过去看看是否有他能帮上忙的。"我们把飞行员放在担架上，把他抬到一辆正在等待的吉普车上，"鲍勃回忆。克里格就是从这儿被送往神学院的。他这样描述他到达神学院的场景：

这楼的一侧已经被炮弹击毁，用防水衣盖着。伤员们——无论是士兵还是平民——都并排躺在担架上。在医院一角的一块大幕后面是一间灯光明亮的手术室。一直治疗我的医生跟我告别时我把我的手枪送给了他，表示我的感激之情。躺在我边上担架上的那个女人在晚上死去了，她的位置被一个刚从手术室出来的年轻士兵占据。吗啡的量似乎很足，在注射之后我就闭上眼睛睡去。

第二天，是新年前夜，我就在一个不挡道的角落里静静等待着撤离，还享用了饼干和奶酪。那天晚上，我被抬到了一辆救护车上，救护车不断地给坦克和卡车车队让路，他们有优先权。

在新年前夜的黎明，克里格到达最近刚建成的分区医疗救护站，位于通向纳沙托主路中间的柯布雷维尔的一个学校里。他继续描述：

> 由于我的腿肿得厉害，就用夹板固定住，我还分到一对拐杖，准备乘坐救伤直升机前往英国。我并不想离开我的中队、我的伙伴，或者战争，我搭便车沿路走了半英里左右到一个临时机场。我和一名侦察机的飞行员聊过后，他同意带我飞到穆尔默隆来换取我藏在脚柜底下的两瓶威士忌。
>
> 回到医院，我告诉管理员我的计划，奇怪的是他并没有反对。第二天早晨，我回到那个机场，正当我们准备要离开时，9架ME109战斗机从我们头顶低空掠过，开始扫射一排C47运输机。大家全都跑向一个沙袋堆砌的防空炮弹组，就剩我像个傻瓜一样挣扎着前进。我丢掉我的拐杖，爬向炮位。在三轮攻击之后，ME109战斗机离开了，L4战斗机完好无损，只对运输机造成了很轻微的损坏。我的飞行员是一名上士，起飞后全程都是以擦着树顶的高度飞到穆尔默隆的。我把说好的威士忌给了他，自己去到中队战地帐篷，大家看到我还活着十分吃惊。我们的外科医生尼尔把我带到梅斯的一个医院，我的腿终于被放在石膏模型里了。在前进空中管制中心待了一会儿之后，我回到了穆尔默隆把石膏给卸下来，然后又回到战地和中队一起飞行。

在主防线上，哈罗德·斯特德曼已经一周没有脱掉靴子了。"在我们的战地指挥所有一个小火堆，我可以在火热的煤炭上温暖一下我的双脚，它已经完全麻木了。短短几分钟，高温就把我的靴子烤成了U形，我的脚底都要烧起来了。幸运的是，一个男孩从一位牺牲的战友那儿拿到了一双靴子，他也没再用过。"同时，在81毫米迫击炮战线的四人战壕里，鲍勃·邓宁正坐着，把赫伯·斯宾塞冻僵了的脚紧紧地捂在自己的腋窝里。一等兵卡洛斯·德布拉西奥正在煮一小罐奶酪，他忘了把盖子揭掉。几分钟后，随着一声巨响罐头爆炸了，滚烫的液体浇在了这三个人身上。邓宁和其他人在回想起当时他们自己所处的滑稽情况时都忍不住大笑。午夜刚过一分钟，两边人都用一连串的火炮和迫击炮迎接新年的到来。然而，在柏林，希特勒已经开始计划在阿尔达斯洛林的新一次攻击。

进入巴斯托涅的救急走廊已经被大大加宽，为主防线减轻了不小压力。德军在前线的活动减少到跟不存在似的。曼尼·巴里奥斯被命令带领一支三人巡逻队去第26国民掷弹师带回一名战俘，当时他正在坚守佛依和勒科涅附近的一片区域。由战俘和截获文件获得的情报使得炮队成功瓦解了任何可能的敌军聚集地和潜在的攻击。曼尼回忆这次搜寻的细节：

> 第二天晚上我们穿过主防线，进入佛依，一路很顺畅。在搜寻了两三个小时后，我们发现在远处有什么东西在发光。我们迅速接近，看到两名德军围着一个小野地火炉烤手。离炉子最近的那个人身边的雪地上放着一支步枪。另一支步枪靠在一个树桩上，我们猜是另一个家伙的。

> 我们大约花了一个小时试着计划怎么让他们中至少一个人活着而不制造太多的声响。最终我们决定我绕到他们身后，其他人从正前方扑向这两名掷弹兵。事情按照计划的进行，直到那个把步枪靠在树桩边的德国人突然举起双手，说了什么。他的同伴拾起地上的手枪，转过来直接对准了我。谢天谢地那手枪卡住了，但是那时候我已经离那名士兵足够近，我用我的步枪的一端狠狠砸了他。我的两位战友压制住另一个家伙，我们得以控制并堵住他俩的嘴。在我们回主防线之前，我停住，熄灭了火炉，把它顺手放进我裤子的大口袋里。在接下来的几个星期里，这个德国火炉可是派上了大用处，70年过去了它依然能用。

在1945年的新年夜，在佛依的井边打水时，H连的几名战士观察到几支身份不明的美国军队。埃德·西姆斯和团巡逻队随机应变，从雅克林的露营地随即向西行进到3营的主防线。到了这儿，战士们分散到各自的任务小组，等待着夜幕降临。埃德·西姆斯的巡逻队分配到的任务是监视井边的情况，他向前移动到香槟林的"东眼"。

在夜色掩护下，埃德·西姆斯带领他的队伍成一列纵队行进到佛依边界。用植物做掩护，埃德穿过一片小果园，沿着一个斜坡布置好巡逻队员们，俯视着那口井。"我们躺在那里几个小时，尽量让自己保持温暖，但是什么都没有发生。我记得当时感觉很饿，挣扎着用冻僵了的手指打开一罐苹果片腌猪肉条。"就在西姆斯准备撤退时，出现了一个身影，接近了那口井。埃德和"斯金妮"西斯科一起迅速向前移动，他明确表示如果那个家伙发出任何声响，他就切断他的喉咙。埃德注意到那个人穿着美军制服，但是当他们把他带回主防线时才真正地吃惊。"我十分吃惊地听到这个战俘就和任何其他一个美军小兵一样和我谈话。"

在胁迫之下，就在西姆斯送这个战俘回到团队之前，他说他属于一支8人突击队，在科恩家的地下室工作。那些德军很有可能是传说中的纳粹党卫军奥托·斯科尔兹内建立的"麒麟"行动的成员，目的是渗入敌军战线制造混乱。这个战俘不顾一切地祈求原谅，甚至透露了他战友的姓名和战争前他们都住在美国。"给我们的命令又传来，在接下来两个夜晚之内拿下那个房子，"埃德回忆。"计划由我制订，我还是选择了前一天晚上陪我一起的那5个战士。你可以想象，那些在地下室工作的家伙得知他们的同事失踪了，可能会怀疑他们已经妥协了。但是很奇怪他们还待在原地，也许因为这个地下室提供了一个温暖舒适的住处吧。第二天晚上，天气变得异常寒冷，我不得不给我的腿注射吗啡来缓解结冰的地面带来的痛楚。我们充分观察后确认建筑物的周围没有直接的安全防卫，因此我下命令进入房子。"

埃德和西斯科和施泰因一起沿着房子一侧挪动，到达地下室凹陷的入口，在重重的木门上轻轻敲了敲。有趣的是需要注意这场混战到了这个阶段，敌军在附近的战斗力量已经缩减到大约50%，这就能解释为什么西姆斯和他的队伍能够毫无阻拦地接近科恩家的房子。

施泰因就用悄悄话的音量说了几句德国话，过了一会儿一个男人出现在门边。西姆斯继续："起初德国佬以为我们是另一支德国巡逻队，直到我用英语告诉他他们被包围了，我们才明确知道他们是谁。我们质问那个下士他或者他的士兵如果不自己安静地走出来，我们就割断他们的喉咙。我们数了数，缴过这些士兵的武器，让他们走出地下室，并命令他们在回到主防线之前都要牢牢闭嘴。"

在经过I连"眼"里的前方观察哨后不久，那个军官（出现在门口的那个人）开始用急促的德语傲慢地和他的伙伴们说话。"我告诉他闭上那该死的嘴，然后把那家伙叫到跟前，让他跪在地上。我再一次问他情报但是他一口拒绝了。这个情报十分重要，我们怎么得到它并不重要，毕竟，这些部队都不是常规普通的。"

在其他战俘面前，埃德把他的0.45英寸口径自动手枪的枪口指在那个男人的额头。西姆斯再一次问情报："我明确告诉你们，如果一分钟之内没有人说出来我立刻让下士去见鬼。这个德国人厉声呵斥他的士兵保持沉默，于是我缓缓地扣动扳机，打飞了他的后脑勺。这着实引起了其他人的注意，很快他们便把我们需要知道的一切都告诉了我们。之后，我把战俘们都送到了团部，就再也没听说过他们的情况了。"做出杀死敌军战士的决定真的是不容易的，但那个时期是在极度被迫和无法想象的作战压力下。埃德·西姆斯担心他手下战士的生命以及包围了佛依的强大的美军是否会渗入。

有关德军冒名顶替者被捕的流言很快传遍了。"在1月2日一缕光之前，我们所有的巡逻队都安全返回后，主防线进入了高度警戒状态，"吉姆·马丁回忆。"之后便是长达两小时的'视窗'，在此期间任何事先未安排的来自我们根据地前方区域的'美军'行动可以在没有任何威胁的情况被立即作为目标。"

之前道蒂上尉对军士长詹姆斯·韦斯特（1排）经常未经许可就去勒科涅南边

境的德吉福斯农场视而不见。尽管两周前那个农场已经被废弃了，内斯特·德吉福斯还是留下了一个储藏满满的酒窖。尽管在一级防范禁闭期中，韦斯特在一等兵查尔斯·亨顿的陪同下，决定不管当下的情况。太太路刚好是506团G连和502团的分界线。和往常一样，韦斯特在经过前通知了正在前方哨站岗的人。然而，当这两个G连的战士正在农场放松休息时，502团H连的前方观察哨的值班换人了，新的守卫并不知道这一情况。

大约一个小时或更久之后，亨顿和韦斯特正沿着榉木林边的路返回，观察哨里的士兵用机关枪开了火，两个人都当场死亡。吉姆·韦斯特愚蠢而冒险的行为简直不能让人相信，巴斯托涅前线上的死亡和可怕的伤害却是大家都麻木习惯了的。痛苦的几天过后，埃德·施泰因正和西姆斯一起在观察哨站岗时被弹片严重地伤到了。

1月初的时候在主防线东边，506团2营正在准备穿越比佐里大道，穿过雅克林进入科尔博林（乌鸦林），为和第501团一起的朝东北方向的一次正面进攻做准备。这次行动的目的（开始于09:30）是穿越密林前进1000码到达一个老农民家的路，这条路始于佛依通往奥尔勃斯。在1月2日06:00，1营从萨维前进接管了506团2营地的主防线。在行动中，上校哈维科的部队遭到了德国空军的袭击，伤亡惨重。

开始抵抗还是轻松的，直到伞兵到达这条路。到了黄昏，根据地被敌军占领，F连在左侧建立了一条新的主防线，E连在中间。埃德·西姆斯和3排被安排在入侵地区的右手侧巡逻，并和501团D连一起在巴斯托涅至古维铁路上方的铁桥处占领据点。此时休斯少尉行动还是困难，他脱掉了靴子让埃德·西姆斯检查一下脚，他回忆："休斯的双脚都是黑色的，我们想办法在散兵坑底部生了个小火堆，稍稍温暖一下他的脚。他实在是太痛苦了，我没有别的办法只好叫来了医生，他们立即把他撤离了。后来一两天后我们通过电话得知休斯失去了双脚。"

这座铁桥（在2009年废弃）被当地的农民用来运输来自佛依的农产品和牲畜，并针对西姆斯在入口标示了"强盗村"，他回忆，"我们只能从西边穿过密林沿着以前牲畜贩子走的路接近那座桥，然后沿着铁路路堤挖出一条路来。"敌军驻守在桥另一端的那片林子里，西姆斯的任务就是在这里执行作战巡逻，让德军一直待在铁路的东边。

夜间，桥附近的这片地漆黑一片，陡峭的路堤两边都排列着树木，两边都很难穿越。"'斯金尼'西斯克过去经常在桥下把石块丢过这道沟去看看是否有什么动静，然后再决定继续前进是否安全，"埃德回忆。"一天晚上，我们巡逻回来，天气十分寒冷，我骨子里都能感觉到这种刺骨的寒意。我的通信员麦卡德尔跑过来说，'长官，我们帮你弄到了一份热饭！'我当时无言以对，只是问他们到底是怎么做好这顿饭的。麦克朗射中了一只长耳野兔，但我就是没法强迫自己吃下那肉，因为这肉里散发着一股恶心的气味。这简直太古怪了，尽管我饿得要死但还是一口都吃不下那让人恶心的东西。"

36小时之后，第501团接管了新建的前线，2营开始分批逐步向一片最近刚由506团1营腾出来的树林转移。1营就在E连3排最初的根据地后方驻扎整顿，前一天黄昏时分出发去了萨维（1月3日）。

在主防线西边，3营刚刚稍微平息了一些，除了时常会有炮火和迫击炮飞来，鲍勃·隆美尔回忆：

> 我发誓我们在频繁地遭到炮火攻击时从来都看不到任何的炮口焰。也正是因为这个原因，我们怀疑敌军一定是通过潮湿的粗麻袋或者其他类似的什么东西开火的。这还不是最糟糕的，新年之后我们经历的破坏性最大的武器是德军的6膛火箭发射器或者说"歇斯底里"。当506团2营重新占领我们右侧的雅克林时，他们遭受了最可怕的袭击。从我所在的地方看去似乎佛依背后的整条山脊都弥漫着烟雾和大火。火箭炮制造出骇人的噪声，我们能够看到炮弹从空中飞过，越过N30公路的另一边飞到2营的根据地里。

雅克林里，D连和E连正在穿越佛依-比佐里大道的途中，突然他们就被"歇斯底里"击中。一开始这毁灭性的攻击持续了5分钟。埃德·西姆斯和保罗·罗杰斯疯狂地立刻组织起一条人肉链来撤离伤员，但不到一秒钟就被击断了，伤亡的人更多了。大约就在这时，"巴克"康普顿看到他的两名战士比尔·加内尔上士和乔·托伊上士严重受伤后终于崩溃了。3排正在重新整顿时，一个士兵跑过去通知埃德·西姆斯另一个排的一名军官就在附近，行为很奇怪。

西姆斯冲过去，发现1排的欧尼·曼少尉正坐在一个弹坑底，茫然地盯着空中。"我从托克阿起就认识曼了。'欧尼，欧尼，你能听到我说话吗，我是埃德，埃德·西姆斯。在I连时我总和你在一起，想起来了吗？'我说的话好像没有任何作用，他就像个僵尸一样一动不动地坐在那里，他眼睛一眨也不眨地直直看着我。我什么都做不了只能让他保持温暖，告诉我们的连长。"诺曼·迪克很快就安排欧尼·曼（他在荷兰获得过作战委任状）撤离，埃德从此再也没见过他。沿着路往东，大约15:30，D连的部分人在空旷地被抓，无线电通信员理查德·吉尔森下士回忆："我和艾伦·韦斯特菲上士正沿着树林边的路往下走，突然第一个火箭炮就炸开了。我们全都被炸飞撞到地上，在随之而来的恐慌中，韦斯特菲用他的靴子护住我的脸。一大块变形的炮弹壳盘旋着飞过，擦过韦斯特菲的腿，然后刺穿了停在路边的一辆吉普车的轮胎。罗伯特·盖基中尉正好在那辆车不远处，他的右臀部被另一片弹片击中。平息了好一会儿之后，韦斯特菲卷起他的裤腿帮他查看了一下，没什么大碍。"

大家都开始撤退时，在德塔勒农场附近的铁轨一侧突然猛烈爆炸起来，紧接着就升起一阵黑烟。过了一会儿，两名衣衫褴褛还流着血的坦克手从路堤那儿出现，朝着D连蹒跚而来。突然吉尔森下士和其他人又遭到炮火攻击。"我用手和膝盖用力爬到一小丛树边，突然就感觉好像有人在我肋骨上狠狠砸了一拳。"吉尔森丢掉收音机和其他装备。"我知道我中弹了但是就是找不到是哪儿。然后什么东西打中了我的头盔，血就从我脸上流淌下来。"在快速检查之后，吉尔森发现钢盔上有一个锯齿状半英尺的洞，不过情况比他担心的糟糕多了。"我的左肩被弹片穿透了，此时开始变得僵硬。我涉水走过附近的一条小溪，靠着自己成功找到一辆半履带救护车，大约一个小时之后被撤离了。"

杰克·福利接管巴克·康普顿的排后不久，他就霸占了埃德·西姆斯的地盘，还抱怨他们在一个散兵坑里升着小火堆。"在最近的火箭炮攻击之后，"西姆斯回忆，"我找到福利，我觉得他这个人只会装装样子，便嘲讽地回答，'中尉，你以为他们不知道我们到底在哪里吗？如果你不介意的话我现在要组织巡逻了——好再一次提醒我你的排队到底干了些什么？'"福利的脸转过来时像闪电一样吓人，回到了2排，愤愤不平地骂着。E连的连长诺曼·迪克中尉和康普顿一样，在过去的几天里表现也不好，现在正被严密监视。在被501团援救后，2营终于在1月4日21:30走出了雅克林，之后又折回到香槟林的团根据地，紧接着的是506团H连和G连。

1月初的某一天早上，一辆德军救护车穿越浓雾缓缓驶出佛依，停在H连战线对面的N30公路上。肯·约翰逊回忆说这辆车停在了2排对面。"一名德军有秩序地爬下车，手举在空中，我立刻警告他转过身去，拿着休战的白旗一直走上山坡！"这名司机不知所措，按照肯的命令，走到了太太路，医疗小队立马让他降服，控制住了那辆车。后来这辆救护车被很好地利用起来，作为人数不断增加的冻伤的伤员们的暂时庇护所。

几天后约翰逊正在H连杜蒙住宅的观察哨工作时成功诱捕了一只营养不良的公鸡。"我把这只鸡带回了山坡后面，让班里的同志吃一顿美美的鸡汤。我坐在我的钢盔上，正在清理这只鸡，突然一枚迫击炮弹就在我们附近爆炸了。还有一波落在了几码远的地方，伤到了两名坦克手，他们正和'谢尔曼'坦克一起停在路边。谢天谢地我没有直接坐在地上，因为一片弹片在我的钢盔上打出一个3英寸的洞！但是，另一片弹片刺穿了我的左踝关节，卡在了骨头里。"肯在撤离时，一等兵弗兰克·马利克接了一些雪，放在一个生锈了的旧桶里融化，然后把鸡和烂蔬菜放进去。汤就快煮沸时，又一波火力攻击猛烈砸来，威尔金森上尉抓住那个桶烧的滚烫的把手，端着它一路咒骂着跑回他的散兵坑去了。炮击过后，马利克又把汤重新放到火上加热。在肯离开前往巴斯托涅前，威尔金森上尉一路小跑过去祝他好运，并开玩笑说他会把这个菜送回家给他的妻子！

同一天，约翰逊受伤了（1月5日），501团拆弹排的13名战士都在巴斯托涅的神学院牺牲了。这些战士很有可能是在卸载一卡车的地雷和尸体时，车辆突然爆炸的。看起来应该是一枚火炮弹击中了这辆车，引起了连锁反应。我们找到的唯一能识别出来的是里昂·布朗中士的一只胳膊和脑袋。完全没有意识到这次事件的约翰逊经过了这个小镇，被救护车送到第40战地医院，之后又搭乘火车去往巴黎，在巴黎弹片被取出来了。"那几天，我住在一个全是截肢病人的病房里。夜晚异常的恐怖，总有人因为痛苦而哭泣。我从那儿被送到了英国，之后又乘'伊丽莎白皇后'号船回到了美国。我和另外的8个人待在船尾的散步甲板上，正对着酒吧，不过在整个高速航行期间这个酒吧都关着门。1945年的9月我退役了，之前我在加利福尼亚莫德斯托的哈蒙德总医院待了很久一阵子。"

I连在"东眼"边缘顽强抵抗了很久，哈雷·丁曼回忆："安德森队长在附近挖战壕，和我们一样物资匮乏。安德森和我一起齐心协力管理部队，包括日常的任务和每天的暗号。暗号是十分重要的，主要是为进出我们地盘的其他巡逻队考虑。"曼尼·巴里奥斯上士和一等兵比尔·区维斯都在观察哨进行日常的站岗，尽管他们在"眼"不同的地方工作。

区维斯在一排地盘工作，他这么回忆：

随着很多人都变得虚弱，我自己和一等兵吉姆·米德自愿一直留在那儿。在1月初，一等兵"达飞"唐·苏萨克受了重伤，我向上级请求支援几名替补兵——一等兵尤金·史密斯和一等兵弗洛伦斯·巴伦苏埃拉。尤金是一个很好的男孩，但是他脑袋里总会迟疑要不要扣下扳机。我们都叫他"维克"，因为他的脸轮廓分明，很像好莱坞演员维克多·迈彻。几天后，我听说维克错失机会，在犹豫不决时被击中了头部。12月，鲍勃·邱文受伤了，巴伦苏埃拉得到了他的老工作，作为一名二等侦查员，但是他一点儿都不感兴趣。

随后，巴伦苏埃拉被派到前线，作为一名机关枪手（因为大卫·狄龙在12月时负伤了）。他知道这两个任务都很危险，因此弗洛伦斯选择当排队的通信员。吉姆·米德最终接任了机枪手，和我一样毫发无伤地经历了战争，他的故事说起来比巴伦苏埃拉的丰富多了。

"地狱之夜"

扫荡法赞林
1945年1月9日

自从12月26日那天围攻被彻底击垮后，团队就一直在准备对敌军战线的一次全面进攻。在过去的一周里，巴顿将军的第3集团军一直在忙着拓宽主公路干线和清扫道路。在这次规模浩大的进攻中，第4装甲军遭受了超过2000人的伤亡，据报道，从纳沙托到巴斯托涅的道路上铺满了0.50英寸口径的弹壳，有的地方据说有3英尺多厚。到了1月5日，第506伞兵团开始加强巡逻和小规模作战，立志要重新夺回围绕着巴斯托涅的山坡和树林。在接下来的几天里，为了跟上游击战术，辛克上校数次转移他的战地指挥所。最开始辛克去了桑尼·方丹农场（502团3营的总指挥所也在那里），之后转移到了赫尔穆勒，最后搬到香槟林的帕奇上校的战地指挥所。

在1月9日凌晨05:00，3营在得到501团3营的救援之后从主防线往西南方向穿越过香槟林，到达桑尼·方丹附近的集合地。此时，居伊·杰克逊（H连3排）正在佛依杜蒙家的前方观模哨站岗。"由于某些原因，我从没接到离开岗位的消息。那天下午晚些时候，一辆敌军坦克在北边朝着我的位置开火。当炮火变得越来越接近，我决定放弃这地方，回到主防线，当我到达时却惊恐地发现整个部队都已经撤离了。我完全不知道应该怎么办，我沿着主路向南朝着巴斯托涅走去。"几个小时之前，2营在谢里特遣队的坦克陪伴下向北进军。他们的任务是扫荡并占领法赞树林和沃镇西南方的那块地，为即将来临的诺维尔之战做准备。法赞的东北边境已经是第506团主防线的一部分。这片林子之前是506团1营的领地，但是那天下午较早的时候他们就被撤退了，被安排到了2营后方作机动。

在桑尼·方丹，吉姆·布朗下士（I连2排）到3排探望了哈罗德·斯特德曼，他回忆：

他在我身边坐下，打开了一袋糖果，开始说话。吉姆对即将来临

的战斗有一种不好的预感，他觉得他挺不过去了。我告诉他不要瞎想，把注意力都放在工作上。在深刻的自我反省了几分钟后，他握了握我的手，回到他自己的战线去了。即将离开时，吉姆对我说"再见"，并且强调很感激我的友谊，当事情变得很艰难时总照顾他。"不要担心，"我安慰他，"一切都会好的——我就在这里；现在赶紧离开这里。"和我们队里的大多数人一样，我们都知道彼此的一切事情——缺陷和可能的弱点，甚至家里人，不过大多数我们甚至从未见过面。

一回到西主防线，E连和501团F连都开始准备攻击和重新夺下勒科涅，12:30，他们已经到达道夫施密特庄园的战线，在1月初这里一直被德军占据。在这次袭击中，第501伞兵团的司令员朱利安·伊维尔上校在穿越香槟林西面的开阔地时严重负伤。

一场大约8英尺厚的新鲜的雪降落在了冰冻的大地上，1月9日11:10，3营出动前往法赞。506团2营在10分钟前已经跨越了第一阶段线，在半小时内越过了一个德军前方观察哨，抓捕了少数的敌军。在这次1.5英里的行军中，3营本来是全面并行进军的，左侧面迂回作为一次小规模的目标攻击，吉姆·莫顿上尉回忆："在掉头向东北后，我们前往诺维尔，506团2营在我们右侧，502团应该在我们左侧。当部队开始进入法赞林后，总部连队遭到了密集准确的迫击炮攻击。"

开始的炮击杀死了一等兵雷·伦德奎斯特（机关枪排），严重伤到了肯·彼尔德少尉（营S2区），他的胳膊被弹片打中。此时，连队的邮递员大兵"瑞典"理查德·斯特克豪斯临时被调到机关枪排，目睹了伦德奎斯特的死后极度伤心。医生德怀尔抱起斯特克豪斯（他只有2英尺5英寸高），穿过迫击炮火把他送到了最近的救助站。"瑞典"被吓成这样是有充分的理由的——伦德奎斯特是他的大表哥，他们关系十分亲密。

在这次炮攻中，莫顿被炸飞了两次，他的通信员一等兵小查尔斯·柯帕拉膝盖严重受伤。"这个可怜的家伙非常痛苦，躺在一个非常暴露的位置，"莫顿回忆。"一拿回他的头盔，我立刻把柯帕拉（他个子不高但很结实）背到一个附近的阴沟里，这是我能找到的最近的可以保护他的地方了。"一条排水沟从一片开阔地流经这里流向林子，然后穿过一条木头铺的铁轨下的水泥管，最后变宽，流到一个地势更低的盆地。"我们走向那个壕沟时，另一枚炮弹在树上爆炸了，把我们冲击到地上。虽然这次爆炸炸飞了我的头盔和太阳镜，我没有注意到我挖战壕的工具也被炸飞了。就在这短短一会儿工夫，连队又多了六七位伤员，因此我们没办法脱身。就在我们撤离时，我看到一个破碎的火箭炮，地面上全是血。"

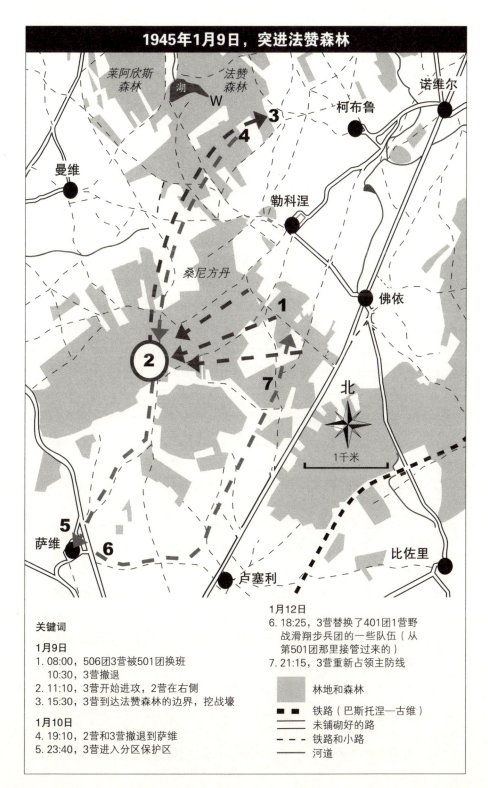

1945年1月9日，突进法赞森林

关键词

1月9日
1. 08:00，506团3营被501团换班
   10:30，3营撤退
2. 11:10，3营开始进攻，2营在右侧
3. 15:30，3营到达法赞森林的边界，挖战壕

1月10日
4. 19:10，2营和3营撤退到萨维
5. 23:40，3营进入分区保护区

1月12日
6. 18:25，3营替换了401团1营野
   战滑翔步兵团的一些队伍（从
   第501团那里接管过来的）
7. 21:15，3营重新占领主防线

⬛ 林地和森林
▬▬ 铁路（巴斯托涅—古维）
══ 未铺砌好的路
- - - 铁路和小路
── 河道

117

之前，莫顿正在帮帕克拉时，鲍勃·韦伯正在他的战壕一端努力修着无线电设备，4个部队在用的SCR310设备都停止工作了。一名士兵哭喊着他的母亲，韦伯和勒罗伊·维氏疯狂地试图重建通信系统。附近，一名年轻的替补兵正拿着一个火箭炮，被直接击中，炸成了碎片。这时，鲍勃的神经系统紧张过度，进入了一种神经源性休克。大家一度都以为鲍勃失去了意识，但是维克和埃德·苏克罗斯基中士设法使他平静下来，他又能重新工作并继续前进。

德军在沿着部队行进方向大多数的主干道上都设置了陷阱。亚历克斯·安德罗斯中尉回忆："一路上我们不断停下来小心地跨过绊网。气温降得很低，那一天是我记忆里最冷的一天。"506团3营朝着最终目标（诺维尔西边，柯布鲁的一个十字路口）越来越近，他们经过了几个开阔地，医生约翰尼·吉布森回忆："我随从工作的那个队伍在林子边的一条小路上停下，让一辆吉普车先过。这辆车在积雪中开得很慢，它的左前轮压倒了一个地雷，引擎和仪表盘的一些部件击中了司机的胸部。我距离他40英尺，于是跑过去帮忙。过了一会儿，这位名叫赫伯特·A.德威格的司机死了，但是幸运的是他的乘客、我治疗过受惊过度的人，都安然逃脱了。"

H连绕过铺木铁轨，穿过了树林前往柯布鲁，一路上在盟军炮火支援下带着几名伤员。法赞边界有一个起伏不平的长坡，一直连到德军占领的沃镇（在左侧）和柯布鲁（在右侧）。在高地上两个村庄那边的远处是最终的奖励——诺维尔。即使在今天，那片森林边缘的密林还是有一种黑暗、邪恶的气氛，有一两个原始的散兵坑从1月9日保存至今。森林边缘这压抑的气氛让人十分警惕，而且奇怪的是让人不舒服。

在离开法赞的相对"安全区"之后不久，亚历克斯·安德罗斯接到撤退的命令：

> 正当我们要转身离开时，三四枚炮弹飞来，大家都被震到地上。一等兵安东尼·步森就躺在我边上，我挣扎着站起来，"加油，托尼，我们走！"我喊着，但是他一动不动。我们把步森翻过来，发现了一个小洞，一块弹片飞进了他的太阳穴，当场杀死了他。这条路冰冻得十分厉害，坦克（陪同我们）的履带无法抓住地面，不断地打滑，失控地侧滑。我们都不知道我们应该做什么，甚至觉得我们的行动完全没有策略。我猜他们是在试图调整我们的装甲，但那时一片混乱，几乎什么都是徒劳的。

约翰尼·吉布森还落在大部队后面，他回忆：

> 前面有更多的炮轰，穿越一片开阔地时我遇到一名坐在雪地里的士

兵，他膝盖以下的腿不见了……他的脚和一部分腿还在他的靴子里，躺在不到20英尺远的地上。尽管这名伤员脸色惨白，痛苦地承受着创伤性休克，他仍然用双手支撑起自己剩余的腿。我拿出一个大压缩绷带和磺胺类粉末（磺胺），弯下身去包扎他支离破碎的腿，但是他拒绝治疗。相反地，他要了一支烟，于是我从他的口袋里摸出一支，点燃，放在他的唇间。他再一次地拒绝了治疗，请求我是否能帮他把断腿拾回来。那一刻一名巡逻兵经过，我发现了几个医生，于是把这个人交给他们，继续去追赶部队。

我走开后，又折返回去，发现那个伤员正和医护人员发生肢体冲突，医护人员拼命想治疗他的伤口。越往森林中走，炮轰看起来越来越猛烈，炮弹开始夺走我们的人，一个接一个。

吉布森循着几十双脚印穿过树林，遇到I连的两名战士，他们脸朝下埋在雪里，我停下来检查，他们俩都死了。

天就快黑时，约翰与大部队会合了，查理·蔡司上校告诉他要挖战壕。挖战壕前，吉布森先去找了安德森上尉，告诉他两个伤员的事。让吉布森大吃一惊的是，"安迪"突然涌出眼泪。尽管那两名士兵是替补，上尉似乎被他们的倒下击垮了，眼看着他珍爱的连队就要全军覆没了。不久之后，安德森被调职回营里，代替布莱尼·波西担任参谋长。

更早的时候，大概13:00，营队攻击并歼灭了4个德军观察哨，带回一大批战俘。"我们在前进时，我突然注意到一个伤得很重的德国士兵躺在地上向我挥手，"吉姆·梅尔许斯下士回忆（机关枪排）。"我永远忘不了这个男孩，他还那么年轻，有着鲜红色的头发。这个小伙子向我们祈求帮助，但是就在我们准备把他抬到救助站时，我的科长奥古斯特·撒帕里托中士经过，命令我们继续前进。"两个小时之后，由于无法和502团取得联系，吉姆·莫顿和韦斯特上士到森林西边界去侦察，发现部队的左侧完全暴露了（那时502团其实在更西边，攻打阿卡因树林里的敌军据点）。

帕奇上校在法赞东北边境叫停了行进，命令部队开始挖战壕。博比·隆美尔下士被分配带领几支机关枪小队继续前进，到俯瞰着柯布鲁的那片林木线边缘建立一个重火力点。"和弗雷德·斯尼斯巴下士一起穿越浓密的林地时，"隆美尔回忆，"我撞到了我的同伴哈罗德·斯特德曼，我自从在加利福尼亚莫德斯托上中学起就认识他了。哈罗德站在雪地里，肩上扛了一支60毫米迫击炮管，穿着一件巨大的德军厚外套，都拖到了地上。我是说，他看起来很滑稽，我忍不住大笑。"哈罗德不能理解为什么隆美尔觉得如此好笑："在美国时，鲍勃就住在离我家一个拐角的地方，他真是一个超级好的家伙，从来不要求别人做他自己不会做的事情。"

鲍勃仍大笑着，告诉哈罗德他以后再来看他，挥挥手，朝着林地边界回去了，机关枪手们都在那儿严阵以待，组成了一条防御线。"我们在挖战壕时，一辆'谢尔曼'坦克出现在我们身后，我们知道这会引起别人注意，"鲍勃回忆。"可预见的炮火终于来了，炮弹在树林间爆炸，炸起的雪覆盖了我们。挖洞爬出来之后，又一次爆炸的弹片飞旋着经过，几乎擦着我的膝盖。在下一次的炮火中我就没有那么走运了，一棵树在我们头顶6英尺的地方爆炸，一大块弹片穿过我的靴罩和靴子，深深刺入我左脚的足弓。那种疼痛太折磨人了，感觉好像我被棒球棒猛打了似的。"

一片1英尺的炽热的金属击碎了隆美尔大脚趾的骨头，卡在他脚的底部。"大家逐渐都被击中，叫喊着寻求医疗护理，"隆美尔回忆。难以置信地，之前被捕的德军战俘们以为自己要得到食物了，都拿着吃饭的罐头围坐着。一些德军战俘打听自己是否会被送到纽约。一个伞兵开玩笑地说好莱坞更合适，让人吃惊的是很多战俘似乎都不知道那是哪儿。突然又一阵炮火击中了树冠，吓得战俘们四处逃窜。"我只能爬行，弗雷迪·斯尼斯巴虽然是个小不点儿，但是他挣扎着支撑起我，"隆美尔继续。"弗雷迪叫了几个德国人来帮忙搀扶我到救助站，然后我被抬到了吉普车上，送往巴斯托涅。"

大约在鲍勃·隆美尔被人抬到撤离点后10分钟，两辆敌军坦克冲进来，驶到哈罗德·斯特德曼面前：

> 在一次次爆炸间，我们听到德军有说有笑，好像被麻醉或者吃了某种药物似的。沃马科就快不行了，他问我，我们到底应该做些什么？我们唯一能做的就是远离坦克。我们在林子里奔跑，然后就被炸飞了，我最后记得事情是我在下落或者是被炸飞到了一个弹坑里。当我在几个小时后重新有意识时，我掉了7颗牙，肩膀里有一大块弹片。多亏了我穿着的德军厚外套才没有被冻死。天逐渐变亮了，我试图寻找回到战线的路，突然被一个哨兵扑倒，他以为我是德国人，要割断我的喉。不久后我找到了医护人员，他们立即把我送到最近的医院。

之前，巴内·赖安和老医生哈罗德·哈克拉福特中士刚从散兵坑拖回来一名受伤的战士，就听到敌军坦克接近的声音。赖安回忆："我屏息咒骂着，查看周围发现一辆德军装甲车正在朝着几乎正对着我们喉咙上方的雪地开火。就在我们刚把那个伤员拖走时，装甲车就转向了我们刚刚离开的地方！"

　　虽然还在休整中，1营还是一直紧跟在506团3营后面。鲍勃·哈维科少校回忆："到目前为止1营的前进一直都比较顺利，我们已经收留了前线送回来的50名战俘。之后我们就遭到了我经历过的最惨烈的炮轰。我没有听到第一声炮弹——那更像一阵压力波——但是我感觉有什么东西猛击了我的胃，紧接着我身体一侧就感觉到了尖锐的被撕扯的疼痛。慢慢地转到右边，我跪倒在地，脸朝着雪地，爬了几步到一棵小树边。我靠着树桩休息时，树枝上的雪都砸到了我的脸上。"

　　参谋长克努特·劳德斯坦也同时受伤了，朝着他的上司喊，看他是否还活着。"我试着回答劳德斯坦，但是喘不上气，这时我才意识到我伤的有多严重，"哈维科继续说。"我记得我的通信员跑过来说，'不要动，长官，我已经派人去找医生了。'然后他撕开我的衣服，我看到我胸部中间血肉模糊，我突然感到一阵愤怒、沮丧，也许有一点儿后悔。"哈维科少校迅速地为他的女儿博比祈祷，从他被派出国之后的每天晚上他都会这么做。"之后我麻木地躺在雪地里，虚弱地咒骂着该死的疼痛，无助地等待着我的命运。一位药剂师赶到，给我注射了一剂吗啡，紧跟着一位医生包扎了我的伤口。吗啡开始奏效，我被抬到担架上，送上了撤离的吉普车上。"

　　沿着铺木铁路穿越树林到救助站的这一段旅程真是极度痛苦的经历，因为那些重达30吨的"谢尔曼"坦克在地上碾压出了深深的车辙。炮弹仍在四处爆炸。一枚迫击炮弹落在离吉普车很近的地方，鲍勃本能地用双手捂住了自己的脸。在卢瑟里主路旁边的前线团急救站里，医生"滑头鬼"费勒简单地检查了哈维科的伤口。"费勒医生在我的伤口上撒了一些磺胺粉，递给我一些药片，说，'撤离时用的。'"鲍勃到达巴斯托涅时，团卫生干事路易斯·肯特少校和天主教牧师约翰·马罗尼接见了他，他们鼓励他去享用圣餐。鲍勃·哈维科撤离后不久，查尔斯·谢特少校被临时从506团2营调遣去接管1营。

　　回到法赞，3营正沿着树林边界建立他们的散兵坑，吉姆·莫顿决定带着巴劳和韦斯特一起去检查一下附近的迫击炮排阵地。他们离开前，莫顿先确认步枪连之间的每一个缺口都被机关枪覆盖："确保战线安全后，我们回到了我们的连指挥部，就在部队战地指挥所的旁边。"那会儿天快黑了，除了莫顿、巴劳和韦斯特，几乎每一个人都在挖战壕。乔·道蒂上尉就在附近，他和弗兰克·罗中尉共用一个地方。"我记得我羡慕地看着道蒂的散兵坑，"莫顿回忆，"那真是个豪华的工程，用松树枝围着，上面有巨大的原木遮盖着作为头顶的保护措施。乔在那个位置可以轻而易举地抵挡住一个德军营队！"大概在接下来的18小时里的激烈作战中，G连有一名战士阵亡——一等兵加兰·克莱因，14名伤员，包括军士奥斯卡·萨克斯维克和克莱尔·马塞斯。

之后莫顿去找他的铁锹，却只找到一顶扯坏的降落伞，他告诉韦斯特现在他们必须轮流干活。"为了节约时间，我们决定挖一条足够大的战壕，能够容纳下我们3个人，"莫顿回忆。"大约17:00，我让巴劳放下铁锹，去给皮特·马登和迫击炮排之间的部队主防线铺上一层遮盖物。弗雷德刚走几分钟，敌军坦克就到了，开始轰炸我们的阵地。"

炮弹的尖锐的坠落声划开浓密的林冠，把树木和挡在路上的一切东西都连根拔起。弹片在树枝间跳跃，飞向各个地方，战士们都蜷缩着，试着挖向更深的冻土。在两次炮轰之间，能听到哀伤的呼唤医疗人员的声音，随着在逐渐降临的黑暗中被俯视的那种恐惧感占据了主导，大家也变得更加哀怨了。在炮火的光亮和火花中，年长的军官们就连战士的踪影都很难掌握，更不用说知道敌军是否在前进、撤退还是坚守阵地了。

巴劳拼命地赶路让自己回到总连队的战地指挥所，他遇到一等兵雷·卡兰德拉抱着雪，发了疯似的用挖战壕的工具刺着坚硬的地。随着炮火越发密集，弗雷德扑倒了卡兰德拉于旁边的地上，冒险一试。

在战地指挥所，第一轮炮击击中了韦斯特和莫顿以及三四个其他人。"我们在爆炸的冲击下暂时失明了，我的嘴唇部分被炸掉了，"莫顿回忆。"吉布森跑过来帮我时我还处于头脑眩晕中。这是很需要勇气去做的事，他知道这其中的风险，尤其是在离开了散兵坑的庇护。"一大块金属碎片刺入莫顿的左腿，在膝盖上划开一道6英尺深的伤口和一个逗点形状的出口伤。另一片小一些的碎片停在了他大腿的动脉边上。"几分钟之后，约翰在帮他包止血带时，又一枚炮弹爆炸了，再一次击中了我，严重伤到了吉布森，也许是他的第一时间急救措施保住了我的性命，如果没人照顾的话，我毫无疑问会流血致死。"

"在听到呼叫医护人员的声音后，"吉布森回忆，"我又艰难地回到混战中，发现莫顿脸朝下躺在散兵坑里。我跨坐在他身上，把他的衣服割开以便看到他的伤口。我正在实施医疗救助时，更多的炮弹在我们周围爆炸——我选择无视它们。有一发炮弹就在几码之外爆炸，炸死了我的朋友和同伴医疗人员罗伯特·埃文斯下士（他被分配到I连）。又一枚炮弹在头顶正上方爆炸，一片炽热的弹片刺穿了我的背。"

吉布森倒下时，一片锋利的铁片穿透了他的右肺和隔膜。每次一呼气，吉布森现在还能听到氧气泡从胸腔跑出来，感觉到一股热血沿着脊柱流下去。莫顿继续："其中一片击中了吉布森的碎片在穿过他的身体后卡在了我的大腿里，在我的大腿上撕开一个茶杯口大小的洞。吉布森的重量快把我压得站不起来，另一名医护人员一等兵安迪·索斯纳克拉着他同事的另一边，一直支撑着我。"

在安顿好莫顿后，索斯纳克把所有精力都放在吉布森身上，他在吉布森背上缠了一大块外科胶带来使伤口愈合。在被撤离前，莫顿确保弗雷德·巴劳收到了他个人的羊皮背心和首次发行的M1汤普森冲锋枪，包括50发的弹匣，喃喃自语地说他可能再也不需要他们了。莫顿和吉普森都被放到担架上，由吉普车载着被撤离到卢瑟里去了，一起的还有其他几个人：丹佛·阿尔布雷克特少尉（I连2排）、博比·隆美尔、比尔·潘兴上士（火箭炮排）和莱纳德·施密特下士（S2区），他们也在这一次炮轰中严重受伤。

"我们到前线救助站时，那儿也处在迫击炮火中，"莫顿回忆。"费勒医生正好提及他在黑暗中没法找到吗啡放在哪里，因此我们告诉他不需要疼痛缓解了，只要把该死的弹片取出来。"莫顿、吉布森和隆美尔去的下一站是团救助站，位于巴斯托涅，路易斯·肯特（团外科医生）、约翰·马罗尼神父和1营的医护人员欧文·米勒负责伤员的验伤分类。

肯特少校告诉莫顿他的左脚膝盖几乎断裂了，可能需要切除。那一刻吉姆想根本不管用什么办法，能活着就很开心了。第二天（1月10日）早上，巴内·赖安来看望莫顿，告诉他刚过去的24小时是他的军队生涯以来最糟糕的，团队已经有126名伤员。在这次谈话中，赖安提到他自己在营救助站处理了15名伤势严重的士兵，包括查理·谢特，他的脚受伤了。谢特离开战场后不久，通告贴出说团队的克拉伦斯·海斯特少校将接管506团1营。这一天可以说是1营历史性的一天，在过去的8个小时里换了3位指挥官。

那一整夜，迫击炮、大炮和坦克炮弹一直在朝着树林扫射，使得医疗撤退几乎是不可能的。本·海纳记得他看到总连队的一等兵约瑟·苏亚雷斯在脱衣服卸装备，然后在雪地里打滚像个疯子一样胡言乱语。

02:30，一支敌军战斗巡逻队在两个排队的支援下对树林发动了袭击，然而并没有成功突破。不久326空降师的成员被带进林子，砍伐了大量的原木，这些原木本来都是用来给军队遮蔽散兵坑的，这肯定能增加我们存活的概率。

在1月9日那天，由于异常的冷空气导致气温直接下降到了零下17摄氏度，对于506伞兵团来说，这是在战争期间经历的最冷的夜晚。异常的严寒刺激着战士们脸上的肌肤，这是从未经历过的。当鲍勃·韦伯在第二天早上睁开眼睛时，他吃惊地发现他的嘴巴和低矮的战壕墙壁之间已经结了横向的冰锥。韦伯在简单的"融化"之后感觉好多了，前一天早上——不像经验丰富的作战医护人员"笨蛋"汤姆·克列尔，他在那天晚上就决定自己承担不了如此重任，"辞职了，"他清楚地知道自己会被控告为逃兵，或者更糟糕的懦夫。

第二天早上，赖安的救助站看起来就像地狱的场景一般。几具尸体堆在门口，伤员们一路爬过来的血迹染红了雪地，他们垂死寻求医疗救助。尽管前一天晚上十分混乱，敌军还是成功地被击退到柯布鲁之外的北边——至少还是有些好消息的。

在法赞的战线度过一天后，3营剩余的人被506团1营取代，18:30，部队进军到萨维作为分区预备队。在营队撤退前，盖伊·杰克逊，之前被留在佛依，在卢瑟里沿着N30公路的一个谷仓躲避一整晚后来报到了："当我到达时地面坚硬地冰冻着，几乎不可能凿开。那天晚上，在我们去萨维之前，我们的装备就遭到了敌军火炮和迫击炮的持续攻击。这次炮轰持续了大约30分钟，就在这段时间内我最好的朋友一等兵查尔斯·基弗牺牲了。"在营队取道回保护区的途中，吉姆·梅尔许斯经过了前一天下午他想要帮助的那个德国少年。"那个红发少年的身体冻得硬邦邦的，他的左臂可怜地举在空中。那真是我感觉最糟糕的时刻，即使在刚刚经历过了那么多，我真的开始质疑这一切都是为了什么。"

10日早上，2营（刚刚撤退）正在向南前进，埃德·西姆斯决定把排队停下几分钟重新编组。巴克·泰勒觉得他应该利用这个机会和1营取得联系，1营当时正在3排左侧的某个地方的团保护区里（等待506团2营替换）。正在巴克快离开1营区域时，他的膝盖上方就中弹了，必须用担架撤离。"我一直都推荐保罗·罗杰斯为这种情况做准备，因此这次重新编组没有缺人的情况，"西姆斯回忆。"即使在保罗还没成为排长之前，我就给他比其他班更多的任务，因为我知道他是适合这个职位的正确人选。"在巴克·泰勒受伤后，3排和2营会合了，当时2营正在靠近萨维的香槟林的南边。那天深夜，敌军用火炮扫荡了这片区域，杀死了"斯基普"沃伦·穆克上士和一等兵亚历克斯·潘克拉。天黑后，埃德·西姆斯派朱尼尔·舒尔斯和其他几个人回到卢瑟里去拿一些担架。在路上，这几个人停下来和一辆坦克里的人说话，这辆坦克的部队停在林子里。在这简短的谈话间，其中一名坦克手愚蠢地点燃了一支香烟。无独有偶，过了一会儿，大量德军的炮弹就在坦克四周爆炸了。这次攻击中，4个人牺牲了，舒尔斯伤得很严重，他的双腿都被弹片弄伤了。

鲍勃·韦伯下士在1月10日这一天忙着调试无线电设备。每一根天线都在穿越法赞的行军中被炸掉了。营队终于退出来时，韦伯决定走到巴斯托涅找一些可替换的天线："我来到一个十字路口，这里被车辆堵住了，然后我记得的最后一件事就是我跑向一个壕沟，一枚炮弹在我前面20或者30英尺远的地方爆炸，在一度失去意识后，我醒来发现我失明了，我感觉到血从我的耳朵、鼻子和嘴巴里渗出来。营队从来没像现在这般极度需要无线电设备，讽刺的是我被确诊为严重脑震荡，被送去治疗了。"

遭受冻伤折磨的曼尼·巴里奥斯被送到了卢瑟里。"这里看起来没有可用的医生，因此我是由在一个大谷仓工作的医护人员检查的，"他回忆。"除了冻伤，我的右腿里还有弹片。这名救助人员把我两只脚都放在一个填满干草的麻布袋里，然后给我的伤口消毒。那天晚上，我待在温暖的谷仓里，睡了近两个星期来第一个好觉。刺骨的寒冷影响了我的膝盖——6个月前在诺曼底受伤的。气温变低时，就会疼得更加厉害，但是我一个字都不说，因为担心我会被撤离前线，让我的队伍倒下。"

当巴里奥斯上士在卢瑟里治疗时，营队正在冒着厚雪前往萨维，每一个士兵都跟着前面那个人的脚印。切斯特·奥斯本中尉和G连1排仍然在前线援助506团1营去夺下这片区域。在1月11日凌晨几个小时里，一支德军巡逻队经过了阵地，尤厄尔·马丁叙述："我们都在树林里某地挖战壕。我正和上尉约翰·卢斯修理一架机关枪，很巧，他也来自密西西比州。我们每两个小时换一次班，我正在睡觉时，约翰推了推我肩膀，指着正静悄悄从我们身后进入树林的一支穿着防雪服的敌军巡逻队。我们轻轻地拿起机关枪，移动到敌军巡逻队身后，但是才前进了一小段距离，一阵枪声就响起，德军消失在了夜色里。"

那枪声来自大兵海恩斯·诺克斯，那些德军经过离他只有几英尺时，他正在睡袋里假寐。睡袋的拉链卡住了，困住了诺克斯，他一慌张就用他的手枪透过睡袋乱开了几枪！

"我们和敌军在树林里面对着交火之后不久，"尤厄尔·马丁继续，"诺克斯和死神擦身而过后没过多久，我们就遭到了密集的火炮攻击，严重伤到了加布里埃尔·苏诺克下士和梅伟尔·格兰姆斯上士，他们在自己的散兵坑里躲避时都被击中（一等兵哈罗德·马丁和一等兵约翰·克鲁帕都在这次炮轰中严重受伤）。在这次攻击中我们损失了几支M1步枪，它们刚好在地面上，以及我们储存在一个大隔热容器里的新鲜水，这对我们的斗志是一次巨大的打击。"尽管大雪铺天盖地，但新鲜的水仍然是必需的。命令的战术条件是不许明火。吃雪不是有效的办法，它只会降低内脏的温度，迫使人体燃烧更多能量来保持温暖。

1月12日下午，1排撤退，前往萨维，到达时却得知营队刚刚离开前往佛依。尤厄尔·马丁回忆："我们就像疯子一样赶路，试图赶上大部队，在没有水的情况下走了24小时后我们严重脱水了。我的排长弗林特·布朗，背着一些很难赶上的人的4支步枪。不久之后，连弗林特也不行了，由于我是离他最近的，他把一支M1步枪递给我。"战士们在经过一条小溪上的桥时，大兵"杜安"梅利韦瑟冲出队列，舀了满满一水壶水，回到班里和大家分享这宝贵的液体。

骰子为谁滚动

哈维科、莫顿、韦斯特、吉布森和隆美尔，和很多伤员一起可能被送到了卢森堡附近的马苏尔的第429医疗收留连。博比·隆美尔的伤口不是一眼就能看出来的，因此肯特上校让他走到一辆在等待的救护车那儿去。"那种疼痛难以忍受，我快要晕过去，直到那时医护人员才扶着我回到车后座。"鲍勃到达马苏尔的校舍时，医生清除了他脚上的弹片，然后把他送到巴黎去进一步治疗。"在几次手术和皮肤移植后，我在不同的英国医院里一共住了119天……出院的时候我不得不把靴子切开，才能把脚放进去，随后医生又决定不送我回第506团。相反我被安排做'特殊服务'，被送到法国，我在那儿为劳军联合组织演出开卡车。另一名滑翔步兵驾驶一辆装着行头的二手车，我则负责运输钢琴和所有的舞台设备。这演出有7个很漂亮的女孩，很快我们就学会了不帮她们拿任何东西；否则这些小女孩会让我们工作得累死。"

将近60年后，鲍勃·隆美尔终于被授予紫心、优良准则勋章，总统部队奖和装维克多奖章，这些都装在一个普通纸质信封里。没有敬礼，没有握手，没有旗子在风中摆动。

约翰·吉布森到达第429医院时，他立刻被准备做手术，一根管子插进他的胸壁，把积在胸膜腔里的血、空气和液体都排出来。他回忆：

> 一两天后，另一名伤员劳埃德·莫利纳（他的腹部中枪）被带进来，安置在我的对面那张床上。劳埃德和我自从珍珠港起就互相认识，一起在北亚利桑那州的几个民间资源保护队营地工作过。劳埃德问我身体还好吗，我挖苦地回答说"强壮如牛"。出于某种原因这让我俩都滑稽大笑，尽管异常疼痛，我们还是忍不住大笑了10分钟。

> 几天后，我被救护车转移到巴黎。两位黑人司机十分绅士，他们看出我因嵌在肝脏里的弹片而痛苦不已。疼痛变得异常严重，他们被迫在一个军队医院停留两天，让医生稳定我的病情。当我到达巴黎时，外科医生清除了我肝脏和肺部里的弹片以及一些我肋骨的骨头碎片。我想留着一块锯齿状的我指甲盖大小的金属片作为纪念，但是一个法国本地人把它丢了。17天后，在和严重感染做斗争之后，我被转移到英格兰（陶顿），之后又被送回美国，最终在洛杉矶附近的凡奈伯明翰综合性医院里住下。

就是在这里我偶然看到了罗伯特·埃文斯在我笔记本里写的地址，于是我决定写信给他的遗孀，向她阐述她丈夫最后的时刻。两年前，我和鲍勃同住在麦考尔军营的一个房间里，成为十分亲密的好朋友。一天晚上，在费耶特维尔外出时，我在一个酒吧遇到鲍勃和他的妻子，她偷偷地给了我她的家庭住址，如果发生什么不好的事情请我写信给她。自从那晚之后，在我经历了这一切之后，恍如隔世。写那封信真是困难重重。

吉姆·莫顿和其他4个病人被抬上救护车。"我们离开巴斯托涅时，很多炮弹击中了道路和车门，弹片击中了除我之外的每一个人！我在巴黎附近的医院病床上，写信给鲍勃·辛克和查理·蔡司，推荐弗雷德·巴劳获得战场委任。我告诉辛克关于弗雷德的领导能力和责任感，并提到他凭借作战时的英勇两次被授予了银星奖章。然而，我当时太虚弱，无法推荐约翰尼·吉布森获得银星勋章——尽管我知道他配得上这荣誉——我对此十分后悔。"约翰·威廉中尉答应临时接任总连队的指挥官，直到莫顿找到一个可靠的接任者。一周之后，埃德·哈勒尔（被提升为上尉）接受了这一工作，在约翰·威尔森伯格死后从他之前担任临时参谋长的G连调遣过来。

像约翰·吉布森这样的很多人，从没被正式肯定过他们的勇气，因为长官们会推荐获得特定的勇气奖项的人要么牺牲要么严重负伤。在1月末，吉姆·莫顿抵达位于弗吉尼亚州斯汤顿的伍德罗·威尔逊总医院。"外科主治医生能把他的整只手穿过我腿上的伤口，说我的腿没有残废真是一个奇迹——尽管这还需要两年时间和很多手术来治疗。"

1月10日午夜刚过，鲍勃·哈威克抵达马舒尔，在那儿，他被输入两品脱的血浆，然后接受了紧急手术。两天后，鲍勃被转移到医院火车上送往巴黎。他回忆："途中天气是那么的冷，地板上都结冰了，霜结满了隔间里的整面墙。"到达时，海伦·布里格斯就上车寻找她的男朋友。这对情侣上一次见面是在12月份，鲍勃和海伦一起度过了幸福的两天，然后鲍勃就被调到巴斯托涅去了。"前一天我就得知鲍勃会在这辆火车上，"布里格斯回忆。"难怪他会那么冷——这可怜的家伙完全是赤裸的，除了一条腹带和医院的目标卡。"在简短却激动的团聚后，海伦吻了吻她的爱人，祝他好运，不知道何时何地她才能再次见到他。

8

"向崭新的黎明致敬"

在佛依和诺维尔最后的战斗
1945年1月13—17日

1月12日晚上，在救援了佛依山脊上的第401滑翔步兵团后（刚刚轮到他们接替第501团），帕奇上校简单说明了他的长官们留在香槟林后面树林里的营战地指挥所的东西。当时解救村庄的计划是不破坏N30公路（这样的话就不能使用火炮），让第11装甲师的"谢尔曼"装甲车和M18"地狱猫"顺利通过前往诺维尔。由于1月9日大量的伤亡，剩余的较年长的军官都在步兵连之间打乱了，最重要的是，人数下降到不足30人，除了G连大约还有50名士兵能够战斗。团队不知道的是他们的通信网络已经被破坏，敌军正在前方等待他们。

第一阶段，尽管2营还在主防线后的团保护区内，E连已经被附属到3营，将会加入I连进行第二天早晨即将进行的攻击。总连队的司令官基恩·布朗曾和劳埃德·帕奇一起紧密工作过，他被命令暂时接管I连，安迪·安德森又被分配做营队里的工作。I连分成两个综合小队，第一队由罗杰·廷斯利少尉（1排）领导，另一队（16名战士）由哈雷·丁曼上士领导，他的排长米罗·布什和唐·利普洛格尔最近都刚被撤离。

G连和H连的任务是坚守防线，同时和81毫米迫击炮排保证火力支持。亚历克斯·安德罗斯认为这个想法行不通，因为缺少足够的人力。他回忆说："除了我自己，吉姆·沃克上尉和威廉·米勒少尉就是H连仅剩的军官，I连的情况比我们还糟糕。整个营队的规模不超过一个稍大的排队，帕奇实在不知道他应该如何有效地部署我们，但是命令就是命令。"在简报中，皮特·马登中尉被告知他需要提供火力支援，压制村庄那边的高地上大量可疑的敌军机关枪据点。在13日凌晨的几个小时里，辛克上校把他的指挥所从赫姆洛勒搬到了3营战地指挥所，一起的还有来自团总部连的增援部队。

经过一夜轻微的敌军炮轰后，09:00美军的攻击计划实施了，马登回忆：

我们在等待团部的开始火力任务的信号。几分钟过去了，我们却没有接到应有的指令。这时，我看到一阵阵烟从德军的机关枪据点飘来，我们就知道他们正在和E连的队伍激烈交战中，他们是这次袭击的先锋部队。

突然无线电响起："等待——等待——出发。"我很熟悉帕奇上校的无线电操作员，但是我没有认出无线电那端的声音，因此我请求确认，但是没有得到回复，"这是蓝色绑架——不要发起火力攻击。""你想让我们先打击哪个目标？"我询问。"只要不开火就行——这次任务不再需要了。"我仍然看到烟从敌军机关枪那儿飘到林子上空的北边，却无法弄明白发生了什么。我又打回去却被告知，"不要开火——这是直接命令。"我们知道肯定有什么问题，因此我质问他的身份。长长的停顿后，我重复了我的问题但是对方没有回答。这就是我想知道的，我立即命令所有4个连队朝着预定的目标开火。

马登跑回营战地指挥所去通知敌人窃取了我们的通信网络。辛克别无选择只能命令放弃所有的无线电，之后几天在作战中指挥和控制部队都十分困难。

马登一直纠结于火力控制的命令，E连的1排和2排已经越过了他们的排线（起始线），现在正在向佛依前进。早前，埃德·西姆斯和3排被派到N30公路另一边的雅克林的最西边境（之后由第501团值守），在一次牵制行动中他们本应该是先锋队伍。西姆斯的任务是攻打到路口，把敌军火力吸引开小镇中心。同时，在香槟林，1排和2排在汤姆·皮科克中尉和杰克·福利少尉的带领下，从"东眼"的两边出现，开始进军，一路都在胡法利兹大道的右侧。一进入佛依，皮科克和福利就被命令和西姆斯联结，形成一条封锁火力线，大约300码长，在通往科勒涅那条大路的南边。

埃德·西姆斯和3排准备采取夺取坚守通往比佐里的大路另一边的那种策略。第506团不知道的是，德军雷区已经覆盖了村庄南边的N30公路。敌军火力已经在科恩家建立了一个防御火力基地。位于战略据点的是一名迫击炮操作员，他掌控了所有进入村庄的道路。几名机关枪手则位于较高的位置，视野能直接通到"眼"。另一组枪支队位于附近的科多尼安农场，他们在沿着通往科勒涅的道路上占据了极好的火力阵地。

机关枪组同时还要保护停在正对科恩家房子外面的低地里的MK IV装甲车。这里的路段下降得很陡，使得炮塔从N30公路几乎看不到地面。坦克形成了有力的屏障，基本上阻止了西姆斯和皮科克、福利联结。"到达村庄的东南边后，"埃德回忆，"我们在一棵大树下的阴影里埋伏。这时我们开始遭到准确的小型火力攻

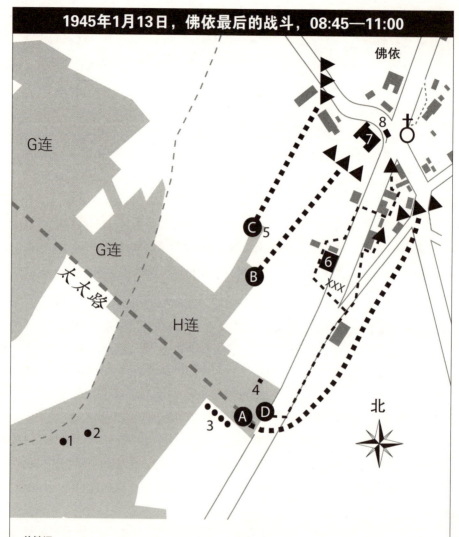

1945年1月13日，佛依最后的战斗，08:45—11:00

关键词：

A. 08:30：埃德·西姆斯少尉和E连3排开始牵制行动

B. 09:00：汤姆·皮科克中尉和E连1排

C. 杰克·福利少尉和E连2排前进形成封锁火力（需要注意的是：设想的是B和C的攻击线）

D. 10:15：基恩·布朗上尉和I连

1. 第506团3营救助站
2. 第506团3营地和506团团部战地指挥所
3. 81毫米迫击炮战线

4. 机关枪碉堡（H连战地指挥所）
5. 81毫米迫击炮前方观察哨（皮特·马登中尉）
6. 前线救助站，由巴内·赖安医生建立的，位于艾伯特·科恩家（乔·马多纳在那里牺牲）
7. 朱尔斯·科恩的家被德军当作一个战略要点和战地指挥所
8. MK IV装甲车（利用道路的低地作为掩护）

XXX德军布雷区

250米

击，厄尔·麦克朗发现一个农场里高处的窗口有枪口闪光（属于约瑟夫·加斯帕尔德），农场在沿着这条路远处的一个教堂正对面。"

麦克朗冲到一个大畜棚作为掩护，然后沿着加斯帕尔德农场跑过去，他听到德军的声音从里面一个小棚里传出来。厄尔透过一扇小窗用步枪开了火，击毙了那几名敌军，然后继续跑到他的目标点。厄尔停在离狙击手窗户不远的地方，麦克朗用空弹药重新装载了他的步枪，然后等待着。过了一会儿，一个枪口出现了，厄尔朝空地投了两枚仔细瞄准了的枪榴弹。有可能这两枚榴弹并没有杀死那个狙击手，他最有可能是被"滑头鬼"帕尔斯上尉之后的一枪击毙的。

3排在佛依东南部小规模战斗时遭受的唯一严重的伤员是弗兰克·梅利特下士。24岁的梅利特在进入一个他认为已经被清理干净的房屋后被一名德军击毙。"弗兰克不必要的牺牲让我发誓一定要尽我最大努力让我排里的每一名战士都回家，"西姆斯反思。在装甲车那边，街道的另一边，2排的一等兵卡尔·萨沃思科头部严重受伤后牺牲了。

基恩·布朗被辛克上校派去带领I连进行攻击的第二阶段。他由廷斯利和丁曼辅助——计划是先俯冲到N30公路的东边（右侧），在十字路口和西姆斯的排队会合。巴内·赖安作为唯一可用的医疗干事，他被分配给了布朗，一起的还有医护人员沃尔特·佩奇和尤金·伍德赛德下士。10:15之后不久，布朗的小分队就快到达十字路口时，车子突然停下来。

德军在N30公路上布置了几十个诱雷。过了一会儿，布朗纵队的领头人员遭到了密集的机关枪火力攻击，迫使大家到路左侧的路堤处掩护。赖安医生跟在后面，收到口信说大量伤员正在前方一个三层楼里聚集（艾伯特·科恩家）。"我觉得那幢楼可以当作我们的救助站，但不幸的是我刚到达就发现了遗弃的德军装备，包括手榴弹和铁拳（反坦克手榴弹）藏在厨房里。这儿四处放着很多床垫，可以给伤员使用。"

死亡地

绕过雷区，一等兵艾尔·卡佩利（I连2排）是队列中的第6个前进到达路边的，这时第一位侦查员被MK IV装甲车的机关枪击毙。从这儿开始，越过老铁匠铺的马路下坡一直延伸到佛依的十字路口，坦克在那里的科恩家外的低谷等候。卡佩利被叫上前去，向前扑倒在陡峭的白雪覆盖的河岸上，这儿正对着克拉德家族的一幢大房子。"突然我感到左膝一阵灼烧感，向下看了看，我的裤子上有两个浸血的洞。"在被指挥迂回包抄装甲车后，卡佩利一瘸一拐地跨过马路回来了，抓着他的火箭炮，走向埃夫拉尔家。艾尔在房子后面的一条过道走着，发现自己正在那低地对面，而且距离足够近，可以清楚地击中那辆坦克。第一个火箭炮击中目标（目标立刻失去了威力），但卡佩利还没来得及装好另一发火箭炮，他就再次中弹了。几码之外，在埃夫拉尔家，一名德军拿着9毫米沃尔特手枪，在一扇底层的窗户后面观察。"我简直无法相信一枚P38子弹正好击中了我刚刚受伤的位置上面6英尺的部位！"

廷斯利中尉救了卡佩利的命，他冲到窗户那杀死了那名德国士兵。这辆坦克由于用尽弹药已经无计可施。留下75毫米的炮管对着巴斯托涅，坦克手都从后逃生舱口撤退了。后来炮塔被美军坦克摧毁车炸毁了，确保它再也不能使用。

一名同伴帮忙把卡佩利背回来，穿过马路送到救助站，在佩奇和伍德赛德的帮助下，更多的伤员被一起带回去。然而，伤员们不能用车辆撤离，因为地雷封锁了救助站对面的道路。"肖迪"乔·马多纳中士赶到，他是现在I连2排的班长，他和赖安医生一起到后方，希望能得到布朗上尉的情况报告。

基恩解除了无线电压制，住在附近一个石砌的谷仓后面。赖安和马多纳专心听着，布朗告诉帕奇上校I连已经攻击了一个"大黄蜂巢穴"，他需要立即撤退。马多纳和赖安走回门口时，他们被一阵突然的机关枪炮击中。"这种感觉好像我的胸口被斧头打中，"赖安回忆，"马多纳中士当场就牺牲了，倒向地面。爆炸在门周围的坚固的石头框架上反弹，击中我的胸口和乔的前额（他比我个子小很多）。"

"我感觉我自己出了一身冷汗，"赖安回忆，"尽管十分虚弱，我还是坚持走进房子，在其他人身边躺下。血开始沿着我的背往下流，伍德赛德割掉了我的英国坦克工装裤（查理·谢特在1月9日给我的），给我包扎了卡莱尔绷带。吃惊的是，并没有那么痛，因此我拒绝使用吗啡。"不一会儿，赖安给布朗上尉传话，他通知团里营队还需要一名医疗干事，路易斯·肯特就派到前线来控制局面。

赖安不知道就在他占领这房子时4名德军被困在了地下室。敌军战士不知道接下来应该做什么，只好保持沉默，躺在地板上的伤员的血开始透过裂缝往下渗。在黑暗中，一名年轻的德军掷弹兵突然十分恐慌，踢翻了一个架子。"一听到德军的声音，沃特·佩奇就派了一个人带着手枪下楼去地下室，30秒之后，这4名年轻的战士双手高举，投降着出现了，"赖安回忆。"我听到有人说，'枪毙了这些混蛋。''千万不要，'我大喊。'我们应该利用他们把伤员背回主防线'。（那时候我当时丝毫没有考虑到我自己的安全！）佩奇让这些战俘劳动，把伤势严重的伤员用担架抬出去，跨过公路边沟到一个匆忙组织的吉普车集合地。"

赖安被带回了巴斯托涅，之后被救护车撤离到纳沙托的第60战地医院。他到达时，巴内在深度休克中，正在进行手术。"第二天早上我醒来发现医疗学院的一名老同学拉里·基勒姆正在照顾我，他拿出一枚7.92毫米的子弹给我看，这是手术团队从我肺里取出来的。"

镇子里的最后一伙

主防线上，也是这一天大约11:00，就如同阿拉莫之战的场景一般，鲍勃·辛克和劳埃德·帕奇命令安迪·安德森和吉姆·沃克集合所有可用的人力，加入F连1排的战斗，解除吉姆·布朗的压力。敌军向树林开炮，复合队伍被安排在太太路的"眼"后面。密集的炮轰使得缓解任务拖延，并伤到好几个战士，包括2营总部连的"雷德"理查德·法尔维中士。在救援军离开树林前不久，迪克·温特斯上尉（刚刚从查理·谢特手中接任2营参谋长）命令"斯巴克"罗纳德·斯皮尔斯中尉带少数队伍前去亲自通知诺曼·迪克将要发生的一切。同时之前在D连的斯皮尔斯临时被解除任命。然而，现在需要的是坚强和刚毅，很明显"斯巴克"是适合这份任务的最佳人选。

被分配给3营后，506团F连接管了H连腾出的阵地，沃克命令亚历克斯·安德罗斯带领3排，越过N30公路沿着村庄的郊区执行侧翼行动（这是埃德·西姆斯和他的手下之前采取的路线）。之后沃克把1排平均部署在了主路的两侧，正要出动时，弗雷德·巴劳赶来援助。向前推进，战士们经过一个冻僵在雪地里的已经死亡的德军，看起来像是有点令人毛骨悚然的交通减速标志。在到达雷区边缘之前，沃克的队伍就遭到严重的火炮攻击，只好散开寻找掩护。

在佛依，情况一片混乱——布朗和廷斯利正在拼命试图协调I连，现在I连的人数已经少于20人，包括替补一等兵阿尔文·维斯特："我们的'部队'在紧挨着H连的右侧时，遭到了来自救助站附近的机关枪强硬的抵抗，那个位置现在已经被一个大红十字醒目地标志着。附近农场的建筑里还有另一架德军机关枪在开火。威尔伯·费歇尔下士使用我们的轻型机关枪，开始朝着敌军位置扫射直到他的机关枪由于装弹盘卡住而罢工。为了让费歇尔安全地解决机枪故障，弗洛伦斯·巴伦苏埃拉和我决定和他交换位置。我们开始前进时，一枚迫击炮弹就在我刚刚离开的那个位置爆炸了，杀死了巴伦苏埃拉（他就在我身后）并且严重伤到了费歇尔。"

哪里都不能安全躲避敌军机关枪，没有哈罗德·斯特德曼在附近观察身后情况，吉姆·布朗下士左眼中弹后牺牲了。哈利·沃森下士和大兵韦曼·沃马克（哈罗德的二号60毫米迫击炮员）严重负伤，基恩·克里斯蒂下士和一等兵哈罗德·克里夫被捕。

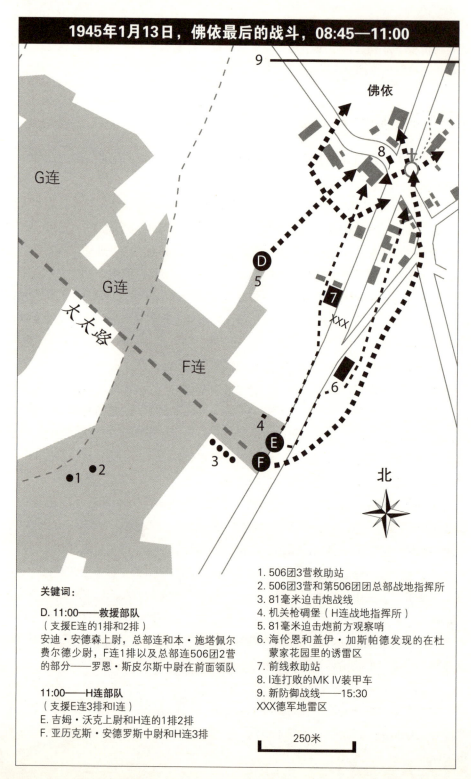

1945年1月13日，佛依最后的战斗，08:45—11:00

9

佛依

G连

G连

大大路

F连

D
5

7
xxx

4
3
E
F
6

北

关键词：

D. 11:00——救援部队
（支援E连的1排和2排）
安迪·安德森上尉，总部连和本·施塔佩尔
费尔德少尉，F连1排以及总部连506团2营
的部分——罗恩·斯皮尔斯中尉在前面领队

11:00——H连部队
（支援E连3排和I连）
E. 吉姆·沃克上尉和H连的1排2排
F. 亚历克斯·安德罗斯中尉和H连3排

1. 506团3营救助站
2. 506团3营和第506团团总部战地指挥所
3. 81毫米迫击炮战线
4. 机关枪碉堡（H连战地指挥所）
5. 81毫米迫击炮前方观察哨
6. 海伦恩和盖伊·加斯帕德发现的在杜
   蒙家花园里的诱雷区
7. 前线救助站
8. I连打败的MK IV装甲车
9. 新防御战线——15:30
XXX德军地雷区

250米

乔·马多纳被杀害后，阿尔文·维斯特和他的队伍占领了敌军机关枪队，他们试图投降，维斯特回忆："由于满腔愤怒，我们没有逮捕战俘而是用我们的双刃短刀把他们全杀了。之后我们开始向救助站前进，和H连的其他部队会合，当时他们正从东边而来，最重要的是，扫荡行动完成了。在扫荡其中一幢建筑时，我们看到一个德军直挺挺坐在一把椅子里，于是朝他连开了几枪，之后才注意到原来那个家伙已经死了。'小矮人'，我们连队的通信员，突然大笑，然而我们意识到这并不是一个让人恶心的玩笑……不用说其余人并不觉得好笑。"

I连还在尝试清理小镇南边的房屋时，亚历克斯·安德罗斯中尉和他的手下在佛依附近的途中。早前，主救援部队在安迪·安德森的率领下，包括H连的2排和F连1排，从香槟林向下进军进入村庄。受无线电系统封锁的干扰，安德森卷入了E连、I连和位于科恩、科多尼安农场的敌军机关枪的交火中。两个连队都遭到猛烈迫击炮攻击，挣扎着继续他们各自的使命。必须得做点什么，在有人误伤之前。深吸一口气，斯皮尔斯冲过空地，直接对罗杰·廷斯利说了自己的想法，廷斯利立即命令手下停止开火。斯皮尔斯回到E连途中，他环顾四周看到廷斯利被敌军机关枪炮火击中。

就在前方，弗雷德·巴劳正和H连的部队在一起，能看到靠近雷区南边的医疗集中站，目睹了第326空降医疗连的两名战士把伤员抬上撤离吉普车。随着越来越多的炮弹开始爆炸，一个医护人员冲进了附近一个房子，另一个躲到吉普车下，剩下两名伤员无助地躺在担架上。"我愤怒地冲过去，踢了那个蜷缩在吉普车下的家伙，然后跳上吉普车，"巴劳回忆。开车原路返回，远离危险区，"飞速弗雷迪"被I连的6个战士用旗子拦下，请求他好心地把罗杰·廷斯利撤离。

年轻的军官是一名新来的替补，对弗雷迪不熟悉。廷斯利的作战外套敞开挂着，巴劳看到一股血液从他的胸口往下慢慢流淌。廷斯利的头部中弹，但是那一刻似乎是他最不关心的。胸口的伤很快被按住包扎好，然后廷斯利斜靠在引擎盖上。巴劳命令中尉的两个手下爬上吉普车，扶好他们的排长，还没开到巴斯托涅，第二天，廷斯利少尉就去世了。

在接下来的一个小时里，F连1排在扫荡中发挥了至关重要的作用。实际情况是这样的，由于冲击而耳聋的本·施塔佩尔费尔德少尉亲自解决了躲在地窖里的两名敌军战士。往东，H连3排在教堂附近遭到严重炮火攻击。"我推断这些炮轰来自于我们能看到的远处那片树林，"亚历克斯·安德罗斯回忆。3排出动包围马路西侧的那个建筑时，密集的炮火突然就来了。意识到敌军肯定和在朱尔斯·科恩家地下室的他们自己的炮兵通信，"达德"赫夫纳带着几个人绕过装甲车（之间被遗弃的）。赫夫纳接近那个建筑，透过入口一扇2英尺宽的窄窗，拿着冲锋枪开了一炮。

听到赫夫纳发出的警告，躲在地下室的敌军转移到另一个隔间，子弹穿过墙壁，在门边儿的天花板上反弹。"过了一会儿，大约20名德军出现了，手抱着头，投降了。我们把这些战俘快速押到一个临时地，我们的医生'黑人'欧文·鲍丁哥（会说德语），走过来告诉我其中一个年轻的德国人特别不好搞，一直在骂我。对于这些胡扯我完全没有心情，直接走到那个孩子面前，支起我的汤普森枪，在他脚边的地上开了好几枪。我很高兴地说，他立马闪开了好像他的生命全依靠着这个……事实上，可能还真是。"

下午晚些时分，阿尔文·维斯特遇到几个身份不明的居民，他们在抗议他们认为在战斗中美军炮火滥杀无辜。"这完全不是事实，而且我认为这些人，不管他们是谁，一定从某种程度上导致了我的同志们的牺牲。那时候我就感到四周有太多的军队在纠缠，在我们都成为下一次敌军迫击炮火的目标前，决定离开去寻找掩护。不久后我得知费歇尔下士被拖到了安全地，继而被撤离。"

H连2排清空了某一个房子，如今正把它当作前方观察哨来用。看起来这个村子又回到美国手里，无线电压制也被暂时解除了，弗兰克·内勒回忆："两百码外的北边，我们观察到一个小农场的烟囱里有烟升起。我立刻通过电话网络连接到空军。对我而言，作为一名地位低下的7745（士兵的工资密码），这简直不可思议，我居然和盘旋在头顶的P47'雷电'战斗机的飞行员在直接对话。"内勒尽最大努力指引飞机到达那个目的地，但是最后那个炸弹落得太近了，把他炸得飞下一段台阶。

一些烧毁的德军坦克和战车的残骸散落在佛依四处。尽管德军继续炮轰村庄，这片区域已经没有敌军了。在这次7小时的作战里，总共逮捕了70名战俘，在3营重新掌握主导权后不久，E连也回到了2营，剩下H连和I连在抵抗，F连则在村庄最东北边。

这时，诺曼·戴克升职，罗恩·斯皮尔斯管理E连。F连如今已经稳稳地和501团3营的左翼连接好（沿着老司机的路），501团现在仍然据守着科尔博林。H连保卫了村庄中心的一片区域，I连守卫着两个水泥碉堡附近的东入口，这两个碉堡在同一条线上，位于里昂·杜蒙和约瑟夫·巴斯汀两家房子之间。卢·韦基把一些士兵从1排召回，临时住在教堂里更温暖，这个教堂是为数不多的还耸立着的有屋顶的建筑中的一个。

1月13日下午黄昏，剩余的伤员都撤离了。约瑟夫·加斯帕德家后面，主路的东侧，亚历克斯·安德罗斯发现了一个废弃的谷仓，里面藏了几十具冻僵的尸体，有美国人也有德国人。"我猜德国佬一定把这个地方用作临时陈尸所，但是真正让我吃惊的是这些尸体被堆积分开放置得如此整齐。"拉尔夫·班尼特想起来他看到一大群饿坏了的猪在吃刚死的德军尸体。

在夜色掩护下，作战先锋清理了主路上的地雷，为第11装甲军的"谢尔曼"装甲车和"地狱猫"开路。F连在埃夫拉尔家建立了战地指挥所，同时建立了一条朝东对着比佐里的防御战线。毗邻布雷区，在马塞尔·杜蒙家的后花园里，工程师有一个可怕的发现。防爆小组无意中发现了海伦娜·加斯帕德和她两岁的儿子盖伊的尸体，在临时的一口棺材里。海伦娜和盖伊在大约3个星期前被炮火杀死。他们冻僵的尸体被卑劣的德军用来设置诡雷。

举止四顾——1945年1月14日

三个现存的连队（F、H和I连）准备在佛依度过寒冷的夜晚。村庄的残骸看起来布满了被遗弃的敌军战壕和充斥着虱子和人类排泄物的防守据点。那天夜晚，在小镇的北边境，亚历克斯·安德罗斯正准备在一个农舍后面的谷仓里休息，这时在观察哨站岗的一等兵"帕特"汤姆·菲兹马里斯通知亚历克斯他听到了敌军装甲在村子边境集合的声音："我匆忙抓起几个人，和菲兹马里斯到观察哨去观察情况，十分肯定我们能够听到4辆敌军坦克在不到50码的地方移动。出于某些原因那些坦克手决定用机关枪开火，但是他们开的每一枪都从我们头顶飞过。"德军坦克试图吸引火力，确定美军实力。安德罗斯向上级报告，然而没等团部给出一个回应，德军的炮轰就加强了。

大约04:15，敌军的6辆坦克开始反攻，每一辆都由6到7名步兵支援，他们每遇到一个散兵坑就用刺刀刺。埃米尔·杜蒙的家（在小镇的东北边）变成了F连1排的战地指挥所。本·施塔佩尔菲尔德和一名军官约翰·泰勒（后来凭借他的表现被授予了银星勋章），正透过厨房的窗户观察着马路的一侧，这时他们看到一辆坦克和大约12名步兵朝着他们的方向而来。在短暂交火后（杀死了4名敌军）施塔佩尔菲尔德和他的同伴从后窗逃离，回到了教堂，在那儿他们和H连会合了。

哈利·丁曼上士被派到前线指挥部去报告消息，指挥部位于十字路口附近，最可能在加斯帕德家。丁曼走进去时，基恩·布朗、吉姆·沃克和亚历克斯·安德罗斯正在权衡他们的抉择。在简短讨论后，布朗告诉丁曼他愿意主动率领他的8人小队去给撤退打掩护。"这不是在商量，"哈利回忆。"在此之后步兵连就被命令带上所有剩余的弹药和医疗设备到战地指挥所。"在丁曼和他的队伍"荷枪实弹"后，他把人员分成两个4人小队，部署在威尔金、加斯帕德、科恩和科多尼埃家的战线上。接下来2个小时里，在夜色掩护下，战士们连续不断地齐射小型武器火力，丁曼在房间来回跑朝空中开枪。"我让我的人在窗户间移动，朝着即将而来的威胁肆意地沿低弹道开火，"哈利回忆。"转换注意力的后卫战这一招奏效了，耍了德军，让他们以为我们还有一支相当大的作战队伍在村庄里。"然而，这并没有阻止敌军坦克小心翼翼地沿着N30公路和一条辅路朝佛依前进。

基恩·布朗从通信员那里接到命令（团队又进入了无线电禁闭）准备撤退，然后在山脊重组506团2营。2营被命令前进占领从香槟林里的3营战地指挥所一直延伸到N30公路的据点。同时，第一辆美军坦克开始驶向佛依。"天逐渐变亮，我们开始逐渐撤离阵地，但是仍保持着步枪火力，直到我们撤出村庄，"丁曼回忆。后来哈利因为在这次行动中的勇气、领导能力和主动为第506团争取了重要时间而被授予了银星勋章。他补充，"在我的巡逻队剩余人员在主防线重组后，我看着他们憔悴的脸庞，突然感觉到被强烈的领导责任压得喘不过气。"

之前，就在H连1排准备撤退前，卢·韦基接到了最后的指示，抛弃他的宝贵的60毫米迫击炮的战线。"把那些炮筒留在原地看起来是一个很荒谬的主意，于是我决定把我视线里的每个C2都清理掉，尽可能远地扔到了雪地里。这时，汤姆·比斯利痛苦地跑过来，大喊，'迈尔斯下士牺牲了！'我无法想象他说的，因为几分钟前我才和卢瑟说过话。在处理掉炮筒后，我跑过去检查迈尔斯，谢天谢地他被弹片击中后还活着。"

向西几百码之外，G连占领的前线区引起了敌军的注意，吉姆·马丁回忆："大约23:00，2排（大约26人）正在山脊前面1000码的地方放哨，两辆敌军坦克在步兵支援下进入了我们的区域，交火一直持续到深夜。81毫米迫击炮战线发射了照明弹在主防线上空，好让队伍最少量地移动。一辆'谢尔曼'反坦克装甲车越过山坡从黑暗中驶来，开始朝着敌军喷射猛烈的机关枪炮火。追踪弹以合适的角度弹飞到空中，反坦克装甲车就知道他们已经确定了带头敌军坦克的位置。"

几秒钟后，"谢尔曼"坦克接连不断地发射了两轮，但由于打到了德军坦克的前炮塔正下方的斜装甲板而全部向上偏离了。"奇怪的是，第一枚炮弹离开炮管时，升起了明亮的绿色烟圈，然后消失在我们眼前，"吉姆回忆。带头德军坦克回击，摧毁了装甲车。另一辆"谢尔曼"冲上前，朝着第一辆坦克发射了好几发，立刻就让其着火了。这时第二辆德军坦克朝着刚到的"谢尔曼"装甲车开火，在其撤退前摧毁了它的炮塔。吉姆·马丁继续说：

尽管双方打平，我们清楚地听到更多的敌军装甲在远处集结的声音。
随着天变亮，我们注意到一辆坦克从前一天晚上起就停在我们据点前面75码处。仅剩的"谢尔曼"装甲车很早就开往佛依，尽管有大雾，我们还是暴露着，很容易受到攻击。如果我们想完整无损地出去就必须得做点什么。

罗中尉把我叫到他的散兵坑，说："马丁，如果你能从这儿出去，在那辆坦克下安放爆破装置，我会推荐你获得银星勋章的。""中尉，"我回答，"你疯了吗？安德森上士和我会让你获勋章的，如果你去的话。"罗没有在意，并让我标记那辆敌军坦克以及在对面林子里的德军部队的大致位置。在测试弹着点精确度的第一轮炮火之后，我们向火炮兵发出信号，发射155毫米烈性炸药。大约06:00，我们确定敌军被压制后，罗中尉下令撤退。我从未如此害怕过，幸运的是，尽管遭到小型武器火力的攻击，没有人严重受伤，我们穿过浓雾跑回主防线的安全区。

黎明破晓，H连转移出佛依到扩展的战线。"随着雾散去，"亚历克斯·安德罗斯回忆，"我正好四处张望，就看到菲兹马里斯（正在放哨）在大约300码之外滑动，他在斜坡上侧滑想赶上我们。尽管我清楚下达了口头指示，但是没人告诉他我们要撤离，所以才导致这样！"已到山脊，皮特·马登正在营战地指挥所参加军官会议。"后来，我在准备返回迫击炮战线时，我撞上了一个我认识的厨师，托尼·左奥利上士，来自总部连，我们停下仓促喝了杯咖啡。我们正在喝时，一枚炮弹在树林里爆炸，一片弹片撕开了左奥利的腹股沟和肾。另一片碎片击中了我上胸部，幸运的是被我上衣口袋里的C口粮盒子挡住了。"

鲍勃·邓宁当时正好在场，他回忆："左奥利的阴茎好像被伤到了，他一遍一遍地大喊他的人生毁了。我们真的不太喜欢左奥利，他的绰号是'烂屁股'，肯特医生要把他带回团救助站，一个替补兵查理·史密斯，在他身后喊他，说：'不要担心上士，医生可能会切掉你的一块鼻子（他的鼻子很大），然后用它来补你的阴茎！'他没有领会我们的幽默，消失在远处，大骂着各种他能想到的恶毒的话。"

"左奥利被送往医院后，"皮特·马登回忆，"又一轮炮轰来临，弹片如同雨点一般散落到地上。我爬到一辆停在附近的'谢尔曼'坦克下面，点燃一支烟。炮轰中途，这辆坦克发动开往佛依，我冲刺到我的战地指挥所，这儿覆盖着厚厚的原木。讽刺的是，我进入壕沟时，一片弹片穿过入口飞来，刺进我的膝盖。这伤口严重得足以让我被撤离到巴黎。这金属碎片从我的膝盖骨后被取来之后，我被船运到了英国的一家医院。"

2营转移到勒科涅上方林子里的一个集结地，为匆忙组织的柯布鲁战斗做准备，柯布鲁是他们接下来要保卫的地方。盟军的装甲正在佛依和勒科涅巩固战况，最后剩下的几辆敌军坦克也被摧毁了。

3营的剩余人员被命令从西北前进到法赞林的南边界，在湖边和1营以及第17空降师（被安排接第101团的班）取得联系，亚历克斯·安德罗斯回忆："我们成一列纵队在厚厚的雪地里前进，一到达树林就遭到了火炮的轰炸。这次炮轰看起来是来自我们身后的某个地方，因此我们知道这应该是友军。在六七发炮弹爆炸后，就有人意识到他们犯错了，但是我们的一名替补队员已经严重受伤。我以为这些新来的家伙不会和我们一样反击的。可能他们冻结了好几秒吧。……我的意思是，我们还在惶恐中时，我们中的那些参加了一次或多次作战都活过来的人似乎本能地知道应该做什么。"

由于炮轰，G连有4人受伤，一等兵富兰克林·伊利牺牲，大兵艾伯纳里格特、切斯特·谢弗和蒂姆克利福德严重受伤。2营已经掌控了柯布鲁，E连前进到位于诺威尔东南边界在D连和F连之间的高地，稳定团前线——这儿再一次进入了无线电封锁。

勇气与动力——1945年1月15—20日

在挖了一整夜的战壕后，506团3营在法赞森林的东北边驻扎，之前在"地狱之夜"他们遭受了巨大的损失。这支部队重新占领刚由506团1营腾空的防御工事——如今506团在攻击和围捕一片林地中，那片林地就位于柯布鲁正西北方向。在"扫荡"行动中，罗伊·克斯勒上尉在带领506团A连时牺牲。克斯勒在荷兰当H连的参谋长时严重受过伤。506团2营正在进攻诺威尔时，辛克上校向前移动，把战地指挥所搬到勒科涅的道夫施密特庄园，这儿最近刚被凯斯·卡彭特中士和团拆除小队清理过。回到巴斯托涅，小镇还在轨道炮的间歇进攻中，这种炮的有效射程远达11英里！

1月14日，E连的两个排和F连的一个排乘着夜色掩护，在一个老旧废弃的采石场俯瞰着诺威尔的教堂。这片采石场到处都是原木和能用来防御的东西。第二天早上有一个计划好的黎明进攻，同时进行的还有1营对柯布鲁正西北那片树林的袭击。在作战前温特斯上尉和斯皮尔斯中尉的指示中，二等士官长卡伍德·李普顿被任命率领2排（由于杰克·福利在佛依受伤）扫荡西边（小镇的左手边），埃德·西姆斯和本·施塔佩尔菲尔德少尉（F连1排）从东边进入。由于还处在无线电管制中，该部队被告知可能会得到第11装甲军的支援，他们正驾驶着大量M36"杰克逊"坦克摧毁车，刚刚到达战区。"杰克逊"坦克截面很窄，重达29吨，装配了一支很长、90毫米口径带有炮口制退器的大炮。一眼看去很可能把它错认为德军的MK V装甲车。

第321野战滑翔炮兵连的一等兵杰·斯通和普卢默上士被分配到506团2营，加入这次袭击，尽管他们和不同的前方观察员一起作战。没有证据能说明第321团的通信网络被攻破，因此这两支队伍可以提供炮火和近地支援，这对这次袭击是至关重要的。由于教堂损坏得厉害，敌军无法利用它的尖顶作为观察哨。正因为此，2排便顺利前进到一个栅栏边，从这儿利普顿只能大致看出位于主路西侧的几幢大建筑的背面。

那些建筑看起来没人，因此利普顿带着他的无线电操作员（可能是操作第321网络的）小心地前进到一个谷仓，这儿他们能清楚观察到N30主路。从这儿只能大约看清一辆"谢尔曼"和一辆半履带装甲车的轮廓。想到第11装甲军应该已经在小镇里，利普顿决定到十字路口以便看得更清楚。利普顿很努力地试图不弄乱铺着霜的雪，一路进入小镇，却发现美军车辆已经在12月20日被击毁，就在丹卓特遣队和1营的史诗般的撤退过程中。看到这糟糕的情况，他决定撤退，向斯皮尔斯报告他的发现。

就在天亮前，袭击排队出动，前往各自的出发据点。埃德·西姆斯在本·施塔佩尔菲尔德前面，和3排越过N30公路，然后把手下都安排到宾杰家后面的位置，宾杰家（之前是1营救助站）位于诺威尔东边界。这一次，3排的任务还是猛攻到小镇中心，在教堂后面集合，然后等待进一步指示。西姆斯有点儿担心在到达教堂前，他和他的战士们就得跨越很多的暴露空地。3排前面大约300码之外，战区的另一边，是一排树，穿过了教堂的后面和长老会区。树那边是一小排房子，包括法尔顿农村的收奶站。

几乎是立刻的3排就遭到了火炮攻击。炮弹看起来是来自附近的一片从西北俯瞰着小镇的林地，埃德·西姆斯回忆："我观察着炮弹飞来，在我们面前的一条线上爆炸，一个接一个。随着炮弹越来越近，我想，'就这样了，我要死了'，但是齐射的最后一枚炮弹没有爆炸，我们经过时还在厚厚的雪地里发出嘶嘶声。"2排遇到的阻力就比较小，因为他们一定程度地被建筑物挡着，但是还是牺牲了一等兵埃德·乔特（1班）和一等兵布拉德·弗里曼（60毫米迫击炮班），他们俩都受伤了。

方兴未艾，很快排队就到达战区最远处的林木线，在教堂后面的收奶站避难。在稍微喘息后，3排继续进攻，突袭谷仓周围，瓦解了仅存的少数敌军势力，这时一架P47"雷霆"战机到达头顶上空。战斗很快就结束了，好像才刚刚开始似的，敌军向东北方向撤退，教堂周围的区域都清理干净。几分钟后，埃德有点儿吃惊，有信息从无线电传来："盟军装甲在右侧。""不久，"他回忆，"我们就听到了可怕的隆隆声，我让我的无线电操作员一等兵'莫'吉姆·阿利和我一起出去，迎接他们。"

由于无线电管制仍官方生效，为了不变成P47战机的目标，这两人决定不拿头盔、步枪和装备，然后绕过拐角到波卢瑟大道。西姆斯和阿利沿着马路前进了一小会儿到达十字路口，经过左手边长老区会的石墙。一到达主路，西姆斯朝两边张望了一下，但是没有看到任何东西，除了教堂门口的一辆"谢尔曼"坦克、德军的突击自行火炮和半履带车，它们在12月就被击毁了。之后西姆斯注意到另一辆坦克的车尾，那坦克停在胡法利兹方向的一条街道的右手边，两幢毁坏的建筑之间。阿利以为这可能是一辆新型M36，带头跑过去，对指挥官大声问好。

这两名伞兵走过去时清楚地看到军官站在炮塔里。那名军官转过身来时，西姆斯和阿利赶紧刹住。那坦克并不是M36而是第五装甲车，装备着一支威力巨大的75毫米大炮。看起来这辆车和它的5名人员被落下了，可能是由于一些通信瘫痪问题。

敌军坦克手很恐慌，立马试图把他的炮塔对准西姆斯和阿利。"那真是个可怕的时刻，我们立马向后转，逃命去了，"西姆斯回忆。那辆坦克掉头，向前追赶他们，用7.92毫米的机关枪开火，这两人拼命朝长老区会冲去。在街对面的2排无助地看着，张大了嘴，看着那46吨重的巨兽追赶着他们的同伴。坦克（最高速度是每小时38千米）转向波卢瑟大道时，西姆斯和阿利越过长老区会5英尺高的墙，很幸运，马路在这儿变窄，缩成路堤。没过两秒钟，坦克就拐过了弯，它朝着那幢楼的残骸开火，然后继续向西前往波卢瑟。那炮火冲击性的爆炸让大家都不寒而栗，那爆炸震得西姆斯和阿利身体都飞离了地面。

本·施塔佩尔菲尔德的F连1排在这次袭击中被分配给了E连。本带着他的下属跟在3排后面，经过一辆烧毁的MK IV坦克，朝着那8个被帝国保安处谋杀于12月21日的居民的坟墓前进。本和他的下属被敌军的机关枪炮火压制住，被迫到一个附件的猪舍掩护。罗伯特·斯通下士在施塔佩尔菲尔德命令下用60毫米迫击炮朝沿道路开往波卢瑟的敌军坦克开火。本希望有一发炮弹能击中他们的指挥官，但是徒劳。就在他们快放弃时，战士们欢呼雀跃，一架盘旋的P47飞得很低，在它略过附近一个山坡时击毁了那辆坦克。

刚过正午，边防线就建立好了，扫荡行动也算完成。这时候F连撤退到小镇南边境，离新建的E连战地指挥所很近的地方。大家都确信这是这场作战的最后目标了，然而事情还没有结束。夺下小镇后不久，麦克斯韦尔·泰勒和杰拉尔德·希金斯来请求辛克上校和温特斯上尉的战况报告。由于在过去的30个小时里持续的无线电禁闭，分区总部是最不了解各个地方的情况的。泰勒十分担心小镇的状况，质问辛克他到底干了些什么。直到那时，将军也浑然不知诺威尔已经遭受的惨况。

在勒科涅的临时指挥中心，辛克开始准备联合团队对拉尚普进行进攻，第二天就搬移到沃镇去了。所有的无线电通信现在终于重新畅通，全面的指挥控制已经准备好。在第705和811反坦克装甲营的两个连的坦克支援下，向西北持续前进的目标是夺下拉尚普、维考特和诺伊夫–穆兰。

在3营沿着从法格罗斯到维考特的道路前进时（在501团3营支持下），主进攻开始于1月16日09:30，主要目标是要把敌军力量拖到东北，1营和2营在柯布鲁和诺威尔开始对拉尚普的进攻。拉尚普位于诺威尔北边，坐落在一个轻微倾斜的山谷里。2营从诺威尔沿着N30公路前进。506团2营在占领小镇北边的至高地后，朝拉尚普推进，这一天是1月16日。同一天，在2营重获拉尚普后，第1集团军和第3集团军终于能够在更北边的胡法利兹连接，这意味着德军在阿登高地行动的结束的开始。

与此同时，1营前进到506团3营的左翼，开始了他自己对诺威尔的攻击。3营继续向西，然后开车向北越过诺威尔前往维考特。在第11装甲军支援车辆的情况下，506团1营派先锋部队越过N30公路，到诺威尔北边，拉尚普的上方。这次行动击溃了剩余的敌军势力，之后越来越多的敌军相继投降。

到了黄昏，3营到达了诺伊夫–穆兰的至高地（在维考特东北边2英里），亚历克斯·安德罗斯回忆："德军刚刚撤退，留下了他们的大多数伤员给我们处理。"最近刚腾空的火炮据点周围搅起来的淤泥弄得一团糟，这不禁让战士们得出一定是用马来搬运这些大炮的结论。安德罗斯继续陈述：

> 废弃的防空壕很深，建的很不错，头顶空间富裕，因此我们选择了一个作为战地指挥所。离开沃克上尉、威利·米拿、拉尔夫·班尼特和新阵地的一些其他人后，我走向林子的边缘，用我的双筒望远镜勘察山谷。
>
> 我站在林木线内侧四、五码的地方，视野居高临下，往东，越过一个浅浅的山谷大约半英里是树林的另一边，我看到那儿好像有坦克在林子里。突然，对面林子边缘传来一阵使人炫目的闪光，之后我眼前一片黑。我醒来发现我的头盔就在我边上，我放在衬垫里面的荧光绿的标志旗从一个不规则的洞里露出来。我不知所措，还流着血——尽管脑震荡厉害——我还是意识到一枚炮弹碎片穿过了我头盔的上部，几乎擦过了我的脑壳。我大喊着呼叫医生，但是没有人来，天色逐渐暗下来，我爬回了战地指挥所，威利·米勒赶紧给我急救，然后安排我撤离。

安德罗斯走后，米勒担任了3排指挥。那天深夜，在营队指挥官的会议中，帕奇上校站起来，告诉几个留下来的军官他正在计划一次可能的攻击，就在第二天早上。那时候，除了沃克上尉，威利·米勒是H连唯一一个留下的军官，他并没有觉得这个命令有什么了不起。在激动或者焦虑的时候，威利的嗓音总会提升几个8度，他抗议道："见鬼了，长官，我手上只有11名战士可用——你究竟指望我带领他们做什么？"

过去的10天里，吉米·马丁一直都没管自己脱臼的脚，因为他不想离开他的岗位，让大家失望。"最终我的脚变黑了，1月15日，我请求道蒂上尉准许我离开前线，然后小心翼翼地走了半英里到最近的救助站。我后来才得知如果再拖延几天，我的脚趾就废了。"尽管H连和I连承受了糟糕的损失，G连还有56名战士在岗。然而，在之后的7天里，这个连队又损失了30%的剩余兵力（包括道蒂上尉），由于战壕足病和其他非作战受伤。吉姆·马丁乘坐挪威医院的船撤离到英国，在赛伦塞斯特度过了几个星期，这整个医院都献给了脱臼和冻伤的人。"很多人像我一样，状况很痛苦而且敏感，因此医生让我们躺在床上，下肢裸露着。任何的气流或者运动，比如一个护士经过，都会给双脚带来一阵强烈的灼烧感……有时候真是相当恐怖。"

逝去的人沉睡在何方

最后，团部把指挥权递交给了新成立的第17空降师，3营终于在卢瑟里一个温暖的谷仓里度过了第一个没有压力的夜晚。"自从12月17日，当我的跳伞靴第一次被脱下来时，我发现我靴子顶部下面的袜子已经完全烂了，"汉克·迪卡洛回忆，"谷仓里的干草比任何奢华的床垫都要更舒适柔软。"

到了1月18日，团部在拉罗济耶尔的军队保护区，位于西布雷特南边6英里处。弗兰克·科内尔记得被卡车带到一个冻结的湖边，那个湖的水被抽水泵抽出来供给一排喷头："我们看了一眼那个装置，拒绝下车。在大家抗议后，最终我们被带到了附近一个小镇，我们可以在那儿像样的浴室里用热水洗澡淋浴——这简直是至尊奢华。"也就是从那儿科内尔因为染上战壕足病而撤离，很幸运地不需要截掉双脚。

这段时间里，101团的大约500名战士被选中参加银星勋章颁布仪式，仪式在巴斯托涅的中央广场（最近刚刚清理了残骸）举行，由特洛伊·米德尔顿、麦斯韦尔·泰勒、吉尔德·希金斯以及第11装甲师的准将查尔斯·基尔伯恩主持。参加仪式的还有里昂·杰克明市长，他在发表了简短但激情的讲话后，向泰勒递呈了一面代表着这个城市官方颜色的旗帜。502团F连的弗兰克·马谢思和艾尔登·托德是代表仍在波卢瑟作战的团队的一小队人中的两个。他们在走过佛依时，托德在圣芭贝教堂门口停下，从一堆废墟中找到一个小手铃作为纪念。大约50年之后艾尔登归还了那个手铃，如今它仍在圣坛上原来的那个位置。

18日那天，一共5位战士被表彰，包括502团1营的指挥官约翰·D.汉龙少校、弗兰克·R.斯坦菲尔德中尉、劳伦斯·F.卡斯帕中士和一等兵沃尔夫。在检阅部队前，米德尔顿、泰勒和现场装配的一些员工在附近一个建筑的墙上的指示牌下面贴出了这个消息。那个指示牌，离主路交叉路口很近，贴切地总结了围攻经历："这是巴斯托涅，第101空降师击溃的混蛋们的堡垒。"

在几天的修养后，战士们得知他们将前进到阿尔萨斯洛林的一片防守区。"大家都以为我们刚刚从一个所谓的'防守'阵地出来，"汉克·迪卡洛回忆。"传言说我们将去一个相对不活跃的战线站哨，但是难道他们没在巴斯托涅之前告诉我们这一消息吗？"

持续的坏天气阻碍了第1集团军和第3集团军的前进，但是到了1月28日，敌军被压制退回他们的出发点，进入阿登高地的计划正式宣布结束。在接下来的几个星期和几个月里，美军和法军攻打了卢森堡和德国，但是这场战争对于希特勒和他的疯狂的司令员们而言绝对还没有结束。

弗雷德·安德森上尉回忆："I连的150人进入巴斯托涅，出来时只有28个人。G连和I连或许稍微好一点。"鲍勃·韦伯补充道："在佛依最后一站结束后，辛克上校失去了他曾有过的最好的一个营队，他自己明白。"在巴斯托涅前线的4个星期里，第506伞兵团惨遭超过40%的伤亡（尽管第501团才是伤亡最多的）：119名战士牺牲，670名受伤，还有59名在作战中失踪——共计848人。整个师总共525人阵亡，2653人受伤，527人失踪或被捕——共计3705人。B作战司令部73人阵亡，279人受伤，116人失踪或被捕——共计468人。

突出部战役大概是第二次世界大战中最重要的一次战役，标志着德军失败的开端。纳粹军队遭受了大约110000名伤亡，美军的伤亡损失增加到80000人，其中大约19000人阵亡。据说从没有一次战役让美军流过这么多血。

在伦敦下议院，温斯顿·丘吉尔首相说，"这无疑是美国最伟大的战斗，我相信这将被视为一次永远著名的胜利。"

这次战争对平民人口的破坏也是巨大的，大约2500人死亡，像佛依、勒科涅、诺维尔、瓦尔丁、西布雷特、香涅和威勒斯拉博比奥这样的小镇和村庄几乎完全被摧毁。随着美军在马尔默迪和卫若斯等地的大屠杀，斯塔沃洛和班德的164名平民被杀害。守卫莱茵河行动和如今传奇般的突出部之战就此结束。

9

"暴风雨过后"

阿尔萨斯、洛林和科尔马口袋
1945年1月21日—2月25日

阿尔萨斯和洛林是法国东北角两个独立的地区，与比利时、卢森堡、德国和瑞士接壤。阿尔萨斯沿着北起巴塞尔的莱茵河，洛林则坐落于尚帕涅平原，它们在孚日山脉汇合。从历史上看，在哈布斯堡时代被划分给法国时，大多数的阿尔萨斯人都说德语。到了1871年，法国在普法战争中失败后，德国便占领了阿尔萨斯和洛林的摩泽尔河地区，并实行了强制德国化的计划。在第一次世界大战结束时，这个地区又恢复了法国所属权，然而刚到1940年又被德国重新占领，在之后的4年里，德军征召了大约130000名阿尔萨斯人作为武装力量。

西前线，在1945年年初，就分成了三个军队。最北边的是第21军团，在特级上将伯纳德·蒙哥马利的指挥下。奥马尔·布拉德和他的第12军团位于中间，最南边是一级上将雅各布·德弗斯率领的第6军团，驻扎在阿尔萨斯洛林和瑞士边境的周围。德弗斯的部队是一个联合部队的一部分，这个部队由二级上将亚历山大·帕奇的第7军（第15军团和第5军团）和一级上将让·廷斯利的法国第1军（第1军团和第2军团）。

不像北边的一些小镇和村庄，法军一开始无法将敌军逼退到莱茵河的另一边。因此，在1944年12月下旬，德军强征了黑森林西边界的一个桥头堡，这片森林位于法费诺芬的海格那镇，科尔马和巴塞尔的古镇之间。就在圣诞节前，纳粹的战争机器开始威胁乔治·巴顿的第3集团军和第7集团军的后方。巴顿重新定位朝着阿登高地时，第7集团军的一部分正在朝南边去支援法军。在这次战斗的早期，德军极力试图突破，向北和巴斯托涅附近的力量联结。供给链遭受的威胁是实实在在的，如果敌军没有控制阿尔萨斯的话，帕顿上将还可能勉强推进到巴斯托涅（西北方向125英里远）。

1945年1月1日，就在欧洲的十字路口的阿尔萨斯，希特勒决定恢复进攻。"北风"行动在执行上和守卫莱茵河行动很相似，逐渐地在盟军中大家都称其为"科尔马口袋战役"。西线战场的主要指挥官格尔德·冯·伦斯特德特级上将坚决反对这次新计划,他曾一直是守卫莱茵河行动背后的有力支持。之后,希特勒让纳粹党卫军指挥官海因里希·希莱姆掌控南边战线,并指示无视冯·伦斯特德,直接到柏林向他汇报。希特勒的想法是利用分别从北边的海格纳和南边的科尔马的两面夹击行动,夺下这片地区的中心——斯特拉斯堡。在接下来的3个星期里,攻击来回转移,最终在斯特拉斯堡进入了僵持状态。

法费诺芬的火拼

在被第17空降师接班后,第506团前往第18空降军团在拉罗济耶尔的保护区,就在巴斯托涅往南几英里。1月20日,第101团临时被附属给"汉姆"韦德·海斯利普少将的第15军团,并得到指示接管一个相对和平的区域,这片区域属于旧马其诺战线,沿着阿尔萨斯的莫德尔山谷(为海斯利普提供了一个更好地把他的军队拓宽到别处的机会)。团队出动了,由卡车运载到萨尔与尼翁附近的迪耶默兰让,在法费诺芬小镇的西北边20英里处。和巴斯托涅一样,旅程很寒冷,而且由于结冰的道路状况严重延误了。地面堆积了16英尺的厚积雪,战士们不再期待他们的任务。主队的前方是团战俘审讯队,在阿方斯·基隆上尉和一等士官长赫尔曼·柯克兰的率领下,他们曾受命守卫迪耶默兰让、瓦尔当巴克和韦斯兰让村庄里的兵舍。

22岁的荷兰人"皮特"皮特·卢腾和这支队伍一起在旅途中,他回忆:"我来自埃因霍温的社会阶层社区,之前和2营81毫米迫击炮排一起工作过,是他们的翻译官。到了9月下旬,我被提升为'中尉',重新分配到了战俘审讯队,后来在奥芬斯登受伤。"在医院里住了几个月之后,皮特设法搭便车回到拉罗济耶尔,他在那儿可以与团队重新汇合。在第506团的工资单上,对官方而言卢腾还是英国第21军队的,是荷兰自由武装军团的翻译官。"我骑车到阿尔萨斯,和吉隆上尉一起,他知道我的德语和法语说得非常好,在接下来的几天肯定会派上用场。"

3营驻扎在迪耶默兰让(在团总部旁边),另两个营队驻扎在附近一条东南走向的战线,分别在瓦尔当巴克(506团2营)和韦斯兰让(506团1营)这两个村子里——这时,他们终于能检查并盘点武器、装备、弹药和军粮。甚至在部队抵达阿尔萨斯之前,资料袋就分发下来,提醒每个人注意尽管这里是盟军"领土",但这里还住了很多平民,对他们而言德语还是第一语言,他们很有可能对祖国深怀同情。尽管有这方面的担忧,一些人似乎还是十分乐意帮助美军的,皮特·卢腾回忆:"在途中某地,我患上了严重的胸部感染。我非常吃惊,一个我们刚刚友好地提醒他撤离的本地人做了一些含酒精的止咳糖浆,这真的让我好转了很多。"

5天之后，第506伞兵团搬移到了30英里之外，霍赫费登附近的维凯尔桑维尔索桑的东南边。3个营重新部署在了维凯尔桑的2英里半径以内，506团3营被派到了热斯维莱村庄。到了1月28日，团部仍然在分区保护区内，不过离莫德尔河更近，进入了埃唐多尔附近的村庄，准备接替第409步兵团，该团来自托尼·麦考利夫领导的第103步兵师（第15军团的一部分）。一开始这个团队被派到法费诺芬西南的3个小村庄里。3营去利克索桑，1营去薄桑多尔，留下2营在格拉桑多尔。

这个消耗殆尽的团队得到了扩充，加入了第81空降防空营A连和F连，及第807反坦克装甲车营C连（除去3排）。之后伞兵部署在一条1英里宽的前线上，俯瞰着河流，在一些部分损坏的桥之间，这些桥东起法费诺芬，连到涅代尔莫代尔恩的村庄。

法费诺芬古老而曾经繁华的小镇坐落于现在的瓦尔——一个浅浅的山谷，横跨过了那条河流，那条河最宽的时候也不过一条主干道大小。基本计划是派巡逻队到北河岸，瓦解敌军在拉瓦尔（法费诺芬北边的郊区）以及周围坎德维莱、比特斯科方和于波拉克的村庄里的势力。于波拉克在团队的右侧，依偎在海格纳森林的边缘。那片密林遮蔽了莫德尔河的北岸，向东边目之所及占据了很大一片区域。

2月1日，2营多半还留在团保护区里，1营和3营部署到主防线去了。那时候法费诺芬还是一定程度上的强盗乡村，事实上没有什么居民，只有一些无家可归的狗和猫。

C连在左侧一个铁路局的地下室里建立了战地指挥所，那房子曾经属于火车站站长。这铁轨沿着莫德尔河穿过海格纳森林，越过于波拉克的那条河流，流经涅代尔莫代尔恩、法费诺芬和奥本摩登，然后向西北朝着安格维莱的孚日山脉流去。

每个营队都有一支步兵连被派去守卫"反击前哨线"，这条战线在俯瞰着那条河流的地势较高的马路另一边。一些散兵坑由于逐渐积水，于是被迁到了地势更高的地方。"我负责一个临时的班队。"曼尼·巴里奥斯回忆。"那时候行动不多，只有一个大型轨道炮不时地发出齐射。"这是一尊15英寸火炮，藏在海格纳森林沿铁轨的某处，而且射程足够远，可以击中分区总部所在的霍赫费登。"这些炮弹飞过头顶时发出的声音十分怪异，真是吓坏了我们，"巴里奥斯补充。

辛克上校在埃唐多尔的一个校舍里成立了战地指挥所。这个小镇在格拉桑多尔和兰让多尔的正中间，位于一个十字路口，沿着另一条向西北蜿蜒然后和奥本摩登交汇的铁路线。在第一个晚上，住在学校另一边的私人住宅里的一个女人把枪口对着嘴自杀了，她是一名德军间谍，然而暴露了。这个女人的尸体被保存在S3办公室隔壁的一个房间里，在那儿放了好几天。对于我们的重新部署而言，这是一个喜剧性的开端。

乔治·艾伦最近刚被提升为中士，他来自101战俘审讯队，被派去执行反间谍活动，他回忆："正如我们预测的，当地人对我们表现的任何热诚都是假象。尽管如此，我们还是搜集到了足够证据证明一小队敌军士兵试图渗入这片区域，伪装成居民。"

之前已经确认了河对岸的几伙德军，比如属于第245国民掷弹兵师的937步兵团，主要由男孩子和年长的男人组成。除此之外，德军西墙的这片区域相对比较安宁，除了一些轨道炮、零星的迫击炮和偶尔的敌军巡逻。

到了2月2日，雪开始融化，这引起了大面积的洪涝，把地面都变成了厚厚的淤泥。一大包的橡胶冬套鞋姗姗来迟。尽管大家很欣慰，但还是对延期感到不安，毕竟如果"鞋子包裹"在巴斯托涅更加充足的话，可以避免很多严重非作战伤亡。

81毫米迫击炮排的鲍勃·邓宁被送到斯特拉斯堡进行急救，还嵌在他左髋里的子弹问题毕竟严重。"帮我取出9毫米金属小块的外科医生来自卡拉马祖，他认出了我……世界真小，是吧？我们曾一起在密歇根州海斯廷斯的凯洛格社团当营队辅导员。在回到组织后不久，我就发烧得异常厉害，被确诊为败血症。苏瓦松的医生进行了长达24小时的商讨要不要截肢。幸运的是我的体温，之前超过了110华氏度，开始下降，保住了我的腿。"

大约就是那会儿，鲍勃·韦伯从医院回到了前线。"医生把我送到了精神病房，但是我之前糊涂的精神状态（肯定是我在巴斯托涅受到的脑震荡引起的）很快就消失了。在医院里，我碰到了查尔斯·谢特少校，他还在疗养腿伤。在看到我病房里的一个病人用剃刀狂砍自己的手腕后，我只想赶紧出院回到部队。谢特也这么觉得，于是利用他的身份征用了一辆吉普车，我们得以躲避过所有的替补站，直接回到阿尔萨斯的第506团。"

韦伯回到工作岗位不久，就被提拔为上士。"我回来没多久就收到了从家里寄来的第一封邮件，收到了我女朋友寄来的两个包裹，里面有画笔、纸张、食物、一个蛋糕皮夹、金属外壳的圣经，最棒的是——一张穆里尔穿着时髦的蓝色皮衣的照片。"鲍勃是一个有天赋的艺术家，一直期待能得到画画材料帮他打发时间，他的素描画像后来被朋友和同伴们抢着要。

2月4日02:40，F连的22名战士，在本·斯塔佩尔菲尔德少尉的率领下，度过莫德尔河，朝着比特斯特方前进。这个任务是在最后一分钟下达的，使得来不及计划或者准备。就在继续度过法费诺芬对面的河流时，施塔佩尔菲尔德和他的战士被敌军机关枪和迫击炮偷袭。在混战中，比尔·格林上士牺牲，6名战士受伤。那一天晚上剩下的时光里，I连的60毫米迫击炮火包围了那片区域。随后，上级决定未来所有的任务都会有两天时间准备，然后在充足的迫击炮和火炮配置下执行任务。

海格纳，西南前线——"没有英雄的地方"

第二天早上，1营和3营就接到指令他们将由第409步兵团接班。在开始几个小时里，两个营队都被抽出来派往东边9英里沿着海格纳的那条河。他们的新任务是帮助爱德华·H.布鲁克少将的第6军团，他们将继续斯特拉斯堡北面的进攻。

坐落在莫德尔河河畔斯科维古斯和比斯克维莱之间，离斯特拉斯堡几英里的海格纳曾经是而且依旧是下莱茵地区最大的城镇之一。横跨蜿蜒的莫德尔河，海格纳成为一个繁荣的工业城市，战时人口大约为18000人，尽管大多数都在1945年2月逃亡离开了。从这儿开始，莫德尔河曲折着向东流淌了大约10英里，穿过了德吕瑟南，然后汇合到了浩大的莱茵河构成了德国的边界。

海格纳拥有着重要的交通网络，它引以为傲的是其主要铁路枢纽和军用机场，位于卡尔唐乌斯附近，在1944年12月就被盟军占领了。在敌军驻守的河岸，巨大的海格纳森林吞噬了小镇的北边界，往北一些，地势突然陡峭地上升，标志着北孚日山脉的开始。

在之前凄惨的巡逻绩效之后，第506团确保了每个营队至少配备有3支5人的巡逻队，24小时站岗，和1支特殊训练的排队独立运作，作为一个大规模的袭击组织。

到了2月5日，1营转移到了博桑多尔，向西北1英里，3营重新占领了利克索桑。13:30，2营到达，和第313步兵团（第45步兵师）一起在哈尔陶森建立了一个临时前线战地指挥所，直到辛克上校能在沃克庄园成立自己的总部为止。那个庄园坐落在海格纳的南边，沿着德普特哈雷大街，之前是一个德军青年训练营。庄园附近是一片林地，叫作韦特布吕克森林，里面设置了大量的陷阱，工程师们还在那里努力工作清除"schu型地雷"区。这种小型、木头盒子、极具杀伤力的设备无法被探测到，最近已经导致几个平民和士兵严重伤亡。

22:00，第506团从第313步兵团那儿接管了主防线，506团1营在左边，506团2营在右边。除了之前已有的附属队，这个团又新增了第47坦克营的A连和D连1排。在之后的5天里，第506团一直待在海格纳防守，执行着精力充沛的巡逻，战斗队和侦查队都在莫德尔对岸等待换班。

每一个步枪连都经历了很大的组织和人力变动，新鲜血液注入到了沃克庄园。曼尼·巴里奥斯对于一大波绿衣服的替补兵和要为I连左侧部队保证安全的指令而兴奋不已。巴里奥斯和他的班进入了河边小镇边缘处的一幢房子里，那条河水涨得很慢，因此看起来宽了许多。曼尼回忆：

上图：3营医疗特遣队的成员在香槟林的救助站外面庆祝圣诞节。从左到右（站着的）：哈罗德·海克拉夫、泰福德·韦恩、沃尔特·佩尔奇、约翰·艾克曼；（屈膝的）尤金·伍德赛德、约翰·吉布森、罗伯特·埃文斯、安迪·索斯纳克。（约翰·吉布森，引自约翰·克莱因）

上图：在圣诞节，军官们挤出一小段时间过节。从左到右：威廉·罗伯茨、内德·摩尔、杰拉尔德·希金斯、托尼·麦考利夫、托马斯·舍伯恩、哈利·金纳德、卡尔·科尔斯、保罗·丹尼和柯蒂斯·伦弗洛。（国家档案，引自唐纳德·冯·登·博格特）

左图：在海因茨兵营其中一个兵舍中尚可行走的伤员在做午夜弥撒。这张照片拍摄后不久就突然遭到一次德军空袭。（国家档案，引自唐纳德·冯·登·博格特）

下图：12月26日，从海因茨兵营的阅兵场看到的空投。辛克上校的战地指挥所就位于右边的最后一个街区。（国家档案，引自唐纳德·冯·登·博格特）

上图：废弃的GC4A滑翔机和"星团"———架在萨维坠毁的C47。第321滑翔野战步兵团的成员目击，从飞机的油箱里取出200多加仑的燃油。（唐·斯泰斯，引自雷哲·詹森）

上图：圣诞节，保罗·丹尼、托尼·麦考利夫和哈利·金纳德举着一块路标，最终这块牌子被挂在了麦考利夫战地指挥所外面的墙上。（国家档案）

上图：第10装甲步兵营和第4装甲师的部队在前往巴斯托涅的路上。（国家档案，引自唐纳德·冯·登·博格特）

下图：运输车队正朝着巴斯托涅驶去。（约翰·吉布森，引自约翰·克莱因）

上图：一辆德军V型坦克，即人们熟知的"黑豹"，被它的队员抛弃在包围圈附近的某个地方。（约翰·吉布森，引自约翰·克莱因）

下图：圣诞节，帕顿和托尼·麦考利夫正在罗雷庄园给第502伞兵团指挥官、32岁的斯蒂夫·查普斯授予铜十字英勇勋章，他在尚普与德军交战中领导力出色。（雷哲·詹森）

下图：到达剧院后不久，泰勒准将就在海因茨兵营为第705反坦克摧毁营的指挥官，克利福德·坦普林顿中校以及B作战队的指挥官威廉·罗伯茨（站在身后）授予了银星勋章。（国家档案，引自唐纳德·冯·登·博格特）

上图：I连2排的吉姆·布朗下士预感到自己不会坚持到最后的。（比尔·加尔布雷思，引自约翰·克莱因）

上图：鲍比·隆美尔下士，迫击炮排，1月9日在法赞树林里受伤。

下图：皮特·马登中尉，81毫米炮击炮排的指挥官，照片中是1944年5月份他和皮特和安妮·米尔斯在他们拉姆斯伯里的家中，在诺曼底登陆日前后他被安排住在此处。（皮特·米尔斯）

下图：拍摄于1945年9月，通讯排的罗伯特·韦伯上士被法赞林里的炮火击中受重伤。（小鲍勃·韦伯）

上图：一个伞兵，可能是第82空降师的，在看守德军战俘的时候，为宣传照摆了个姿势。（国家档案，引自唐纳德·冯·登·博格特）

上图：1月13日，在506团3营主防线附近，德军战俘被押送沿着佛侬上方的N30公路朝着巴斯托涅的方向前进。（乔尔·罗伯特）

上图：1945年1月13日，佛侬，一辆IV型坦克在朱尔斯·科恩家门外的十字路口被大兵埃·卡佩利毁坏。（乔尔·罗伯特）

上图：1945年1月14—15日，佛侬，大清理开始了。注意小教堂的边缘（左）和右边的加斯帕德家。吉普车里的士兵（右边前方）来自第502伞兵团总部连。（约翰·吉布森，引自约翰·克莱因）

下图：M7"牧师"式自行火炮正在作战中支援诺维尔和前方的第506伞兵团。（雷哲·詹森）

上图：1月14日左右，从约瑟夫·克拉德家向北朝着佛依看去的场景，在N30公路上，是一辆第11装甲师的M18"地狱猫"式坦克歼击车。（科拉西的剪贴簿，引自雷哲·詹森和罗伯特·勒马克勒）

左图：1月15日，在诺维尔教堂外面的分区会议。从左到右：麦斯威尔·泰勒、迪克·温特斯、吉拉德·希金斯和鲍勃·辛克。希金斯是美国军队中最年轻的中将之一。（雷哲·詹森）

上图：巴斯托涅的街上挤满了前往北部边界的车辆。注意背景中的神学院。（国家档案，引自雷哲·詹森）

左图：1945年1月18日，银星勋章授予大会。从左到右：特洛伊·米德尔顿上将、麦斯威尔·泰勒、查尔斯·基尔伯恩中将、吉拉德·希金斯和巴斯托涅的里昂·雅克明市长认真地立正。（雷哲·詹森）

上图：1945年2月28日，在穆尔默隆，德尔伍·坎恩上尉接管了G连。（科拉西的剪贴簿）

上图：在被提升为少尉并派到506团1营后不久，弗雷德·巴劳拍的照片。（雷哲·詹森）

下图：1945年4月初，穆尔默隆，罗伊·盖茨少尉加入了E连3排。（乔·穆洽）

下图：1945年3月，卢·韦基上士（右）和戈登·耶茨中士（H连通信排）在法国里维埃拉的尼斯英国人漫步大道上散步。（卢·韦基）

右图：这是一张刊登在1945年3月《美国人》杂志封面上的照片。照片中是逃跑前几个星期的桑尼·桑奎斯特（中间）。（国家档案，引自唐纳德·冯·登·博格特）

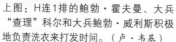

上图：H连1排的鲍勃·霍夫曼、大兵"查理"科尔和大兵鲍勃·威利斯积极地负责洗衣来打发时间。（卢·韦基）

右图：1945年4月，鲁尔包围区，纽恩汉，H连1班，从左到右（站着的）：大兵弗兰克·帕克、大兵卡尔·汉森、汉克迪卡洛上士、鲍勃·霍夫曼上士（迪卡洛的助手）、大兵弗农·蒂米；（屈膝蹲着的）杰克·格雷斯下士、一等兵吉米·艾格、大兵乔·诺瓦克、一等兵威尔伯·约翰逊。（汉克·迪卡洛）

下图：照片中是解放后不久的KZ-IV（第4集中营）的一角。（国家档案，引自吉哈德·劳力士查克）

上图：来自第42或45步兵师的部队。这
是E连3排的埃德·西姆斯少尉和一等兵
卡尔·芬斯特马克在最先到达达豪时看到
的那辆装满了尸体的集装箱车。（国家档
案，引自杰弗里和格雷戈里·瓦尔登）

左上图：第506伞兵团乘坐他们的水路两
栖车在前往贝希斯特加登的路上。（科拉
西的剪贴簿）

左图：第3步兵师的坦克和部队是最先到达
贝希斯特加登的那批美军武装力量，这里
如今是世界第二次战争纪念碑对面的小镇
广场。（国家档案，引自杰夫·瓦尔登）

下图：1945年5月5日，希特勒的贝格霍夫被英国人炸毁，被美军烧毁，后来又被法国人抢掠一空。第30步兵
师的一名战士敬畏地站着。（国家档案，引自杰夫·瓦尔登）

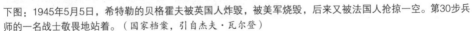

左图：第81空降防空营的两名战士拿着一瓶红酒在第一次世界大战纪念碑旁庆祝战争的结束，这瓶酒可能是从戈林的酒窖里拿出来的。（国家档案）

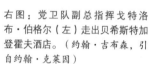

上图：慕尼黑附近投降的德国部队。（乔治·科斯基迈基）

右图：党卫队副总指挥戈特洛布·伯格尔（左）走出贝希斯特加登霍夫酒店。（约翰·吉布森，引自约翰·克莱因）

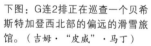

下图：G连2排正在巡查一个贝希斯特加登西北部的偏远的滑雪旅馆。（吉姆·"皮威"·马丁）

上图：扎尔巴赫，H连军官。从左到右（站着的）：威利·米勒中尉、唐·巴罗少尉、哈利·贝格少尉；（屈膝蹲着的）鲍勃·斯特劳德中尉、吉姆·沃克上尉、埃德·布斯中尉、亚历克斯·安德罗斯中尉。（卢·韦基）

左上图：1945年6月5日，鲍勃·霍夫曼在泽尔享受一杯巴伐利亚啤酒。（卢·韦基）

左图：亚历山大·哈密尔顿少尉和埃德·西姆斯少尉（G连3排）在萨尔费尔登医生家中的花园拍照。（凯伦·麦基）

下图：巴劳少尉和第506团C连的队员在奥地利布鲁克上方的山脚享受着阳光。（弗雷德·巴劳）

左图：1945年夏天，在盐山，美军士兵在参观赫尔曼·戈林家房子的残骸。（国家档案，引自杰夫·瓦尔登）

下图：1945年9月3日，第101空降师的一个代表团参加布鲁塞尔的一个胜利游行，来纪念它的第一个解放纪念日。（国家档案，引自帕特里克·布里翁）

下图：1945年6月3营的合照。从左到右（第一排蹲坐着的）：宝斯曼少尉、布斯中尉、比约克曼少尉、萨特芬中尉、贝格少尉、沃克中尉、利普洛格尔中尉、罗中尉；（第二排蹲着的）霍尔布鲁克、威尔金森少尉、萨瑟兰中尉、拉登茨中尉、布莱恩特、沃克上尉、埃尔布雷切中尉；（第三排站着的）安德森上尉、米勒中尉、巴劳少尉、辛克上校、帕奇中校、坎恩上尉、萨迪斯少尉、奥斯本中尉、谢弗少尉；（第四排站着的）哈勒尔上尉、海格涅斯中尉、施罗德少尉、福捷、贺兰、朗、哈林顿、道蒂上尉。

这儿河的两边很浅，可以跋涉一段路程，然后河就变深下沉了。我拥有一副望远镜，大多数时间都拿它来观察对面的河岸。我们所在的地方没有工厂也没有桥梁，只是有零星的几幢一层高的建筑物的乡村。在白天我们通常可以看到一两个敌军士兵在四处走动。无线电操作员每天会来我们观察哨待两个小时，报告我的观察情况，包括军队动向和集结情况。我觉得我们从没有离开过那片阵地，因为营队不时地会让通信员给我们送口粮。因此，我教导我的"孩子们"如何把一切能煮熟可以吃的东西利用起来。

在小镇中心，河的两边矗立着很多高大废弃的工厂大楼。部队尝试性地验证了很多方法让爆炸设备降落到河对面，比如手榴弹和60毫米迫击炮弹。最成功的办法是G连沃尔特·凯尔上士想出来的。凯尔十分心灵手巧，他把步枪手榴弹标准的尾鳍螺旋拧进了60毫米迫击炮的底部，使得迫击炮可以被M1步枪发射出去。

但是乔治·麦克米伦，他刚刚结束探路任务回到I连，觉得他有一个更好的办法。乔治用一辆废弃汽车的内胎做了一个弹弓，试图把手榴弹抛到河对岸。他的第一次也是唯一一次尝试以一种惊人的方式失败了，那枚待发的手榴弹从麦克米伦手里滑落了，滚到了后面，使得他的同伴们吓得四处逃窜！

鲍勃·韦伯描述河边的巡逻：

有一两座桥还是部分完整的。我们阵地的对面就是一个大的酒厂，我们和德军都会在那里巡逻。大多数时间，如果他们在那里那我们就会离开，他们也是这么反过来对我们的——尽管我们尽最大努力去获得尽可能多的一箱箱美味的红酒白酒。总部连安置在了一幢可爱的平房风格的房子里，里面有一个中式橱柜，放着超过200个香槟杯子，是用我见过的最好的水晶做的。房子主人还拥有一个不可思议的铁铸的阿加壁炉，在厨房里，因此我们总是有热啤酒喝。

到了这时，我觉得大家都意识到战争已经几乎结束了，只想活着看到终点。我们面临的一个问题是从我们的5人巡逻队那儿获取正确的情报。他们一跨过河就应该观察到所有日常的东西，比如军队的动向和在路口附近的活动等，然后用无线电把消息传回营总部。我们在河床上布了好几条通信电缆，就是给我这样的无线电操作员连接使用的。

3营一开始在沃克庄园附近的保护区里，他们每天的日程都很简单，包括训练和对在荷兰与巴斯托涅的行动进行检讨。哈利·丁曼接受了安迪·安德森提供给他的新职位，就是加入他的营队作为他的军士长。

丁曼对自己被提拔到中等管理部门感到多少有些吃惊，他回忆："士兵们称我'长官'而军官们称呼我'先生'。我开始和安德森一起工作，专门负责采购子弹和车辆。安德森上尉给了我一支小队伍，包括一等兵切斯特·莫拉瓦。莫拉瓦在部队里已经待了不止3年，由于他之前的犯罪记录而从未受到提拔。在1941年年初，莫拉瓦在一次失败的银行抢劫案中开着车子逃跑时被抓。法官给了他加入常规军的选择，来代替入狱。最终，莫拉瓦作为一名替补兵来到了总部连。尽管他的背景有些问题，切斯特仍是队伍里一名忠实守信的成员，成为我的勤务兵。"

戴夫·菲利普斯上士（团S3分区）被要求去访问G连的成员："我之前的上司约翰·西尼尔现在是他们的二等士官长，他带我好好地参观了一番。东北边几百码之外那个废弃的酿酒厂让我们沉醉其中。凯撒家族占有这幢楼的一部分，也就是现在被G连作为总部的那块。保罗·凯撒是一名画家，30多岁，非常聪明。弗兰克·罗中尉自己也身为一个有天赋的画家，和保罗相处得很好，保罗的英语说得也非常好。"和哈利·丁曼一样，保罗的拉丁语说得也很流利。哈利在大学里修过这门课，他大多数空闲时间都在保罗家里练习并讨论这个话题。

2月12日，每个团队的任务都是和一个增援营一起保卫一个分区。18:00，1营出动前往西南10英里的奥克斯泰，他们被安排在分区保护区里。同时H连被分配给了2营，接管了左侧的一个区域。"巡逻行动也被重新制定，尽管没有在阿登高地那么频繁和紧张，"汉克·迪卡洛回忆。"几乎我们派出去的每一支巡逻队回来时都带着至少两名战俘。这里的德军已经不是我们在佛依遇到的那种水平了。"光亮纪律仍是最重要的，尤其是在夜晚，任何的违纪都可能会引起大量的敌军火炮或迫击炮轰炸。

奥德利·列瓦伦上士带着机关枪排回到了现役，他之前在10月上旬在奥普斯登战役中受伤了，吉姆·梅尔许斯悲伤地回忆：

> 我还清楚地记得那一刻，仿佛如同昨日。我们刚刚渡过河流回到战地指挥所，在一次失败的行动后，上楼去整理堆放在一张大桌子上的我们的日常用品。我走进那个房间时，列瓦伦坐在地板上，居然用手枪指着我，试着从弹膛里射出一发子弹。我以为这事和怨恨无关，只是疏忽大意。但出于某些原因他扣动了扳机，子弹穿过我的右前臂，打穿了我手腕上方3英尺的地方（完全切断了桡骨），然后打到地板上，险些打中另一人的脚。医生被叫来，缓解了一下我的疼痛，然后我到了附近的一个战地医院。第一位医生想让我截肢但是被一位少校驳回了，他给那位

医生展示了另一种方法，这无疑保住了我的胳膊。这期间我好几样东西被偷，比如一块美丽的钻石和红宝石戒指，那是在巴黎买的。以及，你能相信吗，我的跳伞靴和一把小型的0.25英寸口径的自动手枪。还好那些贪婪之徒没有拿走我的旧手表——这有点儿讽刺，因为我差点就失去了戴着它的这只胳膊。

一天晚上鲍勃·韦伯到河边支援一支5人侦察队，他们的领导是一位新来的替补军官：

> 按照标准执行流程，这次机会应该是保持完全的无线电禁闭的，直到这几个人部署到了北河岸。我当时正在监听网络，带头这次袭击的中尉不小心把手放在了"通话开关"上。我们能听到他说的每一个字。这持续了几分钟，然后他小声说，"我觉得他们发现我们了，我们现在究竟该怎么做？"
>
> 这时，辛克上校已经赶到，很快就对这个中尉的不称职感到失望。最后，去巡逻的这几个人中的一个接管了无线电，另一个把那名军官带回船上。辛克上校说他希望另一组队伍准备好在10分钟之内出发……然后命令一支备用队伍部署，我很蠢地主动提出担任他们的无线电操作员。换上毛衣和纺织帽，把脸涂黑，装好手枪，扣上安全栓，我在胸牌上还缠了些手术胶带，然后检查了我们的装备的噪声。
>
> 我们赶在第一道曙光前40分钟跨过了这条河，一到达北岸我们就迅速开始四处搜寻失踪的3个人，但是没有他们的任何迹象。天逐渐变亮，领头的上士决定明目张胆地继续往内陆前进。太阳升起来后，我们在一个离马路不远的谷仓里躲避，我们本应该在那条马路巡逻一直观察的。尽管我们掩护得很好，我们还是决定移动到离公路更近的地方，然后进入一个废弃农舍里。
>
> 我爬上了屋顶，这儿我能居高临下地看到整片附近的区域。随着这一天逐渐过去，我们什么都没有发现。那天晚上，上士决定带着士兵找一个更好的观察哨，我则留下来管理无线电并且放哨。过了不久，我听到开火声，大约90分钟之后一位士兵回来了，告诉我快回到开始那个谷仓。我不知道巡逻队其他人都发生了什么，但是跟我说话的那个人最终回到了我们的战线。在通过无线电汇报了情况之后我被命令留在原地，继续传递24小时信息。那都没问题，但是我没有足够的食物和水，想到附近的一条溪流可能会帮我度过。48小时后，我终于得到指令在夜色掩护下

撤退到莫德尔河，有一个士兵会在橡胶艇里等我。事后听到汇报后，我才明白我一直观察的那片区域不再是威胁，团队现在要集中精力到另一块分区。

那次巡逻后不久，我就得了急性腹泻，变得很虚弱。一开始我们的医护人员以为这是胃溃疡，让我简单休息之后就让我回到岗位去了。在之后的两个星期，我的状况急转直下，到了月底，我被送到英国专门治疗。在一堆检测后，第53莫尔文总医院确诊我是由肠内寄生虫引起的腹泻，这种寄生虫一般只在山羊体内发现，我大概是上次巡逻喝了溪流的水才染上的。

韦伯在医院里度过了之后的3个月，这段时间里他先瘦然后又胖了40磅，最后终于在6月份回到了岗位。

在被派到沃克庄园的G连后，一等兵艾拉·摩尔哈特的第一次作战经历不是什么值得骄傲的。他的新班队里的一名成员、一等兵詹姆斯·威廉，是很值得担心的。威廉曾是一位上士，直到在巴斯托涅作战时玩忽职守而被降级。摩尔哈特和威廉都在5人安全巡逻队里，他们在莫德尔河南岸巡逻时走进了一个农场。威廉立刻发现了一个年轻的女人，立刻开始纠缠她，想占有她。那个女人开始尖叫，她的丈夫赶来，痛打威廉直到他屈服。尽管威廉被艾拉和其他人拖走，他还强迫他们第二天早上再回去。在紧接着的吵闹里，威廉可能是出于报复，开枪打死了那个农场主，然后强奸了他的妻子。艾拉和其他人都被威廉威胁闭嘴，谁要是敢说一个字关于这里发生的事情，他就杀了他。这件事是这场没有不良记录的战争里一个抹不去的污点。吉米·马丁相信在战争结束后，詹姆斯·威廉在被指控多次持枪抢劫后在印第安纳州哈密尔顿监狱里服了很长的刑期，到了20世纪80年代出狱后没多久就去世了。

大概在2月第二个星期的某天，春天提前3天到来了，带着晴朗的天气和美妙的阳光。这突然的变化不仅仅是日光浴的机会而且意味着更好的能见度，因此部队加强了巡逻，这本身也带来了风险。

2月15日的一个晚上，劳伦斯·菲兹帕特里克中尉和几个G连3排的士兵正准备通过F连的奥斯瓦德和施塔佩尔菲尔德上尉管理的一个分区渡过河。在本·施塔佩尔菲尔德简单作战指示后，菲兹帕特里克利用这次机会观察了对面的一个工厂，本说那儿是定期的敌军观察哨。继续往右是一家木材店和一片墓地。在左边，菲兹帕特里克看到了一排房子，但是那时候那儿被认为是空着的。午夜过后某时，中尉正带着他的战士渡过莫德尔河，他当场被敌军的机关枪炮火击毙，那炮火最可能来自对面的一幢"废弃"的房子。这次行动很快就夭折了，在F连自动机枪火力掩护下，战士们狂乱地划船回到了安全区。

18日01:00，另一支巡逻队渡过了莫德尔河。尽管遭到了Schu型地雷和敌军迫击炮火而伤亡4人，这支队伍还是带回了3名战俘，来自第103步兵团（第47国民掷弹兵师）和第257工兵营、第257步兵师。第二天下午，506团1营从奥克斯泰出发前往沃克庄园。两个小时之后，B连被附属到3营，3营的新任务是接管506团2营的主防线。在之后几天里，第143步兵师的部队相继赶来准备解救这个团。

到了2月23日，第506团走陆路出动，去往萨维尔恩附近的一个后方集结区，在海格纳西南边50英里。辛克上校把战地指挥所建立在西南几英里的马尔姆迪耶，挨着2营，1营被派到西南的阿埃让去了。3营临时驻扎在施威波威尔的两个村庄之间。48小时之后，团队坐卡车到了萨维尔恩的一个火车站。法国车厢的地板铺了稻草，在这次长达200英里回穆尔默隆的火车旅程中为部队提供了舒适的住处。

在3营出发前往施威波威尔前，哈罗德·斯特德曼回忆："我在医院里住着过去了7个星期，I连的人我几乎一个都认不出来了，除了曼尼·巴里奥斯、里奇·希恩（他刚刚出院），和一等兵哈维·德维利斯，我们都以为8月份时在岛上他就阵亡了。"在我不在的这几个星期里的持续作战必然给营队造成了严重的伤亡。

10

"在1945年活着回家"

回到穆尔默隆
1945年2月26日—4月2日

2月下旬，师队回到穆尔默隆，尚隆军营的大部分都变成了战地医院。治疗好黄疸的比尔·韦德肯中尉发现自己被分配到先遣队帮忙组织"帐篷城"以及打扫工作。"那时候我还是正式的机关枪排长，却从来没有真正的机会认识任何一位新兵。几天之后，我开始发觉我的听力似乎有问题，在诺曼底一次爆炸时受损的。这个问题一被确诊，分区外科医生立刻带我离开了现在的岗位。在被降级和重新安排后，我被派到勒阿弗尔管理一个德军战俘兵营，这让我十分失望。"

医疗人员和后勤人员如今已经占用了第101团离开巴斯托涅之前煞费苦心修补的长期兵营。"我们被迫住在一个村庄的尖顶帐篷里，"汉克·迪卡罗回忆。"尽管如此，如果我们住在阿登高地的话，这简直会要了我们的命，现在至少每个帐篷里还有个火炉。"

大约2月28日，营队的指挥结构经历了几次变动。道蒂上尉转移到了营S3区，从新提拔的德尔伍德·坎恩那儿接管，坎恩则反过来管理G连。比尔·韦德肯被派到第1486劳动保障连，劳埃德·威尔斯少尉和道客·德怀尔接管了轻型机关枪排，军士长奥古斯特·萨普利托和达尔文·里是他的分区队长，以及艾伯特·杜拉索中士、约翰尼·普雷萨斯、乔·米尔卡雷克（他之前和马蒂·克拉克一起从德军逃出来）、奥德利·列瓦伦、埃米特·麦基翁和其他几个人。

在弗雷德·巴劳调往506团C连的委任和调动最终通过后，南森·布洛克被提拔为总部连的二等士官长。布洛克的很多亲密的朋友，比如理查德·斯托克豪斯、法耶兹·汉迪和鲍勃·韦伯，觉得他被头衔冲昏了头脑。汉迪上士简直无法接受最近的这次调动，尤其是在列瓦伦海格纳对梅尔许斯做出那样的事后，于是他选择了监狱看守警官这个新职位。

埃德·西姆斯回想起这些调动：

罗伊·保罗·盖茨少尉被分配到我的排。盖茨把他的调令递给我时，我想，"我到底做了些什么让我接收了整个部队里最老的尉官？"罗伊来自得州农工大学，曾经是第10装甲师的，后来才加入第101师。他的家族极其富裕，在战争前几年把他们成功的副业卖给了迪士尼公司。我得知他在过去几年一直没有升职都是因为他打了一位上司，那位上司恰好是一位将军的儿子。对于一位替补军官，我认为，盖茨是合适的。罗伊说法语，和很多德国人一样，这算是一种额外收获吧。更重要的是，这意味着他可以去巴黎旅行，没有任何语言障碍地把我们的"战利品"卖到"黑市"。而且他足够机智能在我不在的时候让保罗·罗杰斯做事。事实证明罗伊是一个很不错的家伙，也是一辈子的朋友。

很多人获得了7天的休假，于是每个周日都会有上百个骑兵冲到法国里维埃拉。沃克上尉批准汉克·迪卡洛、卢·韦基和H连的其他几个人去尼斯休假7天。"我们被警告不要在夜间独自外出，因为当地帮派可能会袭击、抢劫他们遇到的任何军人，"卢回忆。"我一直都不太能喝酒——七喜和一点点威士忌就足够了——因此我从来不会在喝酒上花那么多钱，不像其他一些人，花了500美元甚至更多。我面对女人有点害羞，也没有汉克那样很好的口才，因此大多数时间我都和戈登·耶茨一起游览观光。"

迪卡洛的休假是他后半生都会一直记得的一次。"我们到达时，我很惊喜地发现我们住在内格莱斯克酒店。内格莱斯克酒店坐落在安格莱斯路边，是一家五星级的奢华酒店，俯瞰着安吉尔海湾以及地中海深蓝色的海面。预定好的房间太棒了，不过，最好的是，如果你每天晚上把跳伞靴放在门口，第二天早上你就发现它们被清洗擦拭得跟新的一样。"

在小镇外度过了美妙的一周后，汉克和男孩们到机场报道，准备飞回穆尔默隆。然而，由于糟糕的天气和最后一刻的突发事件，这次飞行延期到了下个周末。卢、戈登和汉克正准备坐上回宾馆的公共汽车时，汉克和几个空军攀谈了起来。"乘务长告诉我们每天都有安排好的送邮报的飞行到几乎每个解放的欧洲主要城市，包括罗马。我母亲安娜刚好来自罗马附近的一个小镇，叫作泰拉莫。有个士兵正好安排了第二天去罗马，还说我可以搭乘他的飞机去！"

泰拉莫之旅

汉克·迪卡洛回想起他偶然的这次旅行：

星期日的一大早，天色已亮，C47飞机载着50包邮件和我起飞了。在太平无事的飞行后，我们终于接近目的地了，这时乘务长走过来说，"坏消息，军士。我们刚刚接到指令绕过罗马，继续飞行到那不勒斯。"这不是我想听到的，我朝着他咆哮："那不勒斯没门！我绝对不会去那里的！"乘务长耸耸肩，大声冲我喊："你是跟着我们的，伙计，所以你没有选择权利。"我说话的愤怒又增加了一些，说："那不是必须的……打开机身的斜槽，把我投到机场怎么样？"他想了一会儿，走到驾驶舱，微笑着回来了。飞行员同意在接近罗马时提醒我们，然而会以1000英尺高度掠过机场，从而让我跳伞。这是我第一次使用这种降落伞的经历，不过对于那时的我而言这只是一个小细节。

飞行员降低了飞行速度，我们直线飞行，水平掠过机场时，我跃向空中，手放在降落伞打开环上。降落伞打开后我有时间暂时欣赏一下风景，然后注意到一辆车正在飞快朝着我预期降落的地方驶去。我的双脚碰到地面的那一刻，两名宪兵队员把我押到禁闭室去了。我和值勤员意气风发地讨论了一番，他是上尉，名字是路易斯·华莱士。华莱士上尉专心地听着一边检查我的休假证明，然后告诉我我的行为是违法的，第二天我得坐飞机回到尼斯。"你是说你不会惩罚我，先生？"突出部战役的画面还在大家脑海里历历在目，因此我觉得作为第101空降师的一员应该帮了我些忙。华莱士上尉建议我在临时乱糟糟的部队里吃个饭，然后在他们的兵营里找个地方睡下。我再三感谢他，然后走到食堂，吃了点儿东西。

我正在吃肉卷时，一名滑翔步兵坐到了我对面，跟我攀谈起来。我得知他来自费城，他的名字是丹尼·因方特，他是军需部门的司机。当丹尼听了我的故事后，他变得十分激动，因为他有一辆自己的吉普车。丹尼也知道泰拉莫在哪儿，告诉我如果我们立刻动身，最晚在半夜就可以到达。这个想法听起来太疯狂了，但是我还是去了。

出发前，丹尼设法弄到了两盒C口粮和几罐咖啡。快到午夜时我们到达了泰拉莫，这儿看起来完全没有受到战争的影响。我不知道我叔叔托马索·洛利的地址，因此我们决定去敲我们遇到的第一户人家的门。

一开始并没有人回应。之后二楼的一扇窗户打开了，一张愤怒的脸庞出现，想知道我们该死的是谁，我们到底想干什么。我用意大利语回答他我的母亲是洛利家，然后问他是否知道托马索住在哪里。他的态度立马就转变了，"哦是的，当然知道，"他回答。"他们住在隔壁那条街拐角处的第三幢房子。如果你愿意等一分钟，我很乐意带你去。"

过了一会儿，这个男人就到门口来迎接我们，他匆忙地在睡衣下面穿了条裤子。这时他的家人也醒了出来看看安娜·洛利的儿子。一些邻居都出来，大家都想带我去我叔叔家。还好托马索的家足够大，这儿住着3家人。除了托马索，还住着我的叔叔塞尔瓦托和盖茨皮尔。一共12个人——包括女人和孩子——尽管到了后来他们让我觉得自己就像在家一般。

越来越多的邻居过来祝我好运，不知不觉中这次拜访变成了一个聚会。托马索叔叔带我们到他的秘密藏匿劣等红酒的地方，我们带着C口粮和咖啡，在房子里里外外开着派对。丹尼迷上了托马索17岁的女儿莫杰斯塔，他一整晚都没有离开过她，表现得真是好。

黎明后聚会很快就散了，我们终于有机会谈谈家人。托马索的两个儿子在意大利北部，同政党人士作战。塞尔瓦托在西西里岛之战中失去了长子，另两个儿子被德军作为人质扣押了。盖茨皮尔叔叔没有儿子但是有三个美丽的女儿。见到他们真好，现在我终于真正实现了我妈妈的愿望，知道她的兄弟姐妹们是否从战争里幸存下来以及他们生活得如何。终于到了离开的时刻，这是我们最不愿意做的。那天晚上的兴奋真的耗尽了我的精力，尽管一路很可怕，在回机场的一路我一直睡得跟个孩子似的。我太感激丹尼花时间而且不顾麻烦陪我，不过他似乎再开心不过了，因为他弄到了莫杰斯塔的地址。我们告别，然后我自己去了派遣办公室，发现有一架飞机在22:00要前往尼斯。

总统的嘉奖

吉姆·马丁在治疗了脚脱臼后，在3月14日回到穆尔默隆：

我出院时脚还没有完全恢复。那时候我的大多数朋友已经都准备离开，前往里维埃拉、巴黎或者英国。我们的连办事处看起来只有少量临时人员在工作。我自己和其他几个"病人"得知我们要担任新来的替补队员的教官，替补人员会在几天内到达。我们没人想干这工作，因此第二天我们无故缺勤了，也碰巧在这天我们部门受到了总统的嘉奖。第506团因为诺曼底作战已经得到了一个集体嘉奖，在经历了比利时的一切后，我已经完全不在意这些了。

尽管吉姆显得有些愤世嫉俗，1945年3月15日依旧是第101空降师历史上重要的一天，他们是第一个被授予"总统杰出团队奖"的师队。艾森豪威尔上将颁发了"杰出英雄"奖，表彰在1944年12月18日到27日之间在巴斯托涅的关键通信中心的防守抵抗。那天阳光明媚，12000名战士齐刷刷地沿着机场边缘排成队列，几十架运输机从他们头顶轰隆隆飞过。

安东尼·麦考利夫缺席了这次颁奖，他最近刚被提升为少将。同时麦考利夫和第103步兵师还在阿尔萨斯的维桑布尔西边的齐格弗里德战线艰苦作战。出席颁奖的除了艾克还有远征盟军最高司令部队成员洛厄尔·鲁克斯少将和二级上将弗雷德里克·摩根，以及第一盟军空军部队的高级将领们、二级上将路易斯·布里尔顿和他的主要下属弗洛伊德·帕克斯中将、第18空降军的军长马修·李奇微、保罗·威廉少将（第9运兵舰）、白宫秘书斯蒂夫·厄尔利、艾森豪威尔的海军副官哈利·布彻上尉、瓦兹基地地区的代表。站台边上，有一个迷人的身影，是出生在德国的演员兼歌手马琳·迪特里希，她正好在穆尔默隆给劳军联合组织演出。

通过公共致辞系统，艾森豪威尔宣布：

> 在安全区的你们匆忙就去了前线，接到命令坚守阵地。战争剧的所有剧情元素都在那儿发生了。你们被拦截包围。在那种情况下，只有英勇、十足的自信和对领导者的信任以及良好的训练获得的知识，只有必胜的信念才能支撑着战士们。你们得到一个非凡的机会，并且你们通过了每一次考验。你们已经成为战斗的榜样，整个美利坚合众国的人们今天都要对他们的战士说："我们以你们为荣。"今天能在这儿和你们说话是我莫大的荣幸，对地101空降师以及其所有附属部队，我为你们感到非常骄傲。正因为你们是一个新传说的开端，你们必须意识到从现在开始，格外耀眼的闪光灯将聚焦在你们身上。

> 无论什么时候你说你是第101师的一名战士，每个人，无论在大街上、城市里或者前线，都会期待你有不同寻常的表现。我知道未来你们还会遇到各种考验，正如你们在巴斯托涅遇到的一样。祝你们好运，愿上帝与你们同在。

随着最高司令官从麦克风走开，师队的旗帜——装饰着天蓝色的嘉奖丝带——突然在微风中摆动。美军乐队演奏起进行曲，部队开始进行阅兵。大约70分钟后，战士们经过颁奖台时，艾克、麦斯威尔·泰勒少将和其他高级将领都骄傲地向他们致敬。

汉克·迪卡洛当时也在场，他回忆："在阅兵之后，就宣布部队将引进一个积分系统，最终能够让我们'老一辈'中的一些回家。同时，那些像我一样经历了诺曼底、荷兰和巴斯托涅的将会选出有限人数获得去美国的30天休假——按照惯例我没有获奖。然而，弗兰克·帕蒂萨克中士（在巴斯托涅的最后几天受伤了）是少数几个幸运地获得了'黄金车票'的人。"

获奖的人中有斯坦利·斯塔西卡下士（H连）和总部连的一等士官长艾伯特·米勒。帕蒂萨克缺席，因此卢·韦基被提升为排长。和其他部队一样，1排也接收了很多替补兵，正经历管理人员的重新洗牌。鲍勃·马丁上尉成为排队指导员，作为韦基助手和他一起工作。瓦尔特·帕特森接管了2班，卢瑟·迈尔斯和巴克·伯维茨都被提升为上士，分别管理3班和4班。在军官的食堂里，偷闲喝着咖啡的汉克正好拿起最新一期的《美国人》杂志，他看到封面时差点被呛到："那张照片上是突出部之战里一些在雪地里行走的部队，正上方是桑尼·桑奎斯特大大微笑的脸庞。我都说不清我们是多么的鄙视那个家伙。在巴斯托涅之前桑奎斯特被调动到1营，在诺维尔惨烈的战斗中他被列为'作战失踪人员'——直到后来这个贱货在马尔赛被发现，他当时正想坑蒙拐骗地上一辆运兵舰！"

奇怪的时代

阅兵结束时，吉姆·马丁和其他几个人安全地坐上运输机前往英国。那时，由于在两周内即将发生的"大学"行动而造了大量飞机，使得飞行变得相当容易。吉姆继续叙述，声音里有点儿辛酸：

> 其实并没有人在意，大多数的机组人员在英国和欧洲大陆之间来回运送供给品，进口英国烈酒出口法国葡萄酒，却只能为自己赚取一点点财富。但是你能做什么呢？那时候我十分需要他们，他们是至关重要的。

我们飞到沃特福特附近的英国皇家空军机场博温登，位于赫特福德郡，这儿是航空运输业务的运作中心，离伦敦中心只有20英里。由于没有现金，我们先到了基地财务办公室，跟一位少校说了情况，他一开始拒绝帮助。在谈话中我提醒了他一个鲜为人知的事实：必需的交通部队在有些地方享有"部分付款"的权利，这事我在诺曼底之前就知道了。我们拿出工资档案，靠着我们刚成立的名声，少校客气地给我们发了度假工资。

在伦敦过了一天后，我坐上了去往伯克郡亨格福德的火车，想着到奇尔顿福里亚特找到一个住的地方，但是兵营被替补兵挤满了。我有点儿庆幸因为我去了拉姆斯伯里，和我的朋友巴雷特住在一起，他住在通往机场那条马路边上的一排村舍里。巴雷特夫妇有三个年幼的儿子（托尼、西奥和阿奇），他们也提供了一间兵舍给艾格尼丝·麦克纳尼，她是妇女陆军的成员。艾格尼丝来自利物浦，我在诺曼底之前就和这个可爱的姑娘约会过几次，不过没有什么大的进展。然而，我和莫利·斯塔提的关系就很不同了。在我的"假期"最后几天，莫利和我一起度过了很长一段时间。个子高挑、皮肤白皙、体态丰满的32岁的斯塔提女士住在马尔特会所那条地势较高的街道上，离马尔特铁铲酒吧不远。她嫁给了一位牙医，有一个6岁的儿子，叫作安东尼。我觉得莫利的婚姻只是一个不受束缚的契约，她丈夫正和另一个女人约会，其实并不介意莫利和我或者其他人待在一起。这确实是很奇怪的时代。

我到达穆尔默隆时，坎恩上尉把我叫进他办公室，问我该死的去了哪里。"没去哪儿，先生，"我回答。"是有关马丁的事吗？""不，先生，当然不是。""好吧，"他回答，"出去吧，回到排里去——解散。"听到这，我立正、敬礼，正步走出了办公室。我之前说过坎恩一直觉得我有点儿骄傲自大，但我想这一次在我们一同经历过这些事后，他应该不会再这么想了。

3月24日的早上，第17空降师在威廉·米雷少将指挥下，从穆尔默隆起飞，作为大学校队的一部分，横渡莱茵河去支援特级上将蒙哥马利的第21集团军（自身代号为"战利品行动"）。第17空降师在河东边的维塞尔降落，一起降落的还有埃里克·博伊斯少将领导的英国第6空降师。两个师都是第18空降军的组成部分，尽管伤亡严重，还是勇敢地为盟军开辟了进入德国的道路。一天，这个联合部队在空投区投下了16000名士兵，减少了诺曼底和荷兰人员，使得大学校队成为军队历史上最大的一支空降作战队。

3月末，在欧洲西战场作战的4支美国军队都到了莱茵河东边，第1军和第9军紧跟着包围压制了鲁尔区的敌军力量。"西边大门"稳稳打开后，第101空降师继续去为其他部队增援，无论何时何地只要需要就制定军事法。

穆尔默隆的军官食堂二楼有一个舞厅，团里组织了一次有乐队的宴会，就在去鲁尔区之前。"我当时和'上尉'安妮很友好，她是战地医院的一名高级护士，"弗雷德·巴劳回忆。"安妮答应做我的舞伴，还组织了一小群护士一起来。舞会那天晚上，我派了一辆卡车去接她们，卡车里装备了舒适的家具和充足的酒。

正在爬楼梯到舞厅去时，安妮和我正走在姑娘们前面，这时我注意到辛克上校在上面的楼梯口冲我们微笑。我向上司介绍我的舞伴时，这个狡猾的老魔鬼手滑到了安妮胳膊下面，轻易地赢走了她。我永远不会忘记他在离开前说的话：'巴劳先生，你刚刚上了有关军官礼仪里宝贵的一课……享受你的夜晚吧，中尉……解散。'"

埃德·西姆斯也充满感情地记得这个宴会，不过理由有点儿不同：

> 很多军官都一直让我去吧台帮他们拿喝的……我并不介意，大家都习惯这样。舞会里的每一个人都在摇摆跳舞，斯特雷耶中尉突然在辛克面前昏倒。上校让我不惜一切代价都要把斯特雷耶挪走，那会儿我已经喝了四五杯浓伏特加马提尼了。"我能怎么办，长官？"我质问。"你想怎么样就怎么样，把他弄走就好！"我把亚历山大·哈密尔顿中尉叫了过来，他刚刚被分配到E连2排。我们提着斯特雷耶的手和脚把他抬了出去（他现在是代理团参谋长）。哈密尔顿问我们要把他放在哪里。我已经很醉了，有点儿恶作剧地说我们把他藏在鲍勃·辛克帐篷里的床底下！
>
> 我听说辛克第二天早上醒来时，发现我们的小"礼物"还在睡觉，他直接把斯特雷耶踢出门口，踢到了大街上！幸亏斯特雷耶一直没发现是我干的——否则我确定他一定会让我的生活更加艰难。

11

"送别儿子"

鲁尔区，西德
1945年4月3—24日

1945年4月1日，101空降师归属到欧内斯特·哈蒙少将的第22军，是二级上级伦纳德·杰罗管理的第15集团军的一部分。

先驱部队在周六（3月31日）离开穆尔默隆，两天后的凌晨，大部队也出发了。由117名军官和2006名士兵组成的团队通过马斯特里赫特，以浩浩荡荡的拖车卡车护卫队的阵势走过了大约200英里的距离。第506团接替第387步兵团（第97步兵师），被部署到了杜塞尔多夫的南边，尼尔文赫姆小镇、斯图泽尔博格和佐斯村庄的周围，离荷兰和比利时边界的东边50英里。

位于鲁尔区山谷西边的尖端，杜塞尔多夫这个古老的城市矗立在莱茵河上。在二战开始时，这个城市的人口有540000人并且还在增加，也因此成为纳粹战争机器的一个重要工业中心。这个城市大约60%都在最近盟军战略性袭击中摧毁了，迫使大约200000居民逃亡到了周围的乡村。

附近的小镇戈尔成为中心，辛克上校把团指挥所建立在这里，度过了之后的3个星期。埃尔夫特河边界，在团的最左侧是第327滑翔步兵团的部队。在右边的沃林根是第82空降师第504伞兵团。506团的主防线大约有10英里，沿着莱茵河，从沃林根开始向北蜿蜒穿过辛梅尔格斯特，然后到达杜塞尔多夫。在4月4日那天，第387步兵团把自己的分区交给了第506团，他们现在的任务是保持第327团和第504团之间的联络，在莱茵河上安排定期侦察和作战巡逻队。另外这3个营还有一项任务是保持军队的驻扎在他们自己准确的区域。第81防空空降营的F连在这次作战期间附属到了3营，第一个星期里所有的后方梯队安保都是师侦查排提供的。

在团分区所在地的所有通过莱茵河的桥梁都被摧毁了，把大约5000支部队和在河东岸的第176、第338国民掷弹师分隔开。尽管还有残余零星的抵抗，战争实际上已经结束了，德军却一心要拼尽全部力量然后耗尽。作为封锁力量的成员，3营驻扎在北区，和第327滑翔步兵团联结在一起。506团2营掌控着东区，1营则在尼冯汉的团保护区里。

和往常一样，第321滑翔野战炮兵用105毫米大炮支援第506团。部队舒适地住在私人的房子和农场里。3营被派到了诺尔富，戈尔正北的一个小镇。"第一天晚上，没有任何第387步兵团的迹象，"汉克·迪卡洛回忆。"因此我们就简单地在河边放哨，没有任何人引导我们。第二天，营队调整了战线，把迫击炮和火炮都放在了一起。"

1945年3月末，大约300000人的敌军部队被包围在莱茵河以东鲁尔山谷里，他们大多数属于陆军元帅沃尔特·莫德尔重组B集团军群。那片地区是出名的"鲁尔区口袋"，几乎有80英里深、50英里宽。

作为"希特勒的消防员"，沃尔特·莫德尔受到他的教导为了德国最后一寸土地也要奋战到底。没能成功摧毁雷马根莱茵河上的一座重要的桥梁，B集团军群很快发现那座桥被美国陆军包围了。在美军第9军和第15军不屈不挠的奋斗下，"口袋"很快就缩小为25英里的前线，接壤从科隆到杜塞尔多夫的莱茵河。扫荡河边口袋的西边界的任务交给了第15军的部队。

莫德尔之前在阿登高地领导了失败的德军防守，在希特勒的命令下摧毁工厂，并把那片地区变成要塞。他忽视了"焦土策略"，其防守计划也最终失败了。4月中旬，B集团军群在口袋地区的最后一次突破中被盟军一分为二。莫德尔不愿意投降，他放出了最年轻和最年长的队伍，并通知剩余人要么投降要么试着冲出包围。柏林谴责莫德尔和他的部队，认为他们是卖国贼，并命令口袋地区内的纳粹党卫军对拒绝留下作战的任何士兵或者居民都进行报复。

尽管河的另一边一片混乱，对于第506团来说战区的第一个星期一片安宁，仍有很多人在出去休假。大多数情况，作战活动包括巡逻或者坐小船渡过莱茵河接近敌军力量，然后为了获得情报抓几个战俘回来。

"那阵子有很多的趁乱打劫，战斗并不多，尽管我们会时不时遭到河对岸的大炮攻击，"吉姆·马丁回忆。"一次我们的战士出去巡逻，吃惊地发现他们走到了一片工业区里，工厂还在为德军制造武器而努力！"

"我们遇到的敌军更喜欢投降而不是战斗，"汉克·迪卡洛回忆。"我们几乎没有怎么看到德军活动的迹象，随着我们的存在变得越来越有好斗心，几乎有一段时间我能记得巡逻队若是没有抓到一两个战俘都不愿意回来。"

4月12日，3营由506团1营接替，被派往了尼冯汉作为团预备队。1营接管主防线后不久，A连的一支大规模突击小组被派到河对岸瓦解仍在那片区域的敌军，这支队伍由7名军官和125名士兵组成。同时，团队情报科军官比尔·利奇少校率领一支S2区的5人巡逻队进入斯图泽尔伯格和佐斯，到杜塞尔多夫一个叫作本拉特的郊区附近侦查一个疑似敌军观察哨。

在这两个村庄之间，莱茵河湍急地拐向东边，利奇决定沿着佐斯附近的斯图泽尔伯格街发起夜间行动。少校的正右方是F连的三个班，由乔·弗利克上士、鲍勃·斯通和加斯顿·亚当指挥。

不知道他是否意识到，在渡过河的路上，利奇和他的手下正朝着鲍勃·斯通的班划船过去时，一名神色慌张的替补兵用自动手枪杀死了巡逻队的所有人。5天后，即4月18日，利奇和一等兵罗伯特·瓦特的尸体从斯图泽尔伯格的F连战地指挥所对面的河对岸被运送回来。在这段相对安静的战争时期里，这真是一个悲剧。

当局在尼冯汉建立了收留中心，为了收容难民和无家可归的人（流浪汉中心）。很多居民从他们自己的军队逃出来，渡过莱茵河进入了美军控制地区，需要先喷洒DTT药水，然后再处理，吉姆·马丁回忆："在保护区时，我们有趣地看着上百个半裸的女人在被清理虱子。G连征用了当地私人房子作为我们的兵舍，我们在那儿住了大约7天。房主被悄无声息地赶出去，我知道他们因此很看不起我们。"哈利·丁曼作为特等士官长，把德国百姓逐出他们的家成了他的任务，他回忆："我只会说几个德语单词，不过至少这足以让他们明白房子要被征用了。我觉得其实大部分居民都舒了口气，庆幸我们是美军而不是苏军或者法军。"

"事实上我们被当作军事消防队来使唤，"卢·韦基回忆，由于他们手头时间十分宽裕，卢和其他士兵们穿上从一家当地军事用品店弄来的纳粹制服，去拍了快照。H连1排最终住在尼冯汉的大量私人住宅里。"走向我们班的兵舍时，我注意到一只瓷盘从一扇窗户里飞出来，紧接着又飞出来几只，全都在我前面那条路上砸碎了。我质问他们到底在干什么……士兵们大笑说，'长官，我们可是占领军，所以我们绝不干那该死的洗碗的活！'"

"我们排的几个人决定对一等兵汤姆·比斯利开一个大玩笑，"汉克·迪卡洛回忆。

> 汤姆有一个外号叫作性冒险家。我几乎耻于说道，但是这件事发生在罗斯福总统去世的那一天。那是正午时分，我们刚刚从一个追悼会回到尼冯汉。我的班正在这个农舍前面四处走动，擦拭枪支，习惯地朝风中射击。农舍旁边是一个两层楼的房子，一楼是马厩，有一个露天的楼梯通到类似仆人住的地方。
>
> 我们正忙碌着，沃尔特·帕特森走下楼梯说，"嗨你们知道吗，有个死了的女人躺在楼上的床上……看起来她开枪打死了自己。"我们当然都得去看一眼，看看他说的是不是对的——那儿是有个死了的女人，

才刚刚30出头，躺在床上，头上有一个枪击的伤口。我们只能认为她是自杀的。

在1945年4月和5月之间，上千名德国百姓自杀了，他们相信戈培尔散播的幼稚的谣言——美军会强奸然后谋杀他们遇到的任何人，夺取他们的任何东西。

"那些家伙拉上了厚厚的遮光布，爬到了大衣柜里，"汉克回忆。他继续：

> 比斯利班里的一个好朋友，一个新来的替补兵，叫作范尼，被派去找汤姆，告诉他有一个女人愿意和排里的人做爱，从而交换香烟。由于范尼不是第一次做这种交易了，他建议比斯利不要拉开窗帘。汤姆冲过去，跃上楼梯时，坐在外面的我们大多数并不知道正在发生什么。大概安静了5分钟，然后就听到了非常可怕的尖叫，比斯利滚下楼梯，手里拿着手枪，质问着范尼在哪里。

> 我们后来才知道那天发生的细节。正如范尼建议的，汤姆没有拉开窗帘，摸索着走到那个女人躺着的地方。他爬上床，说，"天呐，女士，你真的好冰冷。"这时候那些家伙知道这个玩笑开大了，从衣柜跳出来，发现汤姆跨坐在那个女人尸体上，盯着她死去的眼睛……然后就是尖叫了。比斯利没有注意到房间里的那4个男人，掏出手枪就开始找范尼。汤姆一直没有原谅这些孩子居然开这种玩笑，范尼也被迫调动到另一个连，出于对他的安全考虑。在那件事之后我觉得比斯利再也没有真正相信过我们中的任何人，但是你真的应该看看他滚下楼梯时的神情。

第97步兵师的一个联络员向团战地指挥所报告，确认他们师已经占领莱茵河东边的庞博格。不久之后第506团就得知第94步兵师的部队将很快来救助它的前线营队。

第506团的一支巡逻队举着白旗渡过莱茵河，和东河岸的美军步兵取得了正式联系。没多久后，1营和2营就被第94步兵师的303团1营和2营解救，被派到了维克霍夫、霍兰和多马根。之后的两天一直在训练，由第94步兵师进行军事管制。就是在这段时期，H连3排经历了其最大的悲剧，乔治·蒙提利奥被一名神经质的替补兵意外杀害。蒙提利奥的死对拉尔夫·班尼特和亚历克斯·安德罗斯来说是一次沉痛的打击。

杜塞尔多夫最后一个口袋的反抗一直没有停止，直到4月21日陆军元帅莫德尔在杜伊斯堡附近自杀。这个月底，大约325000名德军部队成为战俘。4月21—22日，第506团坐卡车和火车转移到亚格斯陶森支援第7军。3天后，帕奇上校在罗萨其建立了3营战地指挥所，G连、H连和I连在附近的恩特马萨器驻扎。同时，506团1营去了澳博柯萨奇，后勤连去了奥林海森，506团2营把维德尔恩当作了自己家。

26日，哈利·丁曼正在克劳特海姆附近的冯伯利欣根城堡的团总部（如今是迪耶格特森布格酒店），他注意到辛克上校办公室门口的一叠升职文件。"看到周围没人，我把切斯特·莫拉瓦的名字加到了名单里。由于他的犯罪记录，他从来没有升职过，但是他一直为我工作得相当出色，我觉得他需要升迁。这些文件很快没有任何问题地通过了，几天后切斯特成为下士！"

离开鲁尔前，埃德·西姆斯的牙齿出了问题。疼痛得越来越剧烈，辛克上校就把他送到了科隆的一名流动牙医那儿。"我到达时，排了很长的队等着看病。穿着作战服，臀部口袋里放着0.45英寸口径手枪，我跑到了队伍最前面，引起了管理人员的大规模争吵。我告诉那个男人我的部队正在撤退，我等不了了，最终他屈服了。大约一周后，辛克收到一封来自牙科人员的信，信里抱怨了我的态度。辛克只能说，'再也不允许了，西姆斯。后方梯队是在那儿支援我们而不是阻碍我们的，所以以后，请千万、千万、千万对他们友好一些！'"

12

"反击"

3营战俘们的困境
1944年6月—1945年5月

尽管埃德·西姆斯现在已经开始享受他作为军官的新生活，他常常想起以前和沃尔弗顿上校和3营一起的日子。"偶尔，当我遇到乔·戈伦茨中士时，我们会聊起以前那些日子以及我们的朋友一等兵唐·罗斯，他在诺曼底被抓，但是不像乔，他很不幸地没能逃出来。"

唐·罗斯到达德国的林堡时，他和诺曼底登陆的俘虏一等兵比利·韦默、一等兵唐·埃米尔和H连的"巴德"艾斯蒂斯上士，以及一等兵乔治·罗西和总部连的吉姆·布兰德利下士、I连的技术乔·拜洛尔上士一起住在兵营里。战俘的行程的下一部分通常是搭乘火车，也许几天，也许几个星期，都要看最终目的地。8月，在米尔贝格的第4B战俘营简短停留后，很多士兵比如罗斯，被送到其他战俘营，被当作工作指挥部的苦力来使唤。唐（战俘编号80427）被火车运到东边，一起的还有韦默、埃米尔和其他10个人。在几次长时间停战和延误后，队伍终于到达了第4 C战俘营，该战俘营在捷克边境的苏台德地区维斯杰茨附近。

在战争一开始，第4C战俘营就建立在一个以前的瓷器工厂里，它为当地工业提供了23000强壮的劳动力。很多英国、法国、波兰、美国和苏联的战俘被强迫在苏台德区燃料工厂干苦活，在这儿汽油由煤块合成加工而来。到达后不久，唐被分配到战俘营的锻铁工厂工作：

> 我提供了一个钢锯条给两个美国人，帮助他们逃了出去。后来，其中一个人被杀另一个被重新抓回来，带回了战俘营。一些守卫会把可怜的逃跑者关进带刺的铁丝网之间的禁闭区。我们中的很多人被强迫站在那儿看着他们用机关枪扫射逃跑者。
>
> 大约一周之后，我被重新派到一个当地的露天采煤矿。一旦有机会，大家都会最大程度地破坏他们能够看到的所有东西。我的工作是把

煤块里没用的物质分离出来，一有机会我就把次品放在煤车里，反之亦然。一天一个民工看到我所做的，故意推着一辆货车撞上我，弄伤了我的后背。然而，几天后，这个人"意外"地死了，从没人怀疑我们。

两个月后，唐被转移到捷克斯洛伐克的法克诺夫奥赫里。如今这个小镇是出名的索科洛夫，坐落在海布东北边的卡洛维伐利地区。德国人把这个小地方叫作"在埃格尔的法克诺夫"，是声名狼藉的弗洛森堡集中营的附属营。罗斯被迫在近50年里最冷的冬天里一直工作：

> 我们站在冰冻的河面上，凿着冰块，让河水更自由地流过附近的水电大坝。我们中的很多人都带着旧伤去劳动，我的手脚都严重地冻伤了。有时候我们会被命令到附近一条铁轨去装卸货物，这是偷土豆和胡萝卜的大好机会。
>
> 有一个守卫是一个老家伙，明显很同情我们的处境。在卸货回来的路上，这个德国人常常会在车门外拍拍我们，开玩笑地说，"小伙子最近长胖了吗？"然后让我们离开。还有一名德国军士，人很不错，会通知我们盟军的任何进展以及他们离集中营的距离。好几次这个"小下士"救了我的命，我因为一些轻罪或者其他原因就要被打的时候他介入了进来……我们不会忘了他的善良。在3月上旬，盟军就在门口，我们起义，缴械了逮捕德军的武装。我们不喜欢的德军都被暴打，关在集中营的一幢楼里。但是，我们放走了那个年长的守卫和小下士。走出前门我们离开集中营，然后分道扬镳了。

唐和另一个士兵选择加入捷克游击队，尽管语言不通，还是跟他们一起作战了两个月。他继续：

> 我们没有抓任何俘虏，对于我们来说，每一个阵亡的敌军战士都是一个"好伙伴"。我们很快就遇上了苏军，他们很聪明，和他们一起在5月初工作的时候，我们终于和美军第1步兵师汇合了。老实说，我们当中很多人都想继续打仗，但是得知这已经没得选择了。所以我们被派到了勒阿夫勒的好彩兵营，等待被送回家。那时我的头发很长，长满了胡子，体重大约115磅。1942年9月12日我参军的时候有180磅！好彩营的军需官发了现金和新制服给我们，这是第一次我们能够吃上美味的食物和洗上热水澡。
>
> 我们获得了去巴黎的48小时的许可，在那儿度过了几天美妙的日

子，探索这个城市和它的美食。我的战俘好友和我遇到了两个美军姑娘，那个下午一起欣赏美景。想到就在一年以前我们还被罪犯一样在街上被游街示众，这种感觉十分奇怪。我们遇到的巴黎人看起来有点儿冷漠，不过至少比被吐口水要好多了。客观地说当时一些美国军人的行为确实是非常不好的，这可能导致了这种情况。

第二天我们在一家餐厅发生了点事，一个喝醉了的士兵站在桌子上，对着其他顾客开始唱下流的歌。我们告诉这个士兵和他的朋友们他们简直是在给我们的制服丢脸，但是似乎没人在意。这时候我愤怒得不行，咬牙切齿地回答，"你们走的时候给我小心点。""为什么？"他们回答。"因为外面可能有人在等你。"说到这儿，我转身走出去，心想他们至少有一个人会跟出来，但是这些懦夫决定逃跑，从后门溜走了。

坐火车回到勒拉弗尔后，我们登上了一艘客轮开启了回家的航行。两周后，6月底，我们在纽波特纽斯停靠，被送到西弗吉尼亚的一个大型军事基地。在那儿，我获得了两个月的假期，跟大多数的战俘告别后，和3个还活着的"野蛮人"一起朝着西海岸向家里出发。火车上有很多的年轻女人和小孩，我们把我们的外套、毯子和枕头都给了那些小孩。到达加利福尼亚的马里斯维尔时，我对我的伙伴们最后告别，然后再也没有见过他们。

我从那儿搭便车到旧金山，赶上了去圣拉菲尔的巴士。自从我离开后，我父母就搬到一个新地方——28赫德道——于是我坐了一辆出租车（出租车司机没收我钱），在大约午夜到达了他们的家。走进他们的卧室，我把我爸爸从床上拉起来，说，"嗨爸爸，"然后用尽生命拥抱他。我们的声响把我母亲吵醒了，她眼泪唰唰地流下来。那个晚上我们一直坐着聊天……我时不时地就摸摸我妈妈的手……在家的感觉真好。

4月25日那天，美军和苏军在托尔高易北河的联合鼓舞了德国东北的很多战俘。在这一重大事件之后，敌军侧翼的情况显得尤其重要，德军要继续作战的唯一方法就是让在东部的师队反击进入英军和美军把持的地区。

希特勒曾考虑过以处决35000名战俘（1945年德国大约有270000名战俘）作为威胁，除非盟军同意达成某种和平协议。然而，纳粹党卫军沃芬上将和弗雷格·伯杰（1944年被任命为战俘营的总指挥管）说服希特勒把战俘作为人质是一个更好的主意。谢天谢地，哪个计划都没有成真，尽管随之引起的自东向西的军事迁移导致了上千名盟军战俘和集中营因犯的死亡。

3营的几十个人，比如罗斯，在诺曼底的头几天被抓，还包括约翰·麦克奈特上尉和他的无线电操作员乔·拜洛尔、一等兵大卫·摩根和吉姆·布朗的双胞胎兄弟杰克，他们都来自I连。之前就提到过的，比如"道客"乔治·德怀尔、雷·卡兰杜拉、约翰尼·吉布森、马蒂·克拉克、乔·戈伦茨和乔·米尔卡拉克、吉姆·希兰、伯尼·雷恩沃特，最终逃离出来，在荷兰入侵之前回到了英国。他们中的大多数，包括雷，最终都回到了现役，在巴斯托涅作战。

诺曼底登陆之后，在勒蒙泰仓库短暂停留后，所有战俘包括506团3营的那些人最终到达圣罗南边的荒山，在这里他们被分成三个不同的队伍。主力队，大约700人，走公路向西南出发，到雷恩的军事基地（221战俘营）。这个队伍包括德怀尔、戈伦茨、布朗和卡兰杜拉，他们的鞋子被德军偷走了。另两支小一些的队伍也出发（西南方向）前往阿朗松一个临时基地。大约6月10日第一波乘坐卡车出发了，另两支队伍在两个星期后也跟上了步伐。

他们到达阿朗松不久，第一支队伍的很多人被挑选出来到巴黎游街示众。在被强迫参加的人中有约翰·麦克奈特、乔·拜洛尔、伯尼·雷恩沃特、吉姆·希兰、一等兵约翰·麦肯思基（81毫米迫击炮排）、马蒂·克拉克、乔治·罗西、吉姆·布兰德利和唐·罗斯，他们回忆起那次游街，终于免费参观了这个城市。

德怀尔、布朗、卡兰杜拉和戈伦茨遭遇好一些，作为主队的成员被火车送到了马恩尚隆的194战俘营（穆尔默隆附近）。从221战俘营出发的环绕路程长达23天，通过法国中心地区卢瓦尔因德雷时，又遇到了复杂的路线。

总计大约2000盟军战俘聚集在巴黎，进行"耻辱的游街"，这发生在大约6月20日。两侧被武装的守卫包围下，满脸茂密胡子的战俘们被要求排成三个大纵队，走过漫长曲折的道路，经过凯旋门，到达加雷的东火车站。队列最前面是两名德军军官和几十个摄影师，他们都迫切地想拍摄下这些"屈辱的"军人的每一面。路两旁放置着扬声器，广播里说着所有的伞兵其实都是被判刑了的罪犯和强奸犯，他们可以选择参军来代替坐牢（这部分是真实的，比如切斯特·莫拉瓦的案例）。队列走过横跨阿尔萨斯路的步行铁桥，在车站旁边停了下来。战俘们，包括3营的战士，在这儿被装到几十辆卡车里，经过蒂埃里庄园到兰斯，然后被送到马恩的尚隆。

雷·卡拉杜拉回忆起在兵营的生活条件：

> 在之前的法国装甲兵兵营里，卫生条件并不好，水源问题更加糟糕，不过我们每周都会收到一个两人份的红十字包裹。这些包裹简直太

棒了，里面有三文鱼罐头、肉卷、炼乳，还有香烟、奶酪、糖果和其他美味的食物。我们经常会有空袭警报，尤其在火车站被轰炸的时候。一些人比如我，被派去火车站工作，帮助清理空袭后的残骸。我在火车站的时候从一个法国居民那儿听说盟军在不远的地方，期待他们能在10天内到达这里。工作小组会分到额外的口粮、汤和四个人一个食物包裹。8月19日，我制订了和第29步兵师的叫作埃尔默·德雷福的开货车的同伴一起逃跑的计划。

两天后，我们藏了足够多的口粮，足以让我们坚持到9月10日，于是，我帮助埃尔默爬到兵营的阁楼里。在早上的点名中，埃尔默被记为失踪，尽管进行了严密搜查，德军没有到阁楼里来搜查，这并不意外，因为这个阁楼的天花板离地板只有15英尺。我继续在火车站工作了几天，得到了更多的水和口粮。8月23日，我通过他放下来的一条打结的毛毯和他聚合。

巧合的是那天下午，由于巴黎濒临解放，大约1000名战俘被转移到林堡的第12A集中营和德国的第12D/Z实验室。兵营空无一人，卡拉杜拉和德雷福还是躲了6天，直到尚隆在8月29日解放。两天后，9月1日，他们被飞机撤离到英国，埃尔默选择去了美国后方地带，雷回到了兰姆思博利的部队。

1945年1月，在几次损失惨重的尝试后，乔·拜洛尔和一等兵阿诺·洛克（第506团总部连拆弹排）终于成功从第3C阿尔特德威茨集中营逃出来，这个集中营在波兰边境附近的库斯特恩。拜洛尔沿着瓦尔塔河的河岸一直涉水向东边的波兰走去，试图摆脱那些一直跟踪他的警犬和德军。两天后，朝着前进的火炮声走去，我碰上了一支苏维埃坦克分队，让我吃惊的是，他们使用的是"租借"的"谢尔曼"坦克。我唯一知道的俄语单词是美国同伴，这至少让他们没有朝我开枪。苏军很快找到一个会说一点儿英语的军官，我终于可以解释我的处境。苏军有些不情愿地给了我一支冲锋枪，以及简单介绍怎么操作它。我被分给了一辆坦克，指挥是个女人，我成为她的一个支持步兵。对于洛克来说这是个熟悉的故事，他也成功找到了另一支苏维埃部队，和他们一起并肩作战了几周。

讽刺的是第3C集中营几天后就被解放了，在一场48小时的坦克战里，大约25000名盟军战俘被释放，第506团的一等兵鲍勃·海耶斯回忆：

苏军把我们从集中营救出来后我们发现我们只能靠自己。最初我在一支大约300人的美军队伍里，但是后来我们决定分裂成更小的约8~10人的队伍。

我的队伍朝着莫斯科前进，一有机会就搭军队的便车。一段时间里，新鲜食物都很充足，因为德军留下了农场和房屋，匆忙地逃跑躲避苏维埃军队去了。苏军看起来似乎对我十分友好其实我们清楚我们只能靠自己。我们期待着有火车会经过波兰，便到达了华沙，苏军终于采取了行动，把每个人都围捕起来。我是说那时候在街上如果没有上千个自由的战俘也得有上百个。最终，在两三个星期后，大家都被送到了西南600英里远的乌克兰黑海敖德萨港口，等待调迁回国。

难以置信地，拜洛尔所在的苏军坦克部队到达已经废弃的3C集中营。"当一名苏维埃士兵请我跟他一起去司令官的办公室时，我仍然难以相信地摇着脑袋。房间里有一个保险箱，我的苏联密友正试图想办法用四分之一磅的美国硝酸淀粉块炸开它。当我们把保险箱打开时，他们只顾着拿那些金光闪闪的物件，似乎对美金、加元、法郎和英镑都不感兴趣……因此我开心地把它们装进了一个大包里，太感谢你们了。在办公室时，我也找到了我的战俘记录卡和照片，这很讽刺地是我想带回家的少数几件东西里的一件！"

一个月后，拜洛尔的腹股沟受伤了。"在波兰某地的苏军战地医院疗伤时，乔治·朱可夫，苏军总司令、全苏维埃的英雄，拜访了这个医院。我没法像我病房里的其他人一样站得很直，这引起了朱可夫的注意。通过一个口译者，我们简短地聊了一会儿，我问他是否可以帮我写一个安全通行的说明，因为我没有能证明我自己身份的正式方法（除了我的记录卡）。"几年后，拜洛尔得知他的坦克司令官，只比他大一岁，就在他受伤后一个月牺牲了。乔出院时，他试图自己回到莫斯科，在一支苏军医疗后送队里朝东边的波兰罗兹前进。无法避免地，他又被带回了华沙，加入数千名其他盟军，等待被运送到黑海。

由于港口正在清理德军地雷和诡雷，这些人在敖德萨港度过了两周半。让人惊奇的是，到达的第一艘船是HMTS船舶公司的"撒玛利亚"号，正是这艘定期客船在1943年9月15日把第506伞兵团送到英国的。

在"撒玛利亚"卸载了糖这一贵重货物后，战俘们被允许登船，鲍勃·海耶斯回忆："我们朝着埃及塞得港前进，在那儿我们分到了新制服和100美元现金。"客船从塞得港继续前往意大利，拜洛尔在意大利进行了手术取出了他腹股沟里的弹片。1945年4月1日，"撒玛利亚"离开那不勒斯，前往美国，10天后到达了波士顿。

有趣的是，在"撒玛利亚"离开敖德萨的一个月里，苏联当局关闭了那个港口，不顾战俘们的意愿，以"政治审查"的理由拘留了他们。那些被查到是苏联血统或者有家人离开苏联寻求政治庇护的人因斯大林而耽搁了，他计划利用他们作为战后时期欧洲瓜分的抵押品。

"我清楚地记得我们到达那天的日期，因为那是罗斯福总统去世前一天，"海耶斯回忆。"在伊利诺斯州的谢里丹堡处理后，我得到了60天的假期，我回到了印第安纳的老家看望我的亲人，跟我女朋友有个了结，她嫁给了另外一个家伙！"乔·拜洛尔在4月21日和家人团聚，他们给他看了之前送来的官方通知，是弄错的他在诺曼底"战死"的消息，另一封信来自R.B.史蒂文斯中尉，代表财政局的"军队后勤部队办公室"，要求归还颁发给他们的"死亡体恤金"861.60美金。

通往德累斯顿的路

在被囚禁的早期，乔治·罗西、吉姆·布兰德利和其他人被派到阿朗松的街上，挖掘没有爆炸的炸弹。后来，战俘们被送到东边几英里以外的另一个临时难民营，在查特尔的一街区仓库里。"楼里我们这部分大约有300个美国人，"罗西回忆。"地板上铺着稻草，我们中的大多数人很快就长了跳蚤。两天后，我们在去巴黎的路上，为了那次巨大的游行。在有些地方，街边围着上百个民众，男人和女人肩并肩，嘲弄我们……好几次我看到有人经过时被拳头打。"被安排在路边特殊位置的大多数民众都是右翼维系的支持者，他们辱骂，引起大家对战俘们的敌对。罗西走在吉姆·布兰德利后面，他回忆，"一个女孩跑向队伍，在我前面对着最近的士兵吐口水。她拉住了吉姆，正要放手时，吉姆朝着她的脸唓口水……她一定没有料到这些！我想，完了，我们要遭殃了，但是守卫们只是把女孩推回人群里，然后我们继续前进。"在战俘们的没有标记的火车离开巴黎后不久，火车头遭到了盟军战斗机的猛烈炮轰，严重受损。之后几个小时大家不安地在车厢里等待，直到找到一个备用发动机。战斗中的一些子弹飞进了前面几个车厢，罗西和他的朋友祈祷着新火车头被连接好。

艰难的旅程延长了好几个星期，由于不断的铁轨修复，最终到达了尚隆。8月23日，尚隆也被撤离了，战俘们前往林堡第12A集中营进行集中。林堡第12A集中营位于鲁尔山谷南部，在科布伦茨东边几英里，离比利时和法国的边境很近。作为临时难民营，12A集中营的主要作用是处理所有新抓捕的战俘，然后把他们送到其他集中营。按照传统，新来的战俘会被面谈，备份证明文件，发布战俘编号。由于这个兵营是临时的，不可能有信或者红十字包裹。然而，战俘可以写一张包含最基本信息的明信片，之后会通过红十字会被寄往他们的近亲。这个集中营里有大约20000个人，来自世界各地，包括非洲、法国、印度、意大利、苏联、大不列颠和美国。

"我们被分配到三个大帐篷里，地面上铺了稻草，这大概是50天以来第一次在干净的水里洗漱，"罗西回忆。他继续说：

> 逮捕我们的人分发给我们一个号码牌，中心下面打了个很明显的孔，这样这些金属就能被掰开，如果你死了的话，一半金属就放在嘴里！
>
> 在面谈阶段，德军询问我们之前的职业。你能想到一些这样的答案："朗姆酒推销员"，"皮条客"，"牧童"，诸如此类。回到我们的帐篷，我们得知空军上士被一个守卫用橡胶管殴打得十分严重。我们很快发现当德国佬说"行动"时，我们得行动，而且很快！几天后，当我们在游行时，大约400个名字被叫到，也包括我。我们被命令去一个木制工棚，洗澡，然后驱除虱子，然后被送到了火车站，他们再一次夺走了我们的鞋子。
>
> 在进入车厢后，我们吃惊地发现地板上有一些面板和腌牛肉。守卫们讥讽地对我们说这足够养活我们度过之后的3天了！尽管车厢里拥挤而且闷热，我们还是度过了这一晚，这儿至少给了我们一些安全感。（伞兵们正跨越德国，朝着东边240英里之外的易北河上的米尔贝格小镇前进。）
>
> 第二天凌晨车子就停了，车门被打开。我们走下火车到铁轨上去清空厕所木桶，新鲜空气是那么的美好。我正在装饮水桶时，离我最近的守卫说明天早上我们应该就能到达新军营了。

在德累斯顿西北30英里处的第4B集中营是德国最大的一个，占地74英亩。罗西继续说着：

> 07:00到达后，靴子被归还给我们，我们进入了集中营。在注射了伤寒疫苗和几种别的疫苗之后，我们分到了两条毯子、12支香烟和一个红十字包裹，然后参观了兵营。加拿大特等士官长（第二次世界大战）管理我们兵营，大家都称他为"自信男人"，意思是说他是战俘和德国人之间被挑选出来很合适的联络员。在我是一名战俘的这段时期，第4B集中营是至今为止管理的最好的，当然多亏那位加拿大士官长的努力。我们额外的红十字会供给品是值钱的货币，可以很容易地交换到有货的价格相当的更奢侈的物品。

我不是说德军让我们吃得很好，我们每天三餐都很少，逐渐恢复了些体力。尽管苏军地区是禁止入内的，吉姆·布兰德利和我还是会走到荷兰人和法国人的兵营去。那时候兵营生活不是太糟糕，我们也参加一些他们提供的运动，比如篮球。来自第82空降师的帕特里克·博吉被招进我们"队伍"。帕特里克很快就成了我们的"无赖"，经营食物和香烟。布兰德利不抽烟因此他用香烟交换一些额外的口粮，我们全都把双份的东西交换了。

在加拿大人兵营里，有五六个美国人，他们加入了加拿大军队，在迪耶普刚刚被俘虏。

"天气很好的时候集中营里会组织一个篮球社团，博吉和我在加拿大队里竞争到了自己的位置，你猜结果呢？我们赢了那场比赛。大多数加拿大人已经来第4B集中营将近两年半了，现在每个月能够拿到10~12纸箱的香烟！加拿大通讯社刊登了各个战俘兵营里的战俘名单，邀请人们通过红十字会给他们送礼物。自然地，这些家伙现在下注的'香烟'数量更大，由于我们队表现很不错，每次我们获胜他们会送两三箱给我们。"对罗西来说很幸运的是，"自信的男人"也在加拿大篮球队里打球，他保证乔治的战俘记录会从"一等兵"升级为"下士"。

到了11月，天气转冷，罗西回忆："由于没有暖气，吉姆、帕特和我决定共用6条毯子，睡在一张双人床上。偶尔我们会交换位置，这样我们就都可以在中间的'暖炉'享受一会儿了。"到了1944年12月，大约7500名美国战俘从突出部战役来到了这里，尽管有3000人很快就被转移到其他集中营去了。

"一些是伞兵，不过大多数还是来自第106步兵师，"罗西继续说，"我们对于他们说的关于阿登高地的事情都感到十分震惊。大约1月5日，由于人满为患，我们决定再一次转移，不过这次纳粹国防军车厢里装着煤炉。"谢天谢地，这次旅程只有70英里，目的地是关押美军战俘的福斯坦堡3B集中营，位于奥得河边，柏林的东南边。罗西回忆：

我们的兵营状况很糟糕，很久没有用了。床铺上没有足够的板条，因而第二天我们找到一个没人的街区，尽可能地找床板。那天晚上他们给每人发了20支香烟。第二天起床号之后，我们洗了个热水澡，清洗了内衣物（这真是个小奇迹），每两个人分到一个红十字会的包裹……第3B集中营的口粮大概是我们迄今为止吃过的最好的食物了。和守卫交换是常有的事情，我们总能用香烟换到一条面包或者黄油。有一个人偷偷地拥有一个收音机，因此我们知道苏军正从东边在很快地接近。

1月31日，罗西的世界发生了翻天覆地的变化。自从12月开始，德军为了防止遣返，开始疏散波兰、捷克斯洛伐克和东普鲁士主要的集中营。上千个战俘被聚集在东边的三条路线上。北路线从东普鲁士起始，紧接着是穿过波美拉尼亚到法林波斯特的路程。南路线以奥斯维辛附近的泰申开始，继续通过捷克斯洛伐克到达巴伐利亚的莫斯堡。中间的路线从西里西亚开始，经过格尔利茨到达卢肯瓦尔德的第3A集中营。这次事件后来成为广为人知的"长征"，上千人在路途更长的北线和南线上死去，很多人已经走过了500英里或者更多。

回想起来，像乔治·罗西和埃斯蒂斯的战俘还是幸运的，因为从第3B集中营到易北河的卢肯瓦尔德第3A集中营的路程不超过60英里。不过极寒的天气和他们日益下降的身体状况引起了很多问题，罗西回忆：

> 当局决定让我们中的4000人步行到卢肯瓦尔德去。痛苦而缓慢的旅程持续了6天，天气冷的跟地狱似的。我们分发到了更多的旧外套，相信这真的是上天恩赐，但是我们都没有帽子或者手套，有时候连靴子也没有！我们有时一直跋涉到下午、到晚上，中间只有短暂的三次休息。守卫们还在一直逼迫我们前进。天刚亮，我们终于又休息了一会儿，但是没有食物。大家只能依靠自己带着的一点点口粮。到了这会儿我们已经筋疲力尽，我能看到前面的人在丢东西，他们实在没有足够的力气来背着这些东西了。
>
> 我们在一个复杂的谷仓前面停下，一个战俘靠近一个年长的女人讨食物。他正在用一块肥皂跟女人交换时，一名守卫走过去，用枪的一端猛打了那个战俘的后脑勺。几分钟后我们走进那个谷仓时，我看着那个尸体，清楚地看到战俘的头盖骨已经完全粉碎了。我们都想着，"你们这些混蛋——那可怜的孩子只想喂饱自己！"
>
> 第二天早上我们都很冷而且僵硬……我几乎动不了，感觉双脚像90岁的人似的。回到路上，上百个居民加入了我们，和我们一起向西走去。那天黄昏时分，我们在一个集中营附近停下。我们从未见过这样的场面，都被那些人消瘦的身体状况震惊到。我们的注意力很快被一个集中营守卫吸引，他正在用一根棍子殴打一名战俘。我们继续前进时，队伍前头的一名战俘大声喊道，"你这该死的德国佬——上帝都不会放过你的……他一定会，他一定会，他一定会的！"其他人都加入一起喊着，咒骂我们的守卫，他们完全无视我们，只是继续前进，好像什么事情都没有发生。

那天较晚的时候，在经过了几个犹太人挖的德国炮位后，我们的队伍停下来休息。我们准备重新上路时，听到了一声巨响。从队伍前面传来口令，一名空军战俘头部中枪被击毙，因为接到命令时他没有立刻起身。我们走过时我没有认出那个脸朝上躺在路边的战俘。[1]

某时，战俘们在一个小农社停下来过夜。罗西和其他30个人在小谷仓里，谷仓主人在一个年轻的苏联姑娘陪同下，带着一些汤和土豆进来了。德国女人拥有白俄罗斯"奴隶"女孩为她们干家务活，这是不常见的。这些年轻的女子大多数都是无家可归的人，没办法回到自己家里，她们大多数人的家都已经不存在了。

可乐让事情好转

"我记得在这段折磨快要结束时，我们经过了一个小镇，很多当地人都聚集在一起注视我们，"罗西回忆。"他们从未说一个字——就静静地站着，看着。我们当时看起来肯定是可怜的皮包骨。"

当战俘们接近镇子最边缘时，他们被挂着一堵墙上的一块可口可乐的标志牌给逗乐了。每个人都看到了这讽刺，那时候只梦想着慢慢地嘬上一两瓶。"几个小时后，我们跨过一座桥，这座桥横跨在围绕柏林的八车道环城公路上，完全没有车辆。"卢肯瓦尔德西边18英里的地方是一个叫作哈尔贝的小镇，被施普雷森林包围着。

到了4月下旬，这整片地区都被一次惨烈的战役（出名的哈尔贝大锅战役）摧毁了，在这次战役中，将近100000人死亡。当然，对于像罗西和埃斯蒂斯他们在2月初一直拖着脚前进的人而言，这完全是另一个镇子，罗西回忆："在哈尔贝，我们经过了另一支朝着卢肯瓦尔德前进的战俘队伍。他们队伍里的一些人落队了，我们经过时正在路边撒尿。看过去时，我简直不敢相信我的眼睛。有个男人是麦克·迈克尔森，我和他在芝加哥一起打过垒球。我们很快地说了'嗨，再见'，然后继续朝着目的地出发。我后来知道迈克是在和第106步兵师一起在圣维斯作战时被抓的……哈尔贝西边一英里吧，一群德军站在路边分发食物……每五名战俘一条面包，一罐奶酪。"

我们在莫克村停下过夜，这里之前被德军用来城镇战训练使用——在新建地区作战。"第二天我们到达了卢肯瓦尔德，被赶到一个有7个巨大马戏团帐篷的地

---

[1]被谋杀的战俘最有可能是一等兵艾尔伯特·格雷（G连3排），他在1945年1月2日进入勒科涅的一次夜间巡逻中被捕。

方。我听说最初的4000人中只有2800人最终到达了第3A集中营。还活着的人被分成了大约400人一组，每一组分配到一个帐篷。"在卢肯瓦尔德已经有7000人，大量涌入的战俘使得生活状况急剧变得困难。

几天后，罗西见到了约翰·麦克奈特上尉，他在诺曼底登陆的前几个小时被捕，之前是I连的指挥官。麦克奈特刚刚走中线从西里西亚到达这里，这使得罗西的旅途看起来简直跟在公园里散了个步一样。麦克奈特骨瘦如柴（只重67英镑），之后过了3年他才恢复到比较正常的身体状况，但是再也不能像以前一样了。

2月下旬，高空飞行的前往柏林的盟军轰炸机的飞机云是集中营上空常见的景象。难以置信地，小收音机坏了，还被从福斯登堡格偷偷带到了卢肯瓦尔德。"我不知道他们怎么把它修好的，但是收音机继续能为我们提供关于盟军进展的重要信息了。"举世闻名的德国战前拳击冠军马克思·施梅林在去美军兵营的途中访问了卢肯瓦尔德，他完全没有意识到他在长时间瘦弱不堪而且衣衫褴褛的战俘们中激发出来的愤恨，比如罗西。"一些新来的人冲过去见他，要他的签名，但是对于我，加入了德国空降部队的施梅林只是另一个德国佬罢了，我绝不会迎接他，或者把他像个英雄一样对待。"

罗西继续说着他对战俘营的回忆：

> 整个3月的天气都是可怕的，大风和充沛的雨水毁了我们的"帐篷顶"。德国人让苏联战俘来修理，但是他很慢，我并不怪他。这个小家伙不慌不忙地回去找他那在苏军兵营里快饿死的室友（德国坚称苏联没有签署1929年日内瓦公约，他们就没有义务承担条规里关于苏联战俘的治疗义务）。我们至少还有食物和定期的红十字包裹。长话短说吧，最后，苏军来了，守卫们逃走，我们在1945年4月23日被解放。很多苏军战俘又被苏联红军收纳了，被派去攻克柏林。你能想象这些家伙能把德国佬怎么样呢，无论他们遇到的男的还是女的？

H连的罗西和布德·埃斯蒂斯加入了一支小队伍，决定离开兵营（违抗管理第3A集中营军官们的指令），朝着正快速接近易北河的美军朝西而去。有些人比如吉姆·布兰德利和约翰·麦克奈特，还留在兵营里，直到一个星期后才被遣返回国。布兰德利和麦克奈特是幸运的人。

差不多这时候，苏军关闭了集中营，拒绝释放更多的任何一个战俘，直到每个人都被"政治审查"为止。罗西和其他人一起从易北河飞到了穆尔默隆，第101空降师在那儿还有一支后方梯队存在。罗西之前在81毫米迫击炮排的上司是皮特·马登中尉，他正在巴斯托涅治疗伤口，确保战士们有需要的一切，包括到好彩营的通行证，最终坐船回家。

早安摩根先生

一等兵戴维·摩根在诺曼底登陆那天黎明被俘虏时才19岁。当时摩根和I连2排的其他几名战士被挑选出来作为保安队，和3营的探路特遣队一起冲在了大部队的前面。戴维的战俘经历和很多人完全不同，他回忆："我在6月6日到达'荒山'，和I连的另一名同伴一等兵比尔·哈林顿一起。第二天，希德·麦卡勒姆上士和一等兵杰克·布朗（他们也是2排保安队的人）被带进来了。"大约一天后，布朗被卡车运到了雷恩，一起的还有卡兰杜拉、戈伦茨和德怀尔。摩根和哈林顿在"荒山"继续待了两周直到6月25日的夜晚，他们被命令步行前往阿朗松。一路上，战俘们（其中包括12名军官）就睡在院子里的干草垛上。

戴维·摩根继续说：

我们只被允许在晚上行动，因此花了我们3天才到达庄园，我们在庄园里待了将近两个星期。期间，我们帮助4个人逃跑，因此德国佬暂时夺走了我们的皮带和鞋带，立马就让我们不敢再尝试逃跑！7月11日的晚上，我们又上路了，在行军中（这又花了我们一周才到达）我们在一所学校停歇，在火车站度过了24小时。

第二天（7月18日）早上德军提供了几辆卡车，载着我们走完剩下的路到达阿朗松。在集中营，我们遇到了另一位来自I连的同伴、一等兵汤姆·杰克逊，他很开心地和我们分享了他的面包干粮。之后的三个星期里，我们在当地一条铁路工作，还有一个德军医院，看起来专门治疗烧伤。我们的兵营由一位英国军士很好地管理着，他每天早上叫大家起床然后点名等。

8月9日，我们乘坐8辆大卡车出发前往巴黎，刚到沙特尔外面，我们的队伍就遭到了喷火战斗机和P51"野马"战斗机的嗡嗡警告。尽管我们被给予了白床单挥动，喷火战斗机依旧炮轰了护卫队，杀死了几个人，包括一名德军士官长。我们的卡车严重受伤，一个叫作格里菲斯的战俘，行动不够快，他的腿差点被加农炮炸断。尽管我们尽最大努力止住伤口的血，格里菲斯还是在回到卡车后几分钟死去了。

那天下午大约5点，我们到达沙特尔，度过了一晚上。我们正在睡觉时，更多的战俘和卡车到达。天刚亮我们的队伍人数就倍增到大约15辆车，在我们上车之前，每个人都得到了一个红十字包裹和一小条面包。

一列火车在东火车站等待，战俘们在第二天早上上了火车，每节车厢45个人。缺水加上炎热的夏天，使得火车穿过蒂埃里庄园和兰斯向东北滚动的旅程令人窒息。有一次，门终于开了，大家都看到了很多赤裸的法国女孩在露天公共淋雨。然而，在火车到达尚隆前，几名战俘就成功逃跑了。

8月15日，摩根和哈林顿到达了第194集中营。"看到杰克·布朗和其他人真好，"摩根回忆。杰克晃了晃脚给戴夫展示他最近刚得到的木展，是一个法国摩洛哥人战俘在附近郊区得到的。摩根就在尚隆待了4天然后就和布朗、哈林顿一起被送到第12D/Z集中营，这个集中营在卢森堡和德国的边境上，在巴斯托涅东南30英里的特里耶。"我们经过南锡和梅茨，然后在8月23日到达集中营，"摩根继续。

特里耶这个有历史意义的城市坐落于摩泽尔山谷，第12D/Z集中营位于皮其斯伯格山顶，俯瞰着这个镇子。"特里耶是我们见过最大的集中营，在车厢里生活了很久之后，陡峭地爬上山到达入口简直让我们筋疲力尽。这个地方到处都是寄生虫，食物几乎不能吃。我们在特里耶待了大约10天，然后被送往东南方向跨过德国，通过斯图加特坐火车到梅明根的巴伐利亚的第7B集中营。我们中途停留了几次，我还记得一次是在慕尼黑附近的莫斯堡第7A集中营。由于莫斯堡是一个军士兵营，大多数人都不允许进入，尽管德军确实在白天把车门给我们打开了，我们也只能待在车厢里。"

尽管离兰茨贝格的劳改营只有60英里，梅明根的生活条件跟它却是天壤之别。"刚到达就有咖啡和食物。美军战俘受到热烈欢迎，而且还得到了一大堆东西，包括香烟和几瓶啤酒。我们分住在两个大帐篷里，意外地得到了包括红十字包裹在内的很好的供应品。大多数人和我一样，很快就被派到镇上去工作，但是几天后，在9月25日，德军挑选了25个人，包括杰克、比尔和我去南边几英里的一个当地农场工作。"

这3个朋友坐上去肯普滕的火车，然后被卡车送到东边的巴伐利亚山脉的山麓丘陵里，面朝着弗里德里希斯哈芬和康斯坦斯湖的魏特瑙小镇：

> 我们的队伍从这儿前往克莱维勒，在接着的7个月里我们做了各种各样的工作，包括采伐树木、铁路修理，以及在寒冷无情的冬天里清理雪堆。
>
> 这也许很好笑，但是我们确实和当地人变得十分友好，我甚至交往了一个女朋友。孩子们去上学时我会跟他们打招呼，他们总是开玩笑地回答："早上好摩根先生。"在那附近还有很多苏联人和意大利人在

被强制服劳役，他们所在的工厂生产木柄手榴弹的木头把手。我们认识的一个意大利战俘制作了一个可爱的木头盒子，盖子上刻着首字母缩写"M-B-H"，他把盒子作为礼物送给我们。不可思议地，我们全体战俘在1945年4月29日被法国摩洛哥军队解放；得知我们重获自由感觉十分奇妙。

大约一天之后我们被送到一个附近的机场，驱除身上的虱子，并接种伤寒和破伤风疫苗，然后穿上了新制服。之后我们被送往斯特拉斯堡，在镇子里度过了美好的一夜。第二天，带着全新的睡袋，我们搭乘卡车前往好彩营，在埃皮纳尔停歇过夜。

在勒阿弗尔住了4天后我们在5月26日登上了开往美国的船……我的战争生涯终于结束了——感谢上帝。

13

"为死者点燃蜡烛"

南巴伐利亚
1945年4月28日—5月3日

戴维·摩根被解放的前一天，第506团的一支先遣部队前往乌尔姆。这个团和A连、B连，第81防空空降营，第326空降工程师营C连和第321滑翔野战炮集中营被附属到第6军（来自第7集团军），由小卢西恩·特拉斯科特少将指挥。任务不仅仅是保护特拉斯科特的两侧而且要帮助稳定托尼·麦考利夫的第103步兵师身后的巴伐利亚西南部。

更早的时候，在4月22日，团总部连转移到了葛赞博格城堡，位于海尔布隆地区（之前被第7集团军解放）的亚格斯陶森，在吴茨伯格和斯图加特的正中间。来自北卡罗来纳费耶特维尔的吉恩·霍尔施泰因上尉被分配接管I连，之前的吉恩·布朗返回了团总部连。还有几位军官也加入了这个营，比如乔治·兰开斯特上尉（营S1区）和布鲁诺·施罗德少尉（营S2区）。施罗德之前在团总部是一名军士长，然后接到战地委任。罗伯特·斯托金中尉（前总部连）、罗伯特·鲍斯曼少尉（前后勤连）、卡尔·品斯基和塞西尔·菲舍（前I连）都被分配到G连。

几天后这个团就乘坐火车到达了海德尔堡附近的路德维希港。在这漫无止境的从戈尔出发的旅程中，火车在几个镇停靠，加满煤炭和水。在越过莱茵河前，卢·韦基记得在某个火车站里有大量的口粮堆放在月台上："几十个人跃出车厢去获取食物，宪兵队完全无力阻止他们。在之后的停靠时，我们的人胡作非为地洗劫着最近的人家。我一些同伴带着烧炭的炉子回来，我们就可以生火，在之后的旅程中烧饭了！"

第506团前往亚格斯陶森前，雷·卡兰杜拉去见了安德森上尉，询问他现在是否能选择去后方地带然后回家。"安迪·安德森很生气，但是在我说话时他认真地听着，然后才发表评论，'卡兰杜拉，你知道逃避到底是什么意思？孩子，我听说你是非常走运被救的。现在带着你讪讪的那张脸离开这里……解散！'"雷被安德森的反应吓了一跳，但是和往常一样，安迪只是在开玩笑，让雷自己先努力付出然后通知他一切都安排好了，他可以在第二天早上回家了！

雷在考夫博伊伦（兰茨贝里的西南部）的第101师后方梯队待到了5月3日，然后他接到了到好彩营坐船的指令。他回忆：

> 在路上，我先去了趟巴黎，因为我答应过要去见海伦·布里格斯，赶在她调到兰斯领导一个新成立的名叫"洛林俱乐部"的美国红十字会组织之前。我回到美国时，所有曾是战俘的战士都得到了两个月的休假，而不是标准的30天。一开始我觉得有些愧不敢当，因为我仅仅被俘了3个月，但当他们让我从大西洋城、阿什维尔的范德比尔特庄园、北卡罗来纳州或者普莱西德湖选择休假地时，我毫不犹豫的接受了这份好意。我幸运地选择了普莱西德湖，尽管对官方来说那里仍处在战争中，我们得到了皇室一般的对待。那儿有你期待的所有户外活动。这真是太棒了。我们也接收学生们的访问，他们的任务是探知我们是否留下了心理创伤。有些人真是玩的起劲，编造了各种各样的故事，随后还因那些不存在的伤害得到了补偿，比如贵重的手表和珠宝。

兰茨贝里——遗落之门

4月28日，第506团正跟在二级上级亚历山大·帕奇的第7集团军后面，经过巴伐利亚，这时他们接到命令向南前进到莱希河畔兰茨贝格的中世纪城墙围着的镇子，在地区首府慕尼黑西边40英里。那时候师队延伸到了它最远的地区界限。德军在莱希大河西边建立了一条障碍线（15英里长），从北边的奥本梅廷格延伸到兰茨贝格西南3英里处的厄普非廷。

第506团占领兰茨贝格前整24小时，第12装甲师（罗德里克·艾伦少将指挥）正在莱希河上击退敌军。德军撤退时，他们毁了身后所有的道路和铁路桥。不过，在布伊洛尔巴奇附近的施瓦布施塔德的一个十字路口还部分可用，不过也只能被步兵使用。同时，向南4英里的考弗灵（在被毁的铁路桥边上），工程师们正疯狂地建造一座浮桥，让坦克通过，但这至少还要花48小时才能完成。那天较晚的时候，第103步兵师在第10装甲师支援下，攻击了兰茨贝格的西南边境。正如它的名字暗示的，莱希河畔的兰茨贝格横跨了这条河流，向南下坡穿过一连串让人印象深刻的大坝和水电站坝。

这个镇子之前在德国国家社会主义化发展中扮演了重要角色。阿道夫·希特勒在1923年就被囚禁在这里，因为"叛国罪"服刑了5年时间，期间，他开始着手写作《我的奋斗》的第一部分，是他对于未来纳粹行动的政治指向。9个月后，由于他的名声以及政治压力，希特勒被释放了。几年后，当希特勒终于掌权后，纳粹党在兰茨贝格监狱的7号牢房的门上放了一块匾，上面写着"德国最伟大的儿子——元首"。

作战交火中，第7集团军的部队注意到镇子周围飘来一股浓重的让人窒息的气味。第12装甲师的第92和第101装甲团接连发现了3个囚犯集中营，由于他们离考弗灵的铁轨起点很近而被纳粹党卫军称为"考弗灵集中营"。

这3个集中营是第KZ-1、3和4集中营，但是还有7个集中营没有被发现。共计10个集中营，在1944年6月时建立，给21000名囚犯居住，他们的工作是在莱希河西边建造3个巨大的工厂（部分在地下），代号为"核桃2号"、"葡萄园2号"和"戴安娜2号"。这些工厂是用来生产双引擎推拉式道尼尔Do335 A-1"普法伊尔"（箭）战斗轰炸机以及福克沃尔夫FW190 D9和梅塞施密特ME262喷气式战斗机。作为对这些劳动力存在过的证明，"核桃2号"现在还在被德国空军使用。然而，在这3个工厂和其他相关的地区强制劳动力项目的建造过程中，一共6364人死亡。说起来都让人难以置信，到了1945年，有将近20000个劳动集中营分布于第三帝国。

美军到达时，绝大多数囚犯已经由火车或者步行向东撤离。位于许拉格的KZ-4（第4集中营）是看管病人的集中营，它的作用是作为令人毛骨悚然的"临终关怀"，没法再工作的人被送到这里等死。一般来说这些不幸的人会被送回奥斯威辛处理，但是这一举措几个月前就停止了。在考弗灵，集中营南边一小段距离就有一个铁路交会点，这里作为中央枢纽源源不断地从更大的集中营跨过莱希河输送囚犯到这来。直到那时，盟军很大程度上还不知道这些地名，比如奥斯威辛/比克瑙、布痕瓦尔德、毛特豪森、弗洛森堡和达豪。

4月27日刚刚破晓，第134装甲军火营C连的约翰·保罗·琼斯上尉正在帮忙掩护一辆出故障的坦克，这时他注意到一大群消瘦的人出现在林地那边，他们告诉他附近的集中营正在燃烧。

那天早上，一支小分队被派出去调查，他们的发现真是让人作呕。300多具患病的骨瘦如柴的尸体一部分被从小屋里拖出来，被丢在集中营附近的堆积点。另外40具尸体被放在两个小屋之间，他们被浇上燃料，然后用火烧了。那80个整齐安置的凹陷的集中营中，大约12个（沿着围栏）被夷为平地。奇怪的是，在集中营的一端，大概上百件也许甚至有上千件肮脏的外套堆积得很高，在一个临时阅兵场边上。

这个集中营的指挥官是55岁的豪普特曼的国防军约翰·艾西斯多费。他是3岁孩子的父亲，居住和工作就在纳粹党卫军住所的铁丝网外面，他被女仆人中的一个小职员养尊处优地侍奉着，仆人们都是犹太人。在1945年1月接管KZ-4集中营前，艾西斯多费在奥格斯堡其他集中营里工作。到了4月赫拉格有2900名囚犯，由33名守卫看管，其中包括两名高级军官——纳粹党卫军里德尔上士（掌管饮食和服务）和纳粹党卫军一级上士费特尔。兰茨贝格附近军营的总司令官是纳粹党卫军参谋福斯彻奈，他的直接上司是达豪司令官纳粹党卫军魏特上士。

　　所有10个集中营的首席医疗官是马克思·布兰科医生，他住在KZ-4集中营附近的赫拉格村庄，和他的妻子阿加特一起。看起来36岁的布兰特对于缓解第4集中营的病人痛苦几乎什么也不做。尽管这是个医务室，每日的工作小组仍被派出去埋葬死去的人，然后带回食物和柴火。尽管每个小屋里都有自己的火炉，木材是严格配给的，即使在异常寒冷的冬天。600多名这段时间待在赫拉格的捷克斯洛伐克的犹太人中，只有一小部分人活了下来。

　　4月25日，第7军迅速出现，纳粹党卫军魏特上士下命令把考弗灵战俘都撤离到达豪。KZ-4营不能走路的被送到集中营对面的铁路专线上，那里几十辆敞口的箱卡车已经在等候了。尽管只有一小段距离，对于衰老患有伤寒的战俘们来说，路程仍然痛苦而缓慢。为了加快速度，艾西斯多费在刺铁丝的栅栏上割出一个出口。同时，布兰科医生开始努力寻求所有能用的马拉的交通工具，此时艾西斯多费和他的守卫们尽可能地销毁了证据。

　　在夜晚，几十个人在去往火车的途中倒下了。早上，尸体遍布铁路沿线，还活着的人拖拽着自己走向在等候的箱卡车。在火车出发前往达豪后，布兰科医生回到赫拉格的家里。那天下午，他毒死了妻子阿加特，然后自杀了。很多集中营高级军官比如莱德尔和魏特都失踪了，从此再也没有人见过或者听说过他们。几天后，约翰·艾西斯多费被抓，被美军带回KZ-4营去面对世界媒体和最终的制裁。

　　悲剧的是，在离开火车站不久，装满人的火车就被一队P47战斗机袭击了，杀死了大量的战俘。很讽刺地，飞行员瞄准了敞口的车厢，以为车厢里装的全是德国军队。到达达豪前，火车再一次被袭击，更多无辜的人死亡。如果这还不算最糟糕的，那是因为由于达豪过度拥挤，7000名战俘（包括从兰茨贝格来的）被强迫向东南步行前进前往特哥尔恩。在途中，很多人被击毙，或者因为饥饿和劳累过度而死亡，后来，守卫们也逃窜了，剩下少许幸存者被挺进的盟军救了。

人类的残暴

　　迄今为止，第506伞兵团到达兰茨贝格西边的一个临时驻守区。4月28日，从团总部和E连挑选出来的几个人被派到KZ-1集中营支援第12装甲师进行人道主义的清理行动。这个半废弃的区由大约60个木头小屋组成，坐落于兰茨贝格的西北方向，靠近"葡萄园2号"和"戴安娜2号"工厂。集中营司令官纳粹党卫军参谋奥托·福斯彻奈上士和他的手下已经无迹可寻。福斯彻奈已经管理这个集中营3个月了，和艾西斯多费一样，他毫无怜悯地拷打囚犯们，而那些囚犯主要都是来自匈牙利和立陶宛的女人。大约100名囚犯都遗留下了伤寒的病根以及深度营养不良的症状。

戴夫·菲利普斯上士现在在第506公共关系区工作，他描述了他对那一天的回忆：

> 那些木制的监舍都是在地底下，除了屋顶露在上面。我进入的那个木屋里，大约有20个人身下满是粪便，躺在两个宽大的架子，架子和房间一样长，被中间的窄过道分成两半。

> 在身后的通道里躺着一个赤裸的瘦弱的男人，他的身体几乎无法察觉到的战栗着。我的存在没有引起大家反应，于是我试着向他们解释他们现在已经自由了。一些人看着我，但是剩下的人只是继续盯着离他们脸只有几英尺的天花板。两个年轻人看起来身体状况稍微好一些，他们挤出一个微笑，开始交谈。这些青少年是荷兰地下党的成员，在我们入侵荷兰后不久被捕，因此我问他们那个地板上赤裸的男人是怎么回事。似乎是当一个人濒临死亡的时候，所有衣服会被脱掉重新利用，然后那个人被丢到过道里等着有人来收（送到KZ-4营）。

离开小屋后，菲利普斯拦住了另一个囚犯，他回忆："和其他人一样，他十分瘦弱，牙齿非常黑。我们通过一名翻译官交谈时，我注意到他身后一些看起来像足球门柱的东西，就像在美国足球场上看到的那种，于是我问他，'这些东西到底是用来干吗的？''有时候，'他告诉我，'如果一个女战俘生了孩子，纳粹党卫军会把孩子悬挂在这些柱子上，然后骑在马背上，用马刀刺那些婴儿，'这个男人继续说很多女战俘经常被守卫们性虐待或者殴打！"

第506团到达时，门开着，一些能走路的囚犯已经走到兰茨贝格寻找食物了。团总部的成员被派去跟在那些饥饿的囚犯身后，把他们带回集中营。辛克上校联系了一个附近的墓地注册单位，他们轮流处理着盟国远征军最高统帅部的意外紧急情况。"在外部帮助到达之前，我们尽一切努力让幸存者们过得舒适一些，"埃德·西姆斯回忆。"大多数人，比如我，一直把我们自己的食物让给他们吃，但是我们所做的一切却让那些可怜的人痛苦地抽搐到地板上。国际红十字会终于到达时，立即让我们停止给他们进食，因为他们的消化系统已经无法消化我们部队的口粮了！"

事不宜迟，医疗人员成立一个高蛋白食物计划，主要包含一些容易消化的营养物，比如生鸡蛋、牛奶和糖。"如果我们抓到那些弄出这个地狱般鬼地方的人，我认为我们一定要毫不留情地处决那些杂种，"埃德继续。一个荷兰幸存者，戴夫·菲利普斯之前跟他说过话的那位，友好地帮助了皮特·芮腾思并且志援加入团战俘审讯队。

那天早上，第4步兵师开始从比尔巴哈向北推进。不过还有两天慕尼黑才投降。同时，A作战队（第116装甲团）和B作战队（第92和第101装甲团）跨过最近修好的考弗灵的铁路桥，前往莱希。B作战队到达莱希河时，他们改变路线去面对第17纳粹党卫军装甲掷弹兵师，他们正在东边阿默湖边建立一条新障碍线。

同时，506团H连的部队动身去包围兰茨贝格的南边境。"臭鼬"瓦尔克上尉的战士们临时附属于第411步兵团L连，参谋长是比尔·普罗赛，他回忆："大约700支匈牙利队伍在这个城市的东边被围剿投降。然而，100名越过莱希河到南区的德军还想继续顽抗。L连的任务是把他们全部逮捕，带回匈牙利军队。"

德军20毫米防空炮在防御着俯瞰莱希河的浅浅的山谷。在两人小组被歼灭后，L连继续穿过那片稀疏的林地，直达山脚的大型水电站坝。新建的混凝土护栏横跨莱希河一直沿着地区边境到高斯斯瓦比亚。幸运的是L连，斯陶斯多夫15大坝（这个大坝的官方名称）还没有被毁坏，否则凭借它巨大的蓄水量，将会给兰茨贝格带来可怕的洪涝灾害，向北能蔓延1英里。

滑翔步兵团发现一条穿过大坝的地下通道，使得他们越过了河流。一到西河岸，L连就成一列纵队向北前进，立即就遭到了来自他们右侧高地的炮火攻击。这种情况下L连被迫分成5个小队，由于他们还在严格的无线电禁闭期，指挥和控制都成了问题。连队沿着河边驻守，等待着机动火炮前来支援，最终进入了兰茨贝格。

瓦尔克上尉、鲍勃·斯特劳德以及跟在后面的战士们进展安静得多了。斯特劳德刚从医院回到1排，他之前在巴斯托涅受伤。汉克·迪卡洛和一等兵约翰·凯里走在前面，搜寻到一条路，经过毁坏的防空炮到达斯陶斯多夫15大坝。

打开到达大坝的东入口大门后，他们清楚地听到涡轮在后面嗡嗡作响。迪卡洛回忆："随着进一步的调查，我们发现了一串脚印，很快就找到进入废弃隧道的路。我轻轻推了凯里，他是个6英尺2英寸高的得克萨斯州人，提醒他注意前方：'你先请，牛仔。'"迪卡洛和凯里爬上了对面的山坡，在山顶停留查看情况。汉克的右手边是兰茨贝格。越过面前的B17公路主路，他们看到一片森林和几缕浓黑烟升向天空。迪卡洛观察情况时，他注意到一群国民突击队正把武器和臂章交付给第411步兵团。

3营跟着第411步兵团搭乘卡车进入兰茨贝格，经过了KZ-1营，H连则自行通过了斯陶斯多夫15大坝，前往树林边缘。拉尔夫·班尼特和汉克·迪卡洛带着他们各自的突击小队，前去调查黑烟。穿过树林，他们逐渐被燃烧的汽油恶臭呛得快要窒息。尽管那时候他们并不知道他们将要进入KZ-7集中营——最后一个等待解放的考弗灵集中营。到达主入口后，班尼特和迪卡洛看到大量燃烧的木屋和建筑。除了一两堆烧过的尸体外，KZ-7营看起来已经空了。拉尔夫带着手下穿过集中营去查看两个仍完好无损的木屋，汉克接近附近一堆炭化的尸体时："我还清楚地记得我转过去对吉米·艾戈说，'他们烧木头究竟是为了什么？'那时我们才意识到这不是木头而是人。有一个人尽管已经烧得一塌糊涂但似乎还活着。我站起来想着要怎么做，吉米走过来，结束了那可怜的家伙痛苦的生命。"

仅剩的两个木屋都被浇上了汽油。"我踢开第一扇门，发现里面有人，"拉尔夫回忆。"另一个木屋看起来已经过度拥挤，一些人看着我，像死尸一样站起来。我们让那些人都出来，他们意识到我们是友好的时候每个人都哭了。我们不知道应该说点什么。他们不能说话；这让人不知道如何应对，我祈求上帝他们中能有人挺过去。我再也不想再次看到这样的事情，因为这永远地改变了我和其他人。"有传言说他们在投降前，一小队国民突击队进入KZ-7营，杀死了两个留下来摧毁集中营的纳粹党卫军。大约12个党卫军守卫躲在当地区域被捕后被带回了KZ-7营。"我的机关枪手杰克·格雷斯，把这些党卫军带到一边，指挥他们挖一个深坑，"汉克·迪卡洛回忆。"壕沟足够大时，格雷斯又命令他们站在前面，他把机关枪安装在一个三脚架上。意识到将要发生什么的纳粹党卫军开始求饶。"杰克正要坚定地合上一串弹药的顶板时，埃德·巴斯中尉（最近刚从美国派到这儿）走过来，制止了他。迪卡洛补充，"我真的认为如果中尉那时候没有走过来的话，这些杂种一定就躺在那个沟底了，上面是瘦弱的受害者的尸体。"

KZ-7营被解放后不久，1营和3营，以及团总部、后勤连、326团C连、A炮组和第81防空空降营进入了兰茨贝格。2营留在布洛埃，在东边7英里远，第321野战滑翔炮集中营被派到兰茨贝格西边3英里的霍尔茨豪森。第12装甲师控制了考弗灵集中营，做了很出色的工作，消毒而且拯救了幸存的囚犯们免受更大的伤害。

尽管哈利·丁曼现在是代理特等士官长，他之前的军衔徽章还留着。"一般来说，当给帕奇上校和营总部挑选住地时，我会选年老夫妇居住的大一些的房子。我们尽量地不去打扰有孩子的家庭。通常我们会被要求'早上11点之前离开'。"显然对于哈罗德·斯特德曼和他的60毫米迫击炮班情况不是这样的。"我们5个人到达了我们的住地，那家人就一直站着，盯着我们好像我们来自另一个星球。角落里有一架齐特琴，我试着告诉他们我喜欢这种琴弹奏出来的音乐。这时候那位母亲不安地提醒她的女儿为我演奏。女孩是一个很有才华的音乐家，那美妙的音乐能将人从疯狂中解救出来。"皮艾特·卢腾和他的队伍从当地人家征用了一辆昂贵的汽车。"那对夫妻十分愤怒，他们去见了辛克上校，然后抱怨。你能相信吗？上校当然是告诉他们哪儿凉快哪儿待着，把他们扔到了街上。"

"事态平息后，当地百姓被要求把他们所有的任何武器都带到镇子中心，"卢·韦基回忆。"他们带来了你能想到的所有东西，有古董枪还有猎枪。第12装甲师的一辆'谢尔曼'坦克驶过所有这些武器，把它们碾压成碎片。我们猜大多数住在集中营附近的人一定知道要发生什么了。一些当地工厂付象征性的报酬给纳粹党卫军，党卫军为他们提供囚犯，所以不要跟我说他们不知道。这些人很大程度上是德军的战争辅佐力，不过当死亡和毁灭都变成可能，像兰茨贝格这样的大多数镇子很快就竖起了投降的白旗。"

接到师队命令后，1营和3营尽可能把镇里的人聚拢到一起，带他们去KZ-4营以及几个别的集中营，让他们亲眼见证他们的同胞们所犯下的暴行。

吉米·马丁回忆："我们像奇怪的小型旅游团一样前往，并没有意识到潜在的健康风险。"战士们被再次警告不要吃东西或者拿出食物，但是吉米·马丁和他的朋友们无视这个规矩。"我们从后门进入后，我很蠢地拿出来一些K口粮，立即被上司制止了。这个特殊集中营的景象以及渗透到我们衣服里的恶臭太可怕了。"当坎恩上尉、艾拉·摩尔哈特和鲍勃·和泉看到一个集中营囚犯弯腰把一具尸体的金牙给锯下来然后冷漠地走向另一具尸体时，他们简直说不出话来。

"山姆"连尼·古道尔的战壕足病康复之后回到了I连：

> 谢天谢地，我没有看到任何的集中营，营里让我在镇子的郊区和一等兵埃德·奥斯丁一起为机关枪据点配备人手。我们注意到附近有3个憔悴的囚犯穿着破烂的条纹衣服走向我们。这3个人是苏联人，我们把自己的一些面包分给他们，用罐头煮了一些D口粮条使它吃起来更容易。其中一个人控制不住地颤动，埃德把外套给他。"你疯了吗……你会因此受罚的——让红十字会来管他们，"我责骂他。"我必须这么做，山姆，"他回答，"我是说他瘦得可怜，现在就需要一些东西，而不是明天！"过了一会儿，一名宪兵走过来，把苏联人带走了，但是在他们走了之后我才希望自己也像奥斯丁一样做就好了。没过多久我们又收留了另一个囚犯，他叫莫里斯，会说5种不同的语言，成为I连有巨大价值的人。他和我们待在一起直到战争结束，最终成了我们在奥地利的一个厨师。

达豪的恐惧和绝望

5月2日，团向东转移到了慕尼黑（两天前刚刚投降）的施塔恩贝格，它位于施坦贝尔格湖的北端。第321野战滑翔炮集中营运送了大约80名考弗灵集中营的幸存者到慕尼黑附近的德国军事医院，雷·纳格尔回忆："很多病房都被征用，还能走路的伤员被命令为憔悴的囚犯们腾出地方。一个手臂还被吊着的德国士兵拒绝挪动，不过我们的一个人拿手枪指着他的时候他立马改变了主意。"

第506团分到的任务是帮助处理慕尼黑附近投降的上千名德军。很多德军就随意坐着，等着有人过来，就像皮特·卢腾和战俘审讯队沿着伊萨尔河开车时看到的那些人一样："我们正驾驶着一辆德军指挥车，遇到了50多个士兵坐在路边。他们一看到这辆车就全部开始挥手。我探出车窗时他们立即喊，'我们投降'——然后把白床单举过头顶。由于我们离主公路十分近，我告诉他们挪动一下屁股，把他们交给了后面经过的护卫队。"

团部转移到米斯巴赫前，辛克上校召见埃德·西姆斯商讨派一支小队到达豪（4月28日解放）的可能性。埃德被辛克要求上交一份集中营的个人评估，这个集中营被认为是140多个附属机构的中央枢纽，包括兰茨贝格。辛克交给西姆斯一份包含几页纸和一张航拍照片的文件，给了他两天时间完成这个任务。埃德回到住在附近谷仓自己的排队，仔细研究了那张照片和地图，然后制订了一个行动计划。"我挑选了卡尔·芬斯特马克（之前和探路者队在一起待了一阵子，刚刚回来）作为我的司机和翻译，留下罗伊·盖茨和保罗·罗杰斯掌管集中营，然后在第二天天刚破晓就出发了。"

位于慕尼黑西北方向10英里的达豪是第一个由纳粹政权成立并运营的集中营，它针对政治囚犯、普通罪犯、同性恋、耶和华见证人和吉普赛人。达豪的"集中营监狱"由第一次世界第一大战的军需品工厂演变而来，在1937年被纳粹党卫军利用充足的囚犯劳动力急剧扩张。在主公路的两边整整齐齐的两排，一共建造了32幢巨大的单层小屋。每一个街区都包含了一组独立的营房，每一个都设计能容纳208名囚犯。工业区和毗邻新集中营的铁路专用线被转变成纳粹党卫军的巨大的训练中心。同时，纳粹党卫军领导人海因里希·希拉姆开始招募人手管理几百个新劳动营，这些劳动营都是基于效仿达豪的"超级工厂"的蓝图。

乔豪斯盖特是进入达豪的主入口，纳粹党卫军政治机构在这里也有他们的办公室。进入达豪需要通过玉木运河上的一座小桥，这条河流经集中营的一侧。尽管达豪不像奥斯维辛是一个死亡营，它也拥有1942年扩张的毒气室和火葬场。

达豪是一个劳动营，囚犯们被当地的德国工厂使唤。无法再工作的人最初由火车送到哈特海姆中心，然后被注射致命药物杀死。然而，到1944年年末，纳粹党卫军开始使用火葬场里的打靶场和绞刑杀死那些被认为不能继续工作的人。费力茨·希特梅尔医生率领一支小医疗分队，包括克劳斯·席林医生和布鲁诺·菲亚可维斯基医生。他们俩负责在1200多位受害者身上实施上千次的疟疾实验，这些受害者由于反对纳粹政权而遭到囚禁。汉斯·艾泽勒医生负责达豪的外科部，在战争期间对上百个无辜的男人、女人和孩子实行了不计其数的残忍的实验。1945年4月底，随着越来越多的战俘从兰茨贝格等其他集中营进入达豪集中营，这里的条件急速下降。

4月28日早上，第45步兵师的157团3营到达纳粹党卫军集中地的外围，第42步兵师几乎也同一时间到达。讽刺的是，10个守卫以及司令官纳粹党卫军参谋魏特上士和医护人员们已经逃走。同时驻军还包括大约560支纳粹党卫军队，他们不是在基地医院治疗伤口就是在训练学校上课。

11:00，简短交火之后（期间30名纳粹党卫军阵亡），在从党卫军集合地进入集中营的第二个入口外面，初级党卫军军官海因里希·威克向亨宁·林登中将投降。由于达豪集中营的规模和目的都十分明显，157团I连的部队在他们的参谋长杰克·布西黑德中尉带领下，进入了党卫军区，刚进入就立即枪杀了122名敌军，他们大多来自武装党卫队。大约40名穿着平民衣服的守卫也被捕，被一些囚犯用铁锹打死。在之后的3个小时里，I连歼灭了几支上百人的党卫军部队，与此同时第42步兵师扫荡了一直到乔豪斯盖特的地区。

4天后，埃德·西姆斯和卡尔·芬斯特马克驱车前往达豪时，他们注意到兰茨贝格四周弥漫着恶心的气味，但情况还要更糟糕。天气变得暖和了，芬斯特马克开下主路，沿着铁轨行驶，本来打算去支援附近的军需品工厂。在停在铁路侧线的火车敞开的车厢里放着30辆废弃的箱卡车，来自考弗灵的KZ-4集中营和布痕瓦尔德。车厢的两侧门都大敞开着，每一个车厢都装着大约20具尸体，在清晨的阳光下腐烂。几大撂衣服堆在附近，这是被赶到特格涅斯的囚犯们留下的。

这两名伞兵一动不动地站着调查现场，他们得出结论这一定是最后到达的一班火车。抹去眼泪后，埃德和卡尔回到他们的吉普车上，开车穿过了这片工业区，途中经过德军司令总部，朝着主入口一侧一排整齐的高大杨树而去。跨过达豪乔豪斯盖特外的那座桥，车子被一个美军检查站拦下，然后被允许通行。他们继续前进穿过低矮的拱门进入一个巨大的阅兵场或者叫作阿佩尔广场（之前一直是执行无数死刑的地方），这时埃德偷瞄了一眼卡尔。

埃德最先注意到的是广场另一边一座三层楼，高60英尺的警卫塔。这个地方拥挤得可怜，有30000多人，很多人呆呆地游荡着，似乎失去了所有人类存活的理由。相比之前在兰茨贝格见到的，他们两人被眼前的场景弄得不知所措。对于埃德这个犹太人来说，这几乎无法接受。

很多囚犯都穿着肮脏的蓝白条纹的夹克衫和长裤，戴着蓝色无沿便帽。然而，其他还穿着平民衣服的人，背上画着巨大的白色十字架，因为这个集中营军需部在解放几周前就用完囚犯衣服了。

埃德的右边是属于党卫军的主要生活设施，包括厨房、洗衣房、澡堂和工作间，以及一个战前地下室系统。这个大型的U型建筑横跨整个集中营的宽度，它的屋顶还挂着白色字母的大型标语："这是通往自由的道路。你们的使命是服从、忠诚、清洁、节制、努力工作、纪律、牺牲、对祖国的无私和爱。"

在他们的左边，西姆斯和芬斯特马克看到两排木头营房，部分掩映在上千个小灶火飘出的烟雾里。他们两个人把吉普车调到二挡速度，沿着中间的路穿过人群开到集中营的尽头，那里有个毒气室。这个规模可观的建筑官方名字是"淋浴室"。德国记录声称这个地方是极少使用的，党卫军更喜欢让囚犯工作至死——因此需要一个火葬场来处理这些尸体。成堆的等待被清理的赤裸的尸体让埃德感觉很恶心。卡尔继续问，"对不起，这里有人会说德语吗？"

"我们继续开车四处转时，我注意到有一个女人，她的行为举止不同于其他人，"埃德回忆。他继续说：

> 和很多人一样她也瘦的只剩皮包骨了，但是不断地发出可怕的尖锐的原始人般哀号的声音。最终我们遇到一个看起来比其他囚犯强壮一些的男人，他能用德语和我们交流。这个男人来自波兰西部的一个小村庄，叫作撒里，在扎甘（靠近德国边境）附近他的父母曾经营了一家面包店。他继续说道他的家人都被杀害，他是由于烘焙手艺对达豪这里的德军有帮助而逃过一劫。
>
> 在我们和这位面包师的谈话中，我们问起在后面仍在尖叫的女人。"噢她啊，是的，她是一种'展示品'——德军的战利品，"他回答。"你说的战利品到底是什么意思？""大约两年前，她带着她6岁的女儿来到这里。在车站时几个守卫试图把她们俩分开，但是她拼命挣扎，最终他们还是把孩子夺走了。一个守卫把孩子扔到地上，把她踢死了，她死的时候内脏都从嘴里出来了。"卡尔和我几乎说不出话来，但还是不能理解为什么那个母亲后来变成了"战利品"。面包师很快就让我们明白了。"你们还不懂吗？他们把她作为一个例子展示给其他人，如果违抗纪律不服从，就是这种下场。"卡尔把这些疯狂的事情翻译给我听时他有点儿情绪失控，早上就那么过去了。完全难以置信。

达豪的总共死亡人数从来没有被确切知道过，不过据估计大约有28000人。根据埃德所说，"那个地方的恶臭和惨状会一直跟随着我，只要我活着，我也想告诉你更多，但是现在这已经深埋在我心底里，永远不会出来。"

正义最终得到伸张。约翰·埃查尔斯多夫被审讯，最终在1946年5月29日于兰茨贝格监狱（成为美军一号战犯监狱）被处决，一起被处决的还有负责达豪和其他附属集中营的22名战争罪犯。

14

"怒吼的沉默"

贝希特斯加登，奥地利和法国
1945年5月4日—11月30日

  在米斯巴赫附近寻找合适营房时，哈利·丁曼发现了一个大房子，里面还有一架豪华的钢琴。哈利是技术不错的钢琴家，他坐下来开始弹奏德国作曲家罗伯特·舒曼的令人难忘的浪漫旋律。"当我的指尖在琴键上滑动时，我魔法般地忘却了周遭的一切。奇怪的，一小群上了年纪的听众在我身后开始聚集起来。敲下最后一个音符时，我转过身微笑，人群就散了，没有说任何一个字。"

  "如果我们找到一个不错的住的地方，我就直接把主人赶走，"埃德·西姆斯回忆。"通常进入一个村庄后，我会径直去布格尔麦斯特，下命令上交所有武器，统一处置。在这之后任何人被发现私藏武器都将受到严肃处置。和普通步枪手枪一起上交的还有让人吃惊的东西，比如最漂亮的独一无二的猎犬和宝剑。我们当然会先自己私藏一些东西然后把剩余的交给当局。我的特殊爱好是收集9毫米口径的鲁格尔手枪，但是我拥有的每一把都必须是全新的。"

  被提醒要前往盐山和奥地利边境时，辛克上校和他的团还在米斯巴赫。当局通知一级上将泰勒他们希望武装党卫军是贝希特斯加登的希特勒的阿尔卑斯胜地附近的最后一站。

  南方集团军群（即出名的奥斯特马克集团军集群）的司令官洛萨·雷杜利奇上将想继续抗战到底，但是陆军元帅艾伯特·凯塞林否决了这个请求，3月9日，他从盖德·伦斯泰德那儿接管了西部军的首席司令官。早先在4月20日时，出生于巴伐利亚的凯塞林在慕尼黑附近莫特泽恩霍芬的总部，命令传来要守住盐山，集团军集群C和G立即开始撤退去支持"阿尔卑斯堡垒"。

  深受希特勒和他的德国总理府喜爱，贝希特斯加登是在三座起伏的山丘中间地带的一个美丽的地方。克尔市谈山有6017英尺高，在东边俯瞰着贝希特斯加登，低矮的巴德勒亨科普夫和凯博斯坦山保护着西边的入口。湍急的阿赫河穿过镇子的东边境然后分流流入了拉姆绍尔和柯尼希斯山谷。

在瓦茨曼山两个令人惊叹的高峰主导下（8901英尺），柯尼希斯的温泉度假村依偎在一个巨大的湖边，这清澈见底的湖水是德国最深的。在湖中心，圣巴斯尔玛教堂隔壁，是希特勒的一个狩猎小屋，希特勒经常和女朋友爱娃·布劳恩一起在柯尼希斯湖上划船，在湖边赤裸地晒日光浴。

当盟军轻松占领了本应该是"防守最严"的南巴伐利亚地区时，这是一种不祥的预兆。凯塞林把他的总部转移到了阿尔姆，在海军上将卡尔·邓尼茨（被希特勒指定为继承者）的批准下，向盟军远征军最高统帅总部寄了一个可能投降的通告。尽管他的深谋远虑是显而易见的，60岁的凯塞林毕竟不是政治家，他和地方长官（由元首独自挑选的地方领导人）艰难地维持着公共安全。在柯尼希斯的一次会议上，这些地方长官聚在一起拒绝接受当下的战况，天真地要求德国军队继续以游击队形式作战，这样纳粹政府就能部分安定民众秩序。宣传部长约瑟夫·戈培尔把这些游击队战士称作"狼人"，实际上在这次事件中他们并没有做出什么战果，大多数德国部队正在涌入阿尔卑斯地区，只是纯粹想要投降得到一份热饭而已。

作为总司令官，凯塞林强调绝不会再有"为战斗而牺牲"。为了避免趁乱打劫，他命令地方官员把多余的食物和衣服分发给百姓。5月2日，装甲部队汉斯·罗廷杰上将的集团军C集群投降，阿尔卑斯山脉地区终于完全敞开了。两天后，谈判在萨尔斯堡如期开始。凯塞林派出了第1集团军的司令官赫尔曼·弗奇上将，以及一个小代表团来进行谈判，他们真的提出一系列不切实际的要求。期间，凯塞林元帅单独会见了艾森豪威尔，艾森豪威尔拒绝了任何不涉及德军全体投降的对话。

两周前，柏林的东北部，52岁的帝国元帅赫尔曼·戈林舍弃了绍尔夫海德森林里他那美丽的庄园"凯琳霍尔"。接到戈林的具体指示后，凯琳霍尔以及它的最近刚完工的博物馆，被纳粹空军完全拆毁。

离开凯琳霍尔前，戈林发送了一份很长的电报给希特勒，希特勒读到电报时十分恼火："鉴于你留守柏林堡垒的决定，你是否同意我立刻就接管德国最高领导人位置，并且按照你之前颁布的法令，作为你的代理，我在国内外都具有完全的行动自由？如果今晚10点前我没有收到答复，我理所当然就认为你已经失去了行动自由，将为了我们的国家和人民的最大利益做出贡献。"

希特勒指控戈林犯下"叛国罪"并命令立即逮捕他。在被希莱姆背叛后，希特勒对那些他感觉会背弃他的人毫不留情。即使爱娃·布劳恩的姐夫赫曼·费格莱因（希莱姆的柏林代表），也没能逃过执行死刑的射击队。没有意识到希特勒并不积极的反应，戈林带着上百个纳粹领导分子，向南经过皮尔森到达贝希特斯加登。陪同着这位帝国元帅的是他的第二任妻子艾米、7岁的女儿艾达、保姆克里斯塔·格曼、个人副官伯尔尼·布劳希奇上校和一小支保护部队。

巴伐利亚阿尔卑斯山脉的南边缘向前延伸到瑞士，在1943年间一直在大力加强防御工事，但是一直没有完工。这一地区由党卫军安保部队和装甲步兵驻防，他们都在因斯布鲁克地方军官弗朗茨·霍夫管辖权下。

一到达阿尔卑斯堡垒，戈林和他的手下就被驻扎在盐山的党卫军拘留，盐山最近刚被英国皇家空军轰炸。很多建筑物在这次袭击中被摧毁，包括贝格霍夫（希特勒的家）、戈林的度假居住地和党卫军兵营。对戈林而言是幸运的，由于轰炸带来的破坏，党卫军被迫向南转移进入奥地利。帝国元帅的好运继续着，之后他在路上被一支属于纳粹空军的忠诚部队的小分队给救了。4月30日，当希特勒自杀的消息传到巴伐利亚后，戈林再一次试图掌控剩余的第三帝国，并且试图和艾森豪威尔上将以及他的直接下属雅各布·德弗斯上将（美国第6军的司令官）谈判。

死去的艾伦同志——贝希特斯加登，1945年5月4—10日

慕尼黑的公路是第一批纳粹执政后建立的高速公路中的一条。这条高速公路连接柏林和纽伦堡到奥地利的萨尔斯堡和林兹。1945年5月4日早晨，哈利·丁曼和第506伞兵团正在这条高速公路上向东前往美军第3步兵师后方的希格斯多尔夫。民众燃烧木材的蒸汽车和各种各样的吉普车卡车组成了一支规格奇怪的护卫队。水陆两用军车也派上用场，以防万一军队遭到任何严重的水上阻碍。丁曼回忆："我们驾驶一辆全副武装、16气罐的奔驰旅游车，它耗费的石油比燃料还多！每个人都分到一张'路线平面图'——一张简单的显示沿途标志性特征的计划图。我们都知道我们的目的地，这使得旅程对大家都轻松了一些。驶下高速公路，我记得经过了大片密林区，这里被开凿出几十个临时的飞机修理库，供纳粹空军使用。就连指示通往公路的混凝土硬标志都被涂成了绿色。天然的树冠还留着，为下面的飞机腾出一片干净的区域。"作战队伍到达希格斯多尔夫时，遇到了严重的堵车，帕奇上校只好派G连和I连的队伍沿着二级公路向东南方前进。

菲利普·勒克莱尔·豪特克劳克掌管的法国装甲师附属第3步兵师。由于"洛林十字架"标志十分容易辨认，V作战队指定的一支先遣队已经在3营前进部队的前方留下一路的破坏。讽刺的是在前往因策尔前，曼尼·巴里奥斯和他的班就从舒适的水路两用军车里出来，坐到几辆更小的车里，同行的还有一队带着可折叠船只的工程师。

大约10:30，距离贝希特斯加登还有25英里，他们在罗特特劳恩河追上了法国装甲军的后方队伍，这儿的桥最近刚被拆毁。由于第2法军装甲师没有架桥设备，他们的坦克陷入困境，尽管有些坦克在桥被炸毁前就已经通过了。"老实说，我不

喜欢这种开端，但是你能怎么办呢？"巴里奥斯回忆。"通过无线电向营部报告了我们的位置和情况后，我们被指示耐心等待进一步的命令。"将要发生什么似乎并不明晰，但是看起来G连3排的一个班被派回来从西面探索一条另外的途径。威廉·博恩上士使用着完全自由的火力引擎，掌管着G连队伍，包括一等兵麦克雷·巴尔森、哈利·巴克和鲍勃·和泉。

回到因策尔，巴里奥斯上士正在监听法国士兵和敌军在河对岸某处交战时，命令传来让他们挺进并在河对岸组成一条防御线。"小伙子们抱怨着，觉得我们一定都会被杀死的！我必须让他们平静下来。我们一渡过河，就建立好防守线，然后等待着。那天夜里，我开始观察不久，就听到法国人的声音，而且说出了暗号（'非常好'—'今夜'）。突然一声枪响，紧接着就是逃窜的脚步声。我的战士们冲过去，我们过去调查，发现一名德军躺在地上，脑袋开花。想想那个人的样子！"

第二天（5月5日）一大早，主部队赶到。"修好前进的路花费了工程师们不少时间，讽刺的是他们使用的重型架桥设备失去平衡，翻到河里了"，哈利·丁曼回忆。在那种情况下辛克决定使用水路两用军车会更快，于是就命令3营准备渡河。

"这时候大家都感觉到不安，因为法军遭遇了不愿意投降的狂热的希特勒青年团的小型袭击"，丁曼继续。由于持续的拖延，辛克上校建立了一个临时战地指挥所，并派参谋长罗伯特·斯特雷耶（查理·蔡斯还在师部工作）带着1营和2营回到高速公路，通过巴德赖兴哈尔抵达贝希特斯加登——多绕了50多英里的路。

丁曼和他的队伍，以及连总部的队伍和第321野战滑翔炮兵队的B炮组也同他们一起前去。两个师的坦克和卡车都堵在了每个主路上。2营还没到达高速公路就遇到了第3步兵师，他们已在又一座损坏的桥上耽误了几个小时。"在这一路上，我们似乎不断遭到狙击手攻击"，B炮组的雷·纳高回忆。

前一天（5月4日）下午尚早，贝希特斯加登西北几英里处，卡尔·雅各布，盐山区管理员，一直在魏特和从南边的比绍夫斯威森前来的第3步兵师部队之间安排一次"和平的"投降。离开贝希特斯加登前，雅各布和他的手下烧毁了很多文件，而且分发了传单督促所有当地人保持冷静，在家门口插上白旗。

在地方检察官缪勒的陪同下，雅各布的车被一辆"谢尔曼"坦克拦下，坦克里刚好坐着约翰·汉根斯上校（第7步兵团的指挥官），与他最初的使命——抓捕萨尔茨堡相反，他命令雅各布和缪勒跟他回到贝希特斯加登。因此第7步兵团成为第一支进入镇子的盟军队伍。汉根斯从北面进入，直接驱车赶到宫邸广场（主广场），把车停在拥有哥特式双尖塔的圣彼得和圣约翰修道院对面。

这儿，在修道院和第一次世界大战的纪念碑的阴影中，汉根斯上校开始为阿尔卑斯地区全面无条件的投降而谈判。阿赫河东边的盐山，在汉根斯到达前，纳粹党卫军放火烧了贝格霍夫别墅剩余的一切。

位于贝希特斯加登东边1.5英里的贝格霍夫区域是希特勒山中隐居的中心地。在通往希特勒家陡峭的路左边是农庄——是作为所有未来德国农场的蓝图而建造的。这片农庄附近是属于戈林和几个内阁成员（即国家领袖）的美丽的房子，包括马丁·博尔曼——全部在之前英国皇家空军袭击中严重摧毁。

到了傍晚，博文上士乘坐消防车率领的侦查组已经进入了奥地利，现在正朝东北方向从洛弗回拉姆绍尔山谷。在陡峭、单向的路上爬坡，护卫队被迫停在斯托克克劳斯，克劳斯巴奇河上的桥已经被摧毁了。坎恩上尉通过无线电命令博文因地制宜，建立一个检查点，驻扎在那里过夜。

第二天消息传来："所有的部队都在现在的位置坚守，立即执行。这个区的德国G集团军已经投降了。除非被炮火攻击，否则禁止对德军开火。通知附近的法国部队。具体细节会广播通知，由盟军远征军最高统帅部发布。"

尽管传来了好消息，博文继续着他的职责，依照坎恩的指示安排好守卫。博文正与巴尔森和巴克扫荡着那片区域时，他们遇到了一个紧张的德军哨兵，幸运的是他没有开火。那名敌军用刺刀尖端押着这3个人到了附近一个全是党卫军部队的农舍，里面还有几名高级军官。环顾四周，博文推断这里的人数超过了一个连队甚至营战地指挥所。过了一会儿，会说一点儿德语的巴尔森试图让那些德军信服已经宣布停战，没有必要继续打斗。令人惊讶地，德军居然同意让巴尔森和他们的司令官谈话，但是博文和巴克必须留下作为"抵押"。

几分钟后，巴尔森站在德军中将托尔斯·多夫面前，他是第82军的司令官。穿着华丽而且年仅35岁的托尔斯之前掌管第340国民掷弹兵师，在突出部战役后期和第506团交战过。这支军团是新成立的"突击力量"，附属于G集团军群，在步兵上将弗里德里希·舒尔茨的指挥下。托尔斯手下有从各个师挑选出来的大约1200名战士。大约1个小时的谈话后，托尔斯表示很乐意投降，但是只能对同等级别的人投降。于是博文留下，巴克和巴尔森回到检查点，告诉了德尔伍德·坎恩，他立即派出了他们排长佩兰·沃克中尉前去处理。

为了加快速度，沃克从当地农场买了一匹马，翻山到达斯托克克劳斯，这时托尔斯投降正式的安排已经在进行了。

"第二天（5月6日）一早，一个男人骑马接近我们据点时，我被迫朝空中开了一枪以作警告，"鲍勃·和泉回忆。"那个人走进时我才认出来他是沃克中尉！坎恩上尉知道我所做的之后，他觉得很搞笑，也鼓励了我坚持执行他的命令。"

沃克见到托尔斯后，告诉他道蒂上尉会和一名翻译官一起尽可能快地从师战俘审讯队赶来，带他与贝希特斯加登和辛克上校见面。那时（10:30），辛克和团作战队（E连打头）刚刚从巴德赖兴哈尔抵达贝希特斯加登，跟在第3步兵师后面。辛克上校很快在盖格酒店建立了战地指挥所，F连1排的一个班被分配到防守线。60毫米迫击炮班被分配保护火车站东北半英里之内的一个隧道。在那条250码长的隧道里，停着一辆载满了赫曼·戈林部分艺术收藏品的火车，这些艺术品是在4月他离开卡琳霍尔前送出去的。1排排长本·施塔佩尔费尔德也被辛克指挥到附近一个弹药储藏地去布置班队，同时在俯瞰着拉姆绍尔山谷要道的一幢建筑里建立一个战俘集中地。

哈利·丁曼和他的队伍，一直和主部队一起赶路，开车四处寻找着适合营战地指挥所的地方。贝希特斯加登的这部分看起来很荒芜，丁曼到达一条叫作诺恩塔尔的街道，他在这里发现了一个四层楼的酒店，看起来很符合帕奇上校的需要，但是还有一个小问题———一面巨大的红色纳粹旗帜挂在门上。

"我告诉男孩们如果他们能把旗帜弄下来就可以自己留着，"丁曼回忆。"费了很大工夫之后，出乎我的意料，他们把旗帜送给我以示对我的感激。眼泪顺着我的脸滚下，战士们开始感谢我为他们做的一切——尤其是切斯特·莫拉瓦，到现在他都无法相信他已经是技术下士！"

在这幢楼里（现在已经不存在了），一层有一间被牢牢锁住的房间。想着里面可能是战利品，丁曼问莫拉瓦他能不能撬开锁。"是的，长官，当然，但是我不希望我在做时你们看着我。"哈利和男孩们就留下切斯特继续开那个巨大的装置。大概一分钟后，门开了，里面是上百瓶上好的法国白兰地、香槟和葡萄酒。尽管不喝酒，丁曼还是对着他的战士们大笑，"好极了，这下部队可以开始狂欢了！"

那天凌晨，F连1班被派到盐山去看管戈林元帅以及他的首席联络官空军上将卡尔·博登斯查特的财产。在暗杀希特勒的失败行动中严重炸伤的博登斯查特在前一天被抓捕，当时他正在巴德赖兴哈尔军事医院里疗伤。本·施塔佩尔费尔德的手下在扫荡博登斯查特的总部时，发现了空军上将古斯塔夫·卡斯特纳·基尔多夫的尸体。这位64岁的高级纳粹军官在法军到达前就对着脑袋开枪打死了自己。

义无反顾——拉姆绍尔山谷

前一天（5月5日），成功渡过因策尔河的H连开着水路两用军车继续前进，一路沿着拉姆绍尔山谷扫荡，他们已经被指定为营突击小组。

这片区域两边都被高耸密林覆盖的山峰包围，山顶的斜坡和山峰上覆盖着一层雪。巡逻队被派出去沿着这条路清理凹角和孤立的建筑，汉克·迪卡洛回忆：

"当时我正带着一跟棒子，突然就注意到有个人偷偷溜进了70码开外的一座房子里，尽管我们叫他出来，但是没人回答。我把重型炮火架在一堵墙上，然后通过窗户开了短射程的一枪，大约20名德军双手举起走出来了。这些德国佬真是该死的幸运者，还好遇到了我们而不是法军让他们投降。

继续沿路前进，汉克和路德·迈尔斯上尉接到命令带领各自的班勘察斯巴赫小型住所的几所房子，汉克记得："在离开公路后，我们象征性地朝着那些房子开了几枪，几名德军就举着白色床单表示停火。"在把这些德军押回连队的路上，战士们遭到了上面斜坡的火炮攻击。迪卡洛回忆：

> 一等兵克劳德·兰金和威尔伯·约翰逊走在我前面，我们在那几名德军后面快步行走。又一枚炮弹呼啸着飞过我们头顶，在兰金附近爆炸，他忙着跑了几步然后摔倒了地上。难以置信地，一大块弹片撕扯穿过克劳德的上半身。我能透过兰金身体右边看到前面的那个德国士兵，他趴在地上也已经死了。我仍旧无法相信不知不觉地就发生了这样的事情！尤其是不久之后（17:50）我们得知C集团军群已经投降，这地方现在是停火状态！可悲的，当时克劳德家里出现了一些家庭问题，正等着照顾性准假。

那炮弹也杀死了一等兵尼克·科佐罗斯基，严重伤到一等兵鲍勃·邓宁（他们俩都是总部连的），他必须被背回去紧急治疗他的胃。兰金和科佐罗斯基是第506伞兵团在第二次世界大战中遭受的最后作战伤亡。

德军火炮很快就被定位且判断为两支88毫米高射炮。附属到该营的第321野战滑翔炮兵队的B炮组朝着高射炮接二连三发射了几枚磷弹。H连的4支四人巡逻队被派去从侧面爬上山坡，从后面缴械他们。事实证明操作着88毫米高射炮的"战士"实际上是希特勒青年团的男孩士兵。拉尔夫·班尼特回忆："当我们的战士占领他们的据点迫使他们投降时，他们很容易就被缴械了。后来我见到了他们中的几个人，那时他们已经从'致命杀手'变回了孩子。"G连的成员，包括吉姆·马丁，也是这支抓捕队的一部分，他们在高射炮已经被缴获之后110分钟到达现场。

"后来，继续前往贝希特斯加登路上，"拉尔夫回忆，"我们拦住一个大约12岁的男孩子，想问清楚他在干什么。这个男孩之前是山坡上那些希特勒青年团中的一个，在被处理后得到了其他某个队伍的通行证，被告知回家去。他只告诉我们他要去看望他的妈妈。鲍勃·霍夫曼上士（后来他被分配到团总部担任翻译官）问他的母亲住在哪里。那个男孩说了个将近200英里远的镇子！被这个孩子的回答吓到的霍夫曼回答，'你觉得你究竟如何才能到达那里？'那个年轻的德国人傲慢地脱口而出，'我不知道，但是如果没办法我会他妈的一步一步走到！'听到这，我转过身大喊'滚蛋'，然后用我的靴子用力踢了那孩子屁股一脚，让他赶紧上路！"

在88毫米高射炮的事情平息后，营队又被沿路前方4英里温特尔杰登伯格的一座被炸毁的桥拦住了去路。吉姆·马丁记得他看到3辆法军抛弃的"谢尔曼"坦克在被堵住去路后，试图从下游的卵石河滩涉水而过。这种情况下，战士们下了车，横穿过这片废墟，继续徒步前进。

继续前进爬上山坡，506团3营经过拉姆绍的一个美丽的15世纪圣赛巴斯蒂安教堂。公路从这儿开始来来回回和阿赫河交叉，美丽的山谷上升到贝希特斯加登西南边的火车站。G连2排还在路上时，伞兵们走完最后6英里，在5月5日夜晚终于到达。"我们到达时镇子里只有几个居民，"拉尔夫·班尼特回忆。"但是，我们能清楚地看到法军造成的破坏，他们开着'谢尔曼'坦克压过了几个建筑的前墙。"

那时法军已经渡过了阿赫河，正在洗劫盐山。行刑队带着大量党卫军和普通士兵到河里，然后割断他们的喉咙，把尸体抛到湛蓝的山泉水里。大多数死者最终都被运回，埋葬在这个镇子墓地的一个公墓里。

"第101团对这些大多数都视而不见，"吉姆·马丁回忆，"但是当我们听说一个法国士兵强奸了一个10岁小女孩时，事情真的开始失控了。辛克上校并不打算出面解决这件事情，我也理解，他给法军司令官发出最后通牒，如果他的部队不立即离开盐山，那么第506团将对他们采取作战行动……所幸他们离开了。"

营队被划分住在这片度假胜地周围的几幢房子里。"我住在贝希特斯加登霍夫酒店（在镇子西南边缘的哈尼尔街上），这酒店里所有东西都是那么洁净，甚至床单也是纯白色的，"班尼特回忆。"在美丽的指定镶了木板的就餐区里，男孩们把每一件昂贵的瓷器和银器都看了个遍。"

这个酒店因它华丽的后阳台视野极好、能眺望到山脉而出名，这几年客人一直络绎不绝，包括温莎公爵和公爵夫人（他们在1937年10月27日来访）、内维尔·张伯伦和大卫·劳埃德·乔治以及德国政府和军队里很多领导人。甚至爱娃·布劳恩和希特勒的妹妹葆拉·沃尔夫在贝格霍夫别墅翻新期间，也曾在此居住过。

"我不记得有见到任何敌军战士或者平民，这个地方看起来完全被遗弃了，"卢·韦基回忆。"住在这里很多我们的士兵，包括我的排，都被带去参观贝希特斯加登霍夫。作为排长我的工作是为战士们安排房间。我和鲍勃·马丁上士同住的那个房间肯定曾属于一个德国军官，因为我们发现了一双美丽的皮靴，很合我的脚，因此我就把它留着当作纪念。"

"主街道上一个豪华两层楼公寓的街区的居民们被驱逐出去，2排住了进去，"吉姆·马丁回忆。"这幢楼的两侧外墙上都画着当地最美的风景壁画。我们三四个人住一间公寓，我住处之前的主人留下了几十个玻璃摄影底片，上面是当地纳粹住所，比如盐山的党卫军兵营。"

李维斯·斯塔芬中尉（总部连81毫米迫击炮排）和克拉克·海格涅斯（H连）在1945年4月下旬重新加入了营队。克拉克回忆："在第506团占领贝希特斯加登后，主权和控制权转移给了我们。之后立即执行了宵禁，学校被关闭，所有的公共设施，比如邮局、公交车、火车服务都停止，甚至连每天的报纸也不再发行。"

鲍勃·哈威克最近刚回到第501伞兵团的现役，用阿道夫·希特勒之前拥有的便笺纸给他的妻子艾琳和女儿博比写了这样的一封信："今天早上，午夜过一分钟，战争（欧洲地区）结束了。我把所有爱和希望都寄给你，我的心与你同在。胜利之后我突然感觉非常疲惫，非常清醒地思念我的朋友们，非常渴望回到家里。"

1945年5月7日，德国军队投降，各地的欧洲胜利日第一次被静悄悄地庆祝，代表卡尔·邓尼茨，阿尔弗雷德·约德尔上将（德国武装力量最高统帅部作战部部长）在兰斯小校舍里向一级上将艾森豪威尔投降，这里是艾森豪威尔的临时总部。

"一想到有很好的机会活着回家，我简直无法相信，"哈罗德·斯特德曼回忆。"当我们听到公告时，我独自爬上了附近一个山坡，大喊了一个小时直到我的胃都痛了，眼泪都流干为止。"

在激烈的谈判后，托尔斯道夫中将和第82装甲军的一些高级将领到达盖格酒店，和辛克上校正式签署投降协议。第二天，辛克收到麦斯威尔·泰勒简短的纸条："赫曼·戈林的一名德军上校已经到达第36步兵师总部。这位上校有一封信，他正带去给德弗斯将军和艾森豪威尔。他说戈林和凯塞林现在正带着少数人员在布鲁克北部——快去抓捕他们。"巡逻队即刻被派出，路障也设置好了，但是辛克还是太迟了，罗伯特·施塔克中将（第36步兵师的副司令官）已经抢先了一步。

赫曼·戈林逃到了奥地利，派他的副官贝恩德·冯·布劳希奇去和第36步兵师的代表商讨可能的投降事宜，第36步兵师护送他到达菲斯奇霍恩城堡的党卫军装甲部队中心。在数次疯狂的通话之后，冯·布劳希奇终于找到了戈林和他的护卫队，他们正在布鲁克附近的一个小村庄路边等待。

戈林、他的家人，以及大约75人（包括之前解救他们的纳粹空军）在5月7日在此地向施塔克中将投降。第636反坦克装甲营的一个侦查连被提前派到菲斯奇霍恩，大约23:30，施塔克率领的第一批几十辆车到达城堡。戈林坐在一辆加长奔驰车里，车里还有他的妻子、女儿、冯·布劳希奇和保姆克里斯塔·戈尔曼——他们都被安排在二楼房间里，并且享用了丰盛的大餐。

奇怪的是，之前解救戈林的纳粹空军们被安排在房子外面站岗，同时还有第

636营的滑翔步兵以及一小队已经驻扎在这里的党卫军骑兵。住在城堡里的还有第37党卫军志愿骑兵师的前司令官吕佐夫、纳粹党卫军沃尔德马·费格莱因上校（他的哥哥赫曼在4月28日被希特勒处决了），以及帝国总理府首席菲利普·鲍赫勒（他正好是盟军"最想捉拿名单"上的第12位）和他的妻子海琳。第二天，施塔克中将把戈林、冯·布劳希奇、弗朗兹·里特·冯·埃普将军（巴伐利亚州长），费格莱因和他的副官送到基茨比厄尔的第42步兵师总部，之后他们搭乘飞机到达奥格斯堡的第7集团军总部。

回到贝希特斯加登，小队伍被派出去寻找还藏有武器和弹药的机构。汉克·迪卡洛记得他们找到了很多装备但是没有发现"狼人"。"我们学会的一个窍门是用水喷洒任何可疑的地区，因为如果地面受到过干扰就会显露出来。居民人口有了飞跃般的增加，因为很多前军人和政府官员试图冒充无辜的旁观者。"

乔治·艾伦中士是在这片地区开展反情报工作的第一个专家。他回忆：

> 我自己和埃里克·阿尔布雷希特发现了三份重要档案，里面记录着希特勒最高统帅部的会议报告和很多其他重要信息。埃里克和我很快加入对两名强迫劳动组织的高级成员的逮捕行动中，分别是罗伯特·莱和弗里茨·绍克尔医生。我们抓捕的其他人中还包括希特勒的妹妹葆拉·沃尔夫，以及希特勒的前任管家艾伯特·坎恩伯格。

> 我们也抓捕了党卫军埃里希·肯普卡中校，他从1934年起就担任希特勒的司机，给我们提供了一些关于希特勒死因的不为人知的秘密。在这期间，我的前任上司一等士官长查尔斯·瓦勒正巧在街上撞见我。瓦勒总是叫我"斯波特"或者"彻夫"，因为他发不出乔治里那个软软的"G"音，然后继续操着他浓重的奥地利口音说："彻夫，你为自己争取到了五个积分。"

美军复员计划的核心就是积分系统。积分奖励是根据在国外待的时间、奖章、表扬、战斗勋章以及其他方面比如紫心勋章、总统嘉奖勋章甚至孩子的个数来给定的。可以回家的人分数需要达到85的高分。"那时候，"艾伦继续，"我真的不懂瓦勒在说什么。他之后解释我们战俘审讯特遣队被授予了一枚紫心勋章，要给最实至名归的那个人。他们都同意那个人应该是我，因为我在巴斯托涅为德军战俘做出了很多！这意味着我现在已经有90分了，可以在圣诞节前回家了，这更不可思议！"

由于不断变动的附属队伍，团部很难从第7集团军或者第3集团军拿到正确的粮食配给。之后，哈利·丁曼加入了几个狩猎小队，到周围高地去抓捕山羊、绵羊等动物。"我们甚至有狙击手去抓野生的鸟，还有队伍去抓鱼。"

"我们猎杀并吃掉能喂饱我们队伍的一切东西，除了体型较大的动物，比如牛，"丁曼继续。"牛被杀这件事引起了我的注意，由于大多数士兵不知道怎么正确处理牛的尸体，他们开始生病。我们从区司令官的办公室偷出来一个复印机，然后打印了一张公告单，上面说明应该如何宰杀并且处理牛肉，然后才能食用——在限制性条款上，杀牛严格违反了团部方针，任何人被抓到都会面临严重处罚，"鲍勃·和泉回忆，"我们实在太饿了，所以我开枪杀死了一头牛，鲍勃·帕克斯上士宰杀了它，让其他士兵烧起来吃。没有人告诉坎恩上尉，然而他是最不安的人，他被迫赔偿了这只失踪的动物。"

一等兵雷·斯卡利大约就在这会儿回到G连，他在荷兰时负伤，被安排到食堂干一些轻松的活。"士兵们从戈林的地下室偷出来几十瓶白兰地，然后藏到我床底下。我的房间在一楼，窗户开着，因此男孩们很容易就拿到了酒，他们把酒倒入砂锅里，这样长官们就不会发现了！"谣言说戈林的酒窖里藏着10000多瓶葡萄酒和烈酒，尽管在F连长期派兵看管这个储藏室之前就有一小部分被偷了。

G连2排在卡尔博斯坦和洛克斯坦山上巡逻，寻找"狼人"的迹象，但是没有发现。"我们就在四处徒步旅行，享受着自己和美好的风景，"吉姆·马丁回忆。"后来坎恩上尉愤怒地指责我用0.177英寸口径的气枪从我们公寓的楼上窗户里朝德国姑娘开枪。这些姑娘一直很友善，为德军来投降而结伴欢呼。"

"我们在贝希特斯加登待了不到一个星期，那段时间里，安全工作十分松懈（没有起床号或者队列），只要我们告诉排长要去哪里，几乎就可以随心所欲地前往，"马丁继续。"抢劫一时很猖狂，机动车盗窃逐渐开始失控。当士兵们越来越多地在道路交通事故中受伤，师部决定采取措施压制。我们建立了一个体制来审查一些难民，主要是女人，军官的佣人经常和我们共用一个房子。"难民们需要佩戴黑色臂章，大约4英寸宽，印着白色字样的"难民"。"我们开始看到一些女的难民张贴告示寻找一个能提供食物和住处的男人，自己用工作以及偶尔的私人服务来交换。一些德国男人同时和5个女人住在一起这种事也能听说。我特别记得看到一个男人坐在一辆手推车里，一群女人在拉车，好像她们是骡子一般。"

"凯瑟琳"检查站

埃德·西姆斯和他所属团的巡逻排都接受了去奥地利边界搜索戈林的任务。"我们被克拉伦斯·海斯特少校派到南部在萨尔费尔登附近设置路障。但是有些司机拒绝停车并引发了几次突发事件，这迫使我们不得不开火杀死参与者。军方和政府都给我发了被通缉的纳粹党人的照片，这使得我们更容易地分辨出那些想逃出这个国家的人。

罗·斯佐霍中士拦截了一次向北前进的小型护送队，并且震惊地发现这里面包括凯塞林陆军元帅。他回忆道："在那个时候，根据我的判断，凯塞林和他周围的人是唯一一个还没有正式投降的司令部。"

先前，凯塞林决定与仍在阿尔姆的参谋长兵分两路，把自己和一个缩减后的总部转移到一辆长期空置在萨尔费尔登车站侧轨上的火车（这列火车曾属于海因里希·希莱姆）里。在这里，凯塞林委派纳粹武装党卫军的保罗·豪塞尔上将（前G集团军群司令）来监督该地区的纳粹党卫军部队尽快地投降。

我们无法确切地知道在陆军元帅抵达火车和他的护送队被第三排撞见这两件事之间发生了什么。但是埃德·西姆斯从他的角度上讲述了这个故事：

> 在那个时候，我和罗伊·盖茨在我们排其他的一个车辆检查点工作。突然传来了命令让我赶往斯佐霍的车辆检查点。当我赶到现场时看到了3辆车子——2辆箱式轿车和1辆普通轿车。这就是凯塞林用于运输的车辆。所有人都在说那里大约有16个人，他们组成了陆军元帅临时的参谋团。从价值上考虑，凯塞林对我们来说是一条重磅的大鱼。当我向前靠近时，他向我微笑并用一口十分流畅的英语确认了他的身份。在我到来之前，他和斯佐霍曾经有过一个简短的争论，因为斯佐霍要求他卸下元帅配枪。"大力水手"永利也立即跳了起来想向周围每一个人开火。所以，我们必须先让他冷静下来。
>
> 凯塞林向我请求帮助，但是我并不打算遵从，而是礼貌地要求他卸下他的手枪。但是他拒绝了。于是我拿起了我的45手枪指向他的脑袋，吓唬他。他只好不情愿地从他的皮带上拿下了那个小巧的手枪皮套并交给了我。我十分惊讶地发现这是一把不常见的7.82毫米口径的半自动手枪，其木制把手是由捷克斯洛伐克许可制造的。我代替斯佐霍负责处理这件事情，并把他们都送回了贝希特斯加登。剩下的故事就是我们熟知的历史了。

陆军元帅先被押送到位于盖革旅馆的辛克战地指挥所，随后被泰勒将军带到贝希特斯加登的奥夫旅馆。在走在通往主入口的台阶时，泰勒向两个看守的士兵（都来自于506团1营）敬了一个礼，凯塞林也举起了他华丽的元帅杖行了半礼。元帅的随行人员也都分到了旅馆里最好的房间，并且从师部委派了一个会说德语的布朗中尉，来做他们的陪护。

战争的战利品

第101团给部队发了几本诸如"巴伐利亚阿尔卑斯山脉简介"之类的小册子。尽管已经被告知上萨尔茨山的几个特定区域是禁止入内的，许多人仍然决定不管有什么样的限制，他们不能够让这个访问希特勒伯格霍夫别墅或者克尔岩之屋的机会从自己指尖溜走。

在渡过阿赫河上的桥后，我们可以看到两根花岗岩柱子，上面写着"Führer, wir danken dir"（"元首，我们感谢你"）。从这里开始有条叫作克尔史坦路的道路是通往上萨尔茨山和克尔史坦山北面的要道。开到上萨尔茨山的路程相对而言并不漫长，然而通往伯格霍夫废墟和佐·图尔肯旅馆（先前被德意志安保部队的人员所占据）的路却是那么的复杂、陡峭。通过希特勒拥有的巨大的花房和已经破败的纳粹党卫军兵营，转而就可以进入一条通向著名的克尔岩之屋的路。克尔岩之屋也被美军称为"鹰巢"。

最初被设计为希特勒的私人茶房和宴会厅，鹰巢被建造了在了克尔史坦山的山顶。从克尔岩之屋西北方向横跨贝希特斯加登，到巴德勒恩科普夫和科波斯坦的风景是世界闻名的。从南方向沿着峡谷通往国王湖和瓦茨曼山的远景也十分令人惊奇。

切入山脉直通鹰巢之下的是一条令人十分印象深刻的石头拱道。通过青铜色的入口大门，随之而来的是一条长长的隧道通向一个圆形穹顶的等候室。等候室内有一个黄铜内饰的升降电梯（由一个U型潜水艇的发动机带动），这个电梯可以垂直爬升407英尺到达鹰巢。这个复杂的建筑（由纳粹党卫军充当服务人员）有3层，全部由该电梯直达。电梯内部有地图、书籍、照片以及各式各样的古董家具和一个漂亮的特定厨房。

拉尔夫·班尼特和他最好的朋友一等兵斯潘塞·菲利普斯是第三排第一批通过金电梯到达克尔岩之屋的成员。但是屋内几乎所有有价值的东西全部被法国人偷窃光了。拉尔夫是这样回忆他的经历的：

> 斯潘塞和我决定通过鹰巢左侧的Z字形小路走回到隧道入口。在我们往下走的过程中，我们发现了一套餐具，所有的餐具上都标有一只坐在位于大写字母"A-H"之间的十字架上的鹰。我捡起了这套纯银用品，但是在返回戈林的房子的时候被一个坐在指令车里的少校拦住。他问道："中士，你在那里得到了什么？"我告诉他只是一个纪念品。但是

他厉声反驳道："不，这是战利品，你知道军规的，把它交出来。"当斯潘塞和我怯怯地走到一旁时，另一个军官——一个上校靠近了那个少校，然后对他做了完全一模一样的事情。

作为安慰，我们又遇到了一辆被法国人推翻在山丘一旁的梅赛德斯开放式旅行车。我派了自己麾下的几个士兵对它进行了守卫。第二天，我又叫了一个坦克维修兵去修那辆车。我们成功地修好了那辆车，并且，在接下来的三四天里我们四处开着这辆奔驰去改变路障守护。直到一天，我被命令交出这一辆车，因为显而易见，这辆车是属于戈林的。我也不认为即使我们努力就能把这辆车装在包裹里带回家！

在离开这里前往萨尔费尔登之前，埃德·西姆斯设法带了一瓶标有元首首写字母的马爹利干邑回去。"这是我从鹰巢拿走的唯一一件东西。我们最终在大约16年后打开了这瓶酒来庆祝我儿子史蒂芬的受戒礼。我们还真的从伯格霍夫别墅希特勒的车库里发现一辆可爱的梅赛德斯奔驰的开放式旅行车。车窗全部是防弹的，我们用各种口径的武器对车窗进行了乱射，但是没有一样可以穿透那层玻璃。"第二天，隧道入口就被布置了警戒，只有军衔等级高于少校的军官才被允许入内。

其他的任何人都需要通过那条陡峭蜿蜒的小径从山脚走到山顶。曼尼·巴里奥斯就这样走上过山，并从图书馆拿走了一本144页的主要内容都是照片的书。伦恩·古道尔和他的伙伴埃迪·奥斯丁一起拿走了一对完整的瓷盘以及两个事实上并不匹配的盖子。

曼尼所发现的那本书叫作Wirvom Alpenkorps，内含了一句献词"Horrido! Zur Erinnerung—An Die—Allen Kameraden—Im Kriege Marz 1941"。这句话应该被翻译为："可怕啊！为了纪念1941年3月在战争中的老战友——死去的艾伦同志。"在这句话下方还有8个签名。"除了这本书以外，我从不去偷窃，也不允许我小队的人那么干，"曼尼是这样回忆的，"但是他们可以购买一些本来就是被出售的玩意。那时候大部分德国人都很缺钱，甚至价格合适的情况下愿意卖掉他们的妹妹。"

在山下的斜坡上，被英国皇家空军严重损毁的豪斯戈林仍然矗立着。这座三层楼的建筑被建在了伯格霍夫别墅下方、上萨尔茨山中风景最优美的地方。这个建筑最初被建为一个狩猎小屋，1933年被纳粹党当作礼物送给了戈林。戈林在接下来的8年时间里把它变为一个拥有独立户外泳池的宫殿式建筑。当I连3排的士兵从F连手中接管这所房子时，很明显每一个人都曾经到过房子里面。

"'糊涂蛋'，I连的通信兵，预先改进出了一个几乎可以插入每一个锁的工具，"哈罗德·回忆道，"我拿着这把万能钥匙，走上楼找到了主人的卧室。在那里，我撬开了梳妆台。"在抽屉的最底端，斯特德曼发现了6个银质的纪念币，全部在1913年铸造来纪念罗曼诺夫王朝诞辰300周年。这些制作精美的银币上镌刻着第一代沙皇米哈伊尔·罗曼诺夫以及最后一个俄罗斯皇帝尼古拉二世。在同一个抽屉里还有一个小巧的玻璃瓶，装有约20颗未切割的钻石以及5颗红宝石。

在被升为上尉后不久，弗雷德·巴劳被任命为506团1营的后勤官。"虽然伯格霍夫别墅已经被严重损坏了，但令我感到震惊的是希特勒豪华的洗浴室和座位仍然是毫发无损的！在那里有一个巨大的特色窗户，但已经完全被炸弹造成的冲击波刮落。主建筑的右侧是属于元首私人保镖——纳粹党卫军"阿道夫·希特勒"卫队师的办公室。卫队师占据了三层办公室，第一层是食物储存地点，第二层是厨房，第三层内锁着成百上千瓶美酒。"

伯格霍夫别墅的正后方是一个2英里长的地下隧道系统的入口。这个系统不仅扮演着希特勒和他的参谋团的紧急指挥部，也连接着上萨尔茨山西南方的军队指挥部。其主隧道装备有机械–武器端口，先经过佐·图尔肯底下的暗堡系统和纳粹党卫军军营，然后从很深的地底直达东北方马丁·伯曼德的私人暗堡和房子。隧道内有着众多艺术珍藏和其他珍贵物品，巴劳部队的任务就是定位和守卫众多的入口。沿着向南通向国王湖的路上有着德国纳粹空军指挥部和休息中心（现在是胡贝图斯旅馆）。更多的被盗财宝都在指挥所底下的暗堡内被发现。

巴劳的部队在等待着一个国际代表团的到来。这个代表团由哈利·安德森队长率领，其工作是隧道内的，尤其是戈林自己独立系统内的艺术品进行归类整理。"当然，我们好好地进行了参观，"弗雷德回忆道，"并且我们发现了一个横躺在地上的意大利16世纪的经典半身像雕塑，但是雕塑的鼻子被切掉了。委员会的人对此感到非常不满，然而再次组织的搜索也并没有发现这个遗失的部件。"

5月10日，一支新的守护军队接管了巴劳部队的任务，巴劳部队随后和一支第813反坦克装甲营的侦察部队一起到达奥地利。他们的任务是加速当地的投降工作并帮助建立一个临时的军事政府。在离开之前，丹佛·阿尔布雷希特上尉被分派到了G连，在"蔡斯"查尔斯·谢弗中尉的协助下接管1排。在辛克离开之后，泰勒将军把自己的分区指挥部从巴德赖兴哈尔移到了贝希特斯加登的奥夫旅馆。随着鲍勃·辛克离开前往滨湖采尔，他也正式地将凯塞林移交给了分区指挥部。凯塞林转而成为泰勒的"客人"。凯塞林和他的随从被允许自由行动，虽然其前提是在第101反间谍部门的陪同下。在接下来的几天内，凯塞林在旅馆和萨尔费尔登的火车上接受了几次世界新闻媒体的采访并参加了几次会议。5月15日，他通过奥格斯堡被带往一个位于蒙多夫的特殊营地。蒙多夫毗邻卢森堡，在这里，凯塞林被迫交出了他的勋章和象征荣耀的陆军元帅指挥棒。

纳粹党卫军上将、纳粹武装党卫军上将弗雷格·伯格尔也被关押在贝希特斯加登的奥夫旅馆。49岁的伯格尔是海因里希·希莱姆的助手，一手推动了纳粹党卫军的建立。伯格尔于5月6日被军队逮捕。当时，伯格尔正试图蒙混在2000多名士兵和平民之中逃脱。这群人中还包括德意志帝国总理府的高层汉斯·兰马思博士、希莱姆的妻子马尔加和其年幼的女儿。被誉为"万能的戈特洛布"，伯格尔肩负的任务是管理同盟战俘的高强度行军。而这些同盟战俘中就包括很多我们曾在前面提到的第3营的战士。

战利品和拳击

辛克上校把一座未损坏的宽广的房子划分给了新成立的团拳击队作为训练中心。事实上，这座房子曾经隶属于戈林的联络官费列戈·卡尔·博登斯查特曼。在当时，这支团级拳击队的教练是来自D连的约翰·凯利上尉，其成员分别为：杰西·费尔南德斯、哈里·史密斯、穆斯·阿纳洛夫、肯·摩尔、麦克雷·布兰森、查理·霍根、托尼·托里斯、比尔·比特诺夫、安迪·斯弗里斯、里奇·希恩和哈罗德·斯特德曼。哈罗德回忆道：

> 屋子里早已被翻了个底朝天，东西散落在四周，只有家具没有被移动。绝大部分橱窗和梳妆台都被锁住了。凯利上尉严禁我们去打开它们。美洲印第安人查理·霍根（来自黑足部落）是第一个上楼的，然后几乎马上有一个抽屉柜子被扔到了外面。"你到底在干什么！"我一边喊着一边冲上楼梯，然后发现他正拖着一张床走向最近的窗户。"上帝啊！查理，这是一张床，看在上帝的份上！你知道我们已经将近3个月没有在这样的床上睡过觉了。把这个该死的东西放回去，然后管好你的嘴！"

随后，我发现了一本里面全是金币的书、几个大容量的酒杯（全部由纯金制成）以及一把漂亮的狩猎来复枪和手枪。

拳击队在相对封闭的条件下进行训练，每天训练10个小时，每周五在滨湖采尔进行比赛。他们从没有在面对第82空降师、第10或者第11装甲师时输过一场比赛。

包登夏茨指挥部山下有一个小型的人工湖，湖水汇入莱卡姆和巴奇河。在这里，哈罗德和其他拳击队队员会去钓鳟鱼。由于伯格霍夫别墅就在这附近，查理·黑根、哈罗德和几个其他队员决定去参观一下。哈罗德回忆道："那里几乎没有剩下什么东西，但是查理成功帮我拍了一张我坐在椅子上从希特勒的观景窗上遥望阿尔卑斯山的照片。我们还在我们军营下面发现了一条隧道。但是正当我们准备开始探索之际，师部就部署了守卫并把它掩埋了。当然这是另一个故事了。几周之后，我们离开了山上的训练营前往滨湖采尔。由于我拥有的战时禁运品太重了，在离开之前，我在附近挖了一个洞并把几件较大的物件例如银酒杯以及几个镶有珠宝的盘子给埋了起来。我随身携带的是那些俄国纪念币和一些珍惜的石头。我把它们放进了一只袜子里然后悄悄藏在背包的一个小角落里。"

紫心航线的英雄们，奥地利，1945年5月11日—8月2日

师部将其常驻的艺术专家哈里·安德森派去采访艾美·戈林夫人。此时，夫人仍和自己的女儿以及保姆克里斯塔·格曼斯一起居住在菲什霍恩城堡。哈里在追寻一副丢失的17世纪荷兰画家扬·弗美尔的画作线索，画的名字叫作《被捉奸的女人》（The Woman Taken in Adultery）。

虽然戈林夫人称自己毫不知情，但是令人惊讶的是，她上交了6幅其他安德森尚未开始搜索的画作。当安德森即将离开之际，保姆格曼斯把安德森叫到了她的房间里，把丢失的弗美尔的画作交给了他。格曼斯说，这曾经是戈林先生给她的私人礼物。然后讽刺的是，这幅《被捉奸的女人》被检测出是一幅赝品。几天之后，艾美和她的女儿被转运到了萨尔费尔登，随后通过火车被运到柏林。在柏林，她被判处了12个月的监禁。艾美在监狱期间，戈林自己于1946年10月15日在因禁的小屋内实施了自杀来逃避正义的审判。

戈林夫人被遣送到柏林后不久，弗雷德·巴劳到达了菲什霍恩。此时，这个城堡仍然混乱地堆积着各种格莱茵和他的党卫军同事从荷兰和波兰抢来的艺术珍品。巧合的是，弗雷德驻扎的地方正是戈林一家曾经住过的地方。"打开卧室中的一个抽屉，我发现7封赫尔曼写给艾美的信，并把它们留下来作为纪念。"弗雷德在菲什霍恩期间，一共发现了大约200件用银铸造的、纯度在90%以上的杯子。这些杯子都是在因斯布鲁克设计并生产的，有可能是戈林但更可能是格莱茵要赠送给效忠自己的党众的礼物。

巴劳接受了蔡斯上校（现在正驻扎在城堡内）的任务，派遣一名萨尔巴赫的银器匠对其中的40个杯子进行了定制：先加上一对正在扇动的翅膀，随后再分别刻上每一个随着第506伞兵团在诺曼底参加过战斗并且还活着的军官（包括那些正在战场执行任务的军官）的名字和参加过的战役。每一个杯子都花了210马克（当时相当于21美元），然后从每一个接受者的杂乱的账单中扣除。

第321滑翔野战炮兵营从第506团中分离出来，被派往北部美丽的古巴洛克城市萨尔斯堡——古典作曲家莫扎特的出生地。5月15日，雷·纳格尔赢得了一张回家的"黄金车票"。他回忆道："这几乎像是梦想成真了，我知道我的梦想就是这样；我曾经认为自己可能永远回不来了。离开萨尔斯堡不久后，我就和其他彩票赢家一起待在了一个护卫队的尾端。然而，护卫队前段领头的车辆与一辆平民的卡车在山路上相撞，从悬崖上翻了下去；车上所有的人都死了。对于我们当中目击了这个事故的人而言，这简直是一个巨大的灾难。"

作为一个排的中士，卢·韦基早就决定了要坚持到底。而与此同时，鲍勃·马丁赢得了他的返回美国的"黄金车票"。"我把回家的机会换给了1排的向导米勒。我应该让给汉克，但是我知道米勒很想回家。米勒是一个真正棘手的人，强壮的像一头公牛。但是在女人方面，没有人赞同他的想法。"

506团的伞兵被派往奥地利去支援第3集团军和第7集团军的军事行动。"每一个营都被划分了一个指定的区域，"曼尼·巴里奥斯回忆道，"这个区域然后再被细分为由连负责的部分。路障是控制管理德国军事、百姓交通的关键性因素。"每一个车辆检查点都要求记录登记的证件、车辆的类型和组成、停下的时间、车上的人数以及开往的方向。在任务期间，第506团一共逮捕了约50个因为战争罪被通缉的人。"其他的也有一些德国军队听到传言从而行军到或者抵达我们的位置。我们的任务就是简单地解除他们的武装并把他们带到遣散中心。在那里，他们会走一遍程序，随后被遣送回家。我的小队与其他两支小队轮班，工作一周，休息两周。"

最初，该部队的任务是控制军事行动的南部区域，并在壮丽的阿尔卑斯河谷两岸布兵。这个河谷位于基茨比厄尔山的一侧，其巡逻区域大致为430平方英里。在基茨比厄尔山北部是格林峡谷。其陡峭的地势被萨拉赫河划为两半。两岸是辛特格兰和萨尔巴赫的村庄。向南翻过陡峭的被雪覆盖的山顶，山峰的另一边是人口密度更大的平茨高地和萨尔察赫峡谷。更远处是泽勒泽湖和名为滨湖采尔的温泉小镇。在湖的南侧，13世纪的菲什霍恩城堡矗立在布鲁克地区。第506团的兵力遍布滨湖采尔、布鲁克、卡普伦、乌滕多夫、施图尔弗尔登、萨尔费尔登、萨尔巴赫以及更远的东边——伦德。

在萨尔费尔登待了一小段时间后，帕奇上校命令G连和I连原地驻扎，而将自己的战地指挥所搬到了滨湖采尔（在这里还有6个德国战地医院）。帕奇把第三营的指挥所建在了离团部指挥所很近的、豪华的五星级大酒店里，而辛克上校把指挥所放在了泽尔旅馆。五星级大酒店能够通往湖对面的一个私人的团部沙滩和娱乐中心。中心内有着皮划艇和一个销售当地受补贴的啤酒的酒吧。中心里其他的设施还包括一个每天播放两部电影的电影院和每周一次的美国劳军组织（USO）

舞台表演。

萨尔巴赫——自由的故乡

由于十分的封闭，H连一直组织并维持着其训练制度。克拉克·海格涅斯甚至派了无线电人员俯瞰整个峡谷的路段去警告那些意外的、突然的侦察或者不速之客。H连1排驻扎在萨尔巴赫南端一个豪华的滑雪旅社里。

"第二层被转变成我们的住宿地点，我有着自己独立的房间以及一床不错的羽绒被，"卢·韦基回忆道。"2排和3排分别驻扎在周边的旅社以及民宅里。我们在一层有着一块俱乐部区域作为我们的早饭、午饭和娱乐场所。自助餐式的饭菜都来自于十人制的定量口粮包裹。"汉克·迪卡洛补充道："旅馆的经营者是一个30多岁的男人。他的妻子是一个可爱的红头发胖胖的孕妇。她声称自己的丈夫在整个战争期间都一直在经营这里的生意。根据老板走路的方式我们可以判断出他是一个军人。但是看在他们把我们照顾得很好的份上，我们再也没有提过这方面的事情。"

"在大部分的时间里，我们都在做自己的事情，"韦基继续说道。"有一些小伙子很喜欢在旅馆正后方一条漂亮的有鳟鱼的小溪里钓鱼。"

士兵们不久后就开始使用滑雪缆车去游览萨尔巴赫东北部山地的风景。韦基还找到了一对滑雪板，并在较低的斜坡上体验了一番。但是他并没有找到对应的手杖。另外，如果他能有一双合适的滑雪靴用处会更大！

"所有遇到的鹿都被我们杀了并解剖。肉被平均地分给了我们和当地居民，因为食物对于所有人而言仍然是缺乏的，"卢回忆道。"有趣的是，我们可以和难民结交，却不允许和奥地利人交往。"那时候，大约有5000名难民生活在那片地区，主要集中在菲什霍恩和卡普伦建立起来的营地里。在5月的后半段，很多难民特别是女人们都开始居住在周边的村镇中。"为了解决那些结交规定带来的阻碍，"卢继续说道，"我们的一些小伙子从后勤官那里拿了一把臂章带给奥地利女孩带着，这样他们就可以约会了！在鲍勃·马丁回家之前，我们时常去拜访两个独自居住的女孩。她们种着自己的水果和蔬菜。我们会买一些蓝莓然后和她们一起在厨房里就着大量新鲜的奶油分享。但这真的是很久之前的事了。"

位处法语区的边缘，萨尔巴赫一直为它的一座天主教教堂感到骄傲。这座教堂位于市中心，可以根据它那洋葱形状屋顶的钟楼而马上认出。"军官们居住在镇的最北边，就在我们连的指挥所旁边，我们只有在正式活动或者晚宴的时候才能见到他们，"韦基回忆道。"有一天，值班军官拉尔夫·班尼特邀请我去指挥所挑选一把刚刚被上缴的德制鲁格尔手枪。通常，军官们会最先挑选诸如之类的东西。"亚历克斯·安德罗斯，当时的H连参谋长回忆道："一些家伙，比如拉尔夫·班尼特，在战争中居然没有受伤真的是十分幸运。我曾经对第3排从战争开始一直活到最后的每一个人都进行了调查，发现每一个人都至少受过两次伤。"

扫荡

每天傍晚，H连都会在镇子顶端的草坪区域进行列队训练。随后在临近的一个房子里吃晚餐。"在大部分情况下，每个傍晚我的任务是在街道10英里外的布鲁克宵禁开始之前准备好热乎乎的晚饭。"卢韦基回忆道。"我有一个德国驾驶员。每一次由于路太窄不能超车而被堵在农场运货马车后面时，他都会变得很失望。所有在我们区域被发现的纳粹党卫军人都会被带往布鲁克，随后被遣返。我们营的大部分兵力都会时不时地轮转换班经过这个地方来守卫道路系统。只有当地居民和美国驻扎军队才被允许能够自由进出。纳粹党卫军的军官们都被关押在当地一个五层高的卢卡珊斯尔旅馆中。他们都在等候被火车运往慕尼黑。"那座建于1908年的旅馆拥有超过80个房间，坐落在奥地利最高峰之一的大格洛克峰的山脚。韦基继续叙述道：

> 有时候，当我的士兵在周边警戒时，我们能看见两个负责文书工作的德国国防军中尉。我记得，在一个特殊的日子，他们对这个没有在按照吩咐做事的德国党卫军军官感到十分焦虑。
>
> 大部分的党卫军军人都有一个女人陪伴，他们表现的就像是在度夏日假期一般。但在这种情况下这必须是在宵禁结束之后才行。他们当中很多人都会和女朋友一起坐在旅馆的阳台上享受夕阳。但是总有一些问题人物不愿意遵守宵禁。我开始对阳台上的人大体的态度感到愤怒，因为他们一直在嘲讽。我大喊着让他们回到房间里去。当他们不听我的话时，我命令一个士兵向最近的阳台的门口开了一枪。这让那群家伙真的感到了害怕。我的意思是，我们才刚和这群该死的人打完仗。看着他们无所事事悠闲地坐着真的让我感到十分生气。

虽然被纳粹武装党卫军最高将领保罗·豪塞尔命令投降，许多党卫军士兵仍然选择了潜逃。但是在接下来几周内自主逮捕政策的鞭策下，他们都被逮捕了。巡逻队从萨尔巴赫出发，被派往西北方，从峡谷开始一直深入到山里去搜索可疑人员或者可疑活动。萨尔巴赫附近有着十来座高山，最高的山峰是施派尔伯格霍恩山，海拔约为6000英尺。

"叛逃的党卫军军队白天躲藏在深山里，晚上潜入峡谷抢劫他们自己百姓的食物，"汉克·迪卡洛回忆道。他继续说道：

> 我们曾接到一条关于其中一支部队位置的线报。随后鲍勃·斯特劳德带着我的队伍展开了行动。攀爬穿过较低的云层，我们可以看见一幢巨大的两层楼建筑，外面还有一群羊在吃草。大家在穿过一片开阔地域赶往那幢房子时都没有感到紧张。我们真的不知道那里是不是真的有敌军士兵。于是我们在周围展开了侦察，在35码之外的斜坡下方发现了一道泉水。而从农场这边是看不到的。斯特劳德中尉和我们大伙都觉得不适合进行攻击。但是他指出，在那里的人或早或晚都会需要新鲜的水源。下午5点左右我们听见有人从那幢房子出发接近这里。毫无疑问，那是一个拎着两只桶的纳粹党卫军士兵。当他弯下腰去用其中一个桶装水的时候，列兵弗兰克·帕克悄悄走出来，用步枪的枪托狠狠砸在了他的后脑上。虽然仍然有些头晕，那个士兵表现得很目中无人，并且在我们想让他回去通知他的同伙他们已经被包围时拒绝合作。但是不久后他就转口答应了，因为我把刺刀的头对向了他的喉咙。大约10分钟后，他和他22个同伙一起举着手从房子里走了出来。那个房子的主人——一个农民对赶走了这些不速之客感到惊喜万分，并试图赠送给我们好几块巨大的奶酪表示感谢。我们表示了谢意但还是礼貌地拒绝了。

最初，G连的2排和3排以及H连的2排要被一起派往平茨高峡谷的乌腾多夫（距离滨湖采尔西边6英里）去守卫一个新建的围场。从乌腾多夫上空俯瞰这个围场，你会发现这是一个建在斯图巴赫峡谷的大型水电站。用水是从一个阿尔卑斯天然水库用3英里长的水管（直径5英尺）引下来的。所发的电将会被供往一个附近的地下工厂。

"那个工厂最初被用于生产坦克的轮子，"吉姆·马丁回忆道。"在那里，毫不夸张地说，有数千德军从山上走下来投降。坎恩上尉要求我们对每一个经手的人都要有尊严地对待他们。走在军官和高级士官后面的德军士兵被要求根据种类将他们的武器堆放起来，随后我们对他们进行搜身。在这些人会被送往指定的收容区域后，我决定要近距离去观察一下那一大堆手枪。看守武器的是我们的一个美国士兵和一个德国中士。在给了他们一人一包烟后，他们很高兴地给我一把鲁格尔手枪和一把P38手枪。我不知道的是每一把枪已经被记好数了。第二天坎恩上尉来我们营地搜索了那两把消失的手枪。但是因为藏的太深了，他并没有找到。"

几周后，为了保证附近一个水电项目的进行和发展，卡普伦建立了另一个营地。囚犯们主要是家乡在现在的苏占区的士兵。许多德国士兵被命令去修复通信和供电线路。工程师和其他部队在修复道路和桥梁。同时，囚犯们被勒令去修复德军车辆。这些车辆之后会被军事政府征用。为了促使更好的凝聚力的产生，德国士兵被分为两个分离的部分。赫尔曼·奥克斯纳空军中将负责管理南部的部分，齐格弗里德·韦斯特法尔骑兵上将负责管理北部的部分。

每一个空降步兵连都被授予了所属特定地区完全的管理权限。在被安置好不久后，所有在过去几周内刚被投入使用的车辆都因为第三军燃油短缺的原因被召回了。大部分的连队被允许保留其中的一辆车，但是更多的人选择毁了他们的车而不是交给上级。

埃德·西姆斯当时正驻扎在萨尔费尔登一个医生的家中。他回忆道："罗伊·盖茨和我不想让任何其他人使用我们连队的车。所以在罗伊的帮助下——我经常开玩笑说这是罗伊战争期间唯一的贡献，我们把我们的"伯格霍夫奔驰车"从布洛克南边公路的边缘推了下去。然后告诉辛克说车在一次重大交通事故中报废了。"

"占领着临近的一个区域的苏联人赠送给了我们4个板条箱子作为友好的示意，每个箱子里都藏着100瓶伏特加酒，"哈利·丁曼回忆道。他继续说：

> 每个连都得到了一箱子酒，但是H连由于距离太远忘了来收取，但这并不意味着他们不在乎这箱酒。因此，原本属于沃克上尉的酒就悄悄地被指挥部直属连给吞占了。这种伏特加酒非常的烈，我们几乎马上就开始醉了。醉酒的情况是如此的严重，以至于安迪·安德森决定把值班人员的花名册分为"干"和"湿"两种日子——在这种办法下，至少任何时候都只有50%的连队官兵是喝醉的！即使是这样，我们仍然面临着一些问题。一次，切斯特·莫拉瓦走进我的办公室，悄悄地告诉我说他现在没有办法整理安德森少校的床铺！"你这个笨蛋，你知道你在说什么吗？"莫拉瓦在整理了一下自己的语句后回答道："对不起，长官，但是我似乎没有办法把他的床单平整地拿出来。"在我们赶到安迪的房间时，我不禁放声大笑，因为昨夜刚喝醉的他现在还昏睡在床上！

师部开始着手根据步枪的射程建造场地，并布置训练计划。训练计划内容包括初级的射击、对小队所有武器的射击练习、体育锻炼、行军、定位和测试。在下午，运动员们会在篮球、棒球等领域展开常规的连队之间的比赛。最令人焦虑的事是，他们听到自己是否积攒了足够多的积分从而获得回家的机会。

"我的排被派往了滨湖采尔两周，"曼尼·巴里奥斯回忆道。"我们驻扎在大酒店旁边的一个旅店里。那里的用餐区域每天营业7个小时。"在这里，团属的管弦乐团会在大酒店的主餐馆内为连队聚会进行表演。一支当地的弦乐四重奏乐队会在用餐时间在规定区域为军官和高级士官演奏古典音乐。"由于我是不喝酒的，"巴里奥斯继续说道："我的大部分空闲时间都是在一家当地的咖啡店里和来自南加州的劳伦斯·莱恩一等兵度过的。因为他远比我大，而且还有着一张又长又窄的脸和一个相似的鼻子，我们把他叫作'格兰尼'。但是他很讨厌这个昵称。有一次，我和他在一起走向大酒店的路上突然感到很饿，然后走进了一条我们认为是食物供给线的地方。但是当我们走进门后却发现一个胖妇人正在收钱。那时我们只好编了一个理由然后快速离开了！有一个晚上，格兰尼和我把一艘皮划艇搬到湖上准备进行一次午夜游船。后来在经过旅馆的休息室时，我们发现安迪·安德森正躺在一个沙发上精神恍惚。于是我们把他抬回了自己的房间放在了他的床上。"

不久后，曼尼和他的部队轮班回到了他们在施图尔弗尔登附近山脚的"日常工作"。曼尼说道：

> 我当时在负责守卫一座大型的仓库建筑。我的小队的任务是负责处理一批近期即将投降的德国士兵。主接待室内放着很多巨大的桌子，桌子上有标签，分别标有"手枪"、"步枪"、"自动化武器"、"小刀和刺刀"等。我们在每一张桌子面前都安排了一个当地的奥地利女人去检查枪械是否已经处于安全、洁净的状态。和我一起工作的还有两个德国国防军的军官，他们简要地向军队解释了在上交武器之前的要求。女士们都在一丝不苟地检查每一件武器，这些武器随后将会被存储在后方的指定区域。所有的个人信息也都会被记录下来。他们在被遣返之前要携带一份原件的碳复印件。所有可用的军火都被卡车装起来运走进行进一步的处理。在离开奥地利之前，我成功地尝试做到把6把德国步枪通过常规邮递寄回了我家。你能相信吗！在我最后一次轮班的时候，两个德国军官赠送给我一把漂亮的鲁格尔手枪和一把沃尔特P38手枪（这把枪在我回家的路上被偷走了）。

6月5日，135个诺曼底战役的生还者在贝希特斯加登鹰巢举办了一个特殊的聚会来纪念沃尔弗顿上校。这一次，很多像来自G连的奥斯卡·萨克斯威克这样的高级士官都被鼓励去报考军官候补学校（OCS）。奥斯卡在巴斯托涅战役后在医院休养了3个月，随后被军官候补学校录取并在这里毕业了。随后他被派往德国工作。在那里，他一直任职到了1946年5月。

在经过一个月的转运后，鲍勃·韦伯中士于6月21日从英国返回了指挥部所属连队。在这里，他被分配到了萨尔费尔登某个旅馆的一个15人的房间里。当时，营部指挥所和直属的连队暂时从滨湖采尔重新回到了萨尔费尔登来接管当地的遣散中心。

哈勒尔上尉把韦伯布置到了萨尔费尔登的遣散中心。麦斯霍芬市有另一个遣散中心，坐落在北边几英里外靠近泽尔的地方。这两个中心的位置都距离主要的火车站较近。大部分德国军队将从这里向东通过皮尔斯峡谷运送离奥地利。"那时我和一个白肤金发的立陶宛女孩一起工作。那个女孩的英语是我听到过最标准的英语。我的工作是每天早上8点到晚上7点，负责将走进我们办公室的德国囚犯所提供的个人陈述和信息打印出来。"

在这3个月的时间里，萨尔费尔登和麦斯霍芬的两个中心一共遣返了大约50000名德国士兵。"他们大部分人的花言巧语使我很厌烦，"韦伯继续说道：

> 他们看起来都好像鄙视希特勒，完全不想打仗，没有在任何时间任何地点向任何人开过火。说实话，我事实上更加喜欢那些纳粹武装党卫军的家伙们。那些行着纳粹式敬礼的人会当着我们的面说他恨我们。至少他们守住了自己的原则，而你必须对这一点表示敬佩！我周日休息。在我第一周的工作结束后，勒罗伊·维克斯、我以及其他两个恰好也来自于勒罗伊家乡的得克萨斯人一起乘坐着一辆吉普车开往上萨尔茨山。在那时，所有的东西已经被挪走了，我发现的唯一值得收藏的东西是一本希特勒个人的信纸和一盏伯格霍夫别墅墙上悬挂着的灯！

3星期后，韦伯被重新召唤回了团指挥部。

> 我被要求去做德国上校弗里德里希·莱巴赫的陪同。他被要求去美国军事政府工作。我被允许在市中心的一个旅馆订一个双人间。这将会是我们下一个月的宿舍。
> 在那段日子里，我们工作在同一幢房子里；工作后我们一起走回旅馆。我在接下来的两周内对这个55岁的莱巴赫有了很深的了解。他在战争开始之前甚至是在战争中都曾经是一个在国际上大受尊重的科学教授。我们一起下棋，一起深层次地讨论政治、战争和国际形势。从某种角度上来说，他觉得自己为德国做了很多正面的事情！哈勒尔上尉建议我，如果他还是坚持这种荒谬的言论的话，我应该直接开枪杀了那个婊子养的。但是不管怎样，我还是有些喜欢这个人。

麦斯霍芬的中心在7月末就关闭了。萨尔费尔登的中心也被置于师部炮火火力的控制之下。

6月22日，来自第506团的拳击手们有一场和实力更强的炮兵队伍的比赛。比赛在泽尔的一个民宅内进行。每一轮比赛都被分为3个2分钟的回合。安迪·安德森就是其中的裁判之一。虽然在强烈的灯光下，重量级选手麦克雷·布兰森列兵被击败而休克了。哈罗德·斯特德曼中士、安迪·斯弗里斯中士、二等兵肯·摩尔和二等兵里奇·希恩都分别在各自的重量级比赛中战胜了对手从而以5∶3赢得胜利。

早前，泰勒将军写信到团部说："我们已经到达了我们生活和我们师生命的另一个关键性的时刻。我们需要面对未来到太平洋地区参与行动的前景。这样的任命绝不只是可能，而是非常可能。"泰勒又接着说道第101团将会在1946年1月1日回家。每一个人都会拥有一个月的假期，随后在北卡罗来纳州作为"综合预备队"集合。

> 因此，在这个战场上，你们这些积分较低的士兵中很大部分人的命运是未知的。我找不到这么一个高等级的师能够在美国留住编制的原因。但是这一切还是要取决于麦克阿瑟将军。回到家乡后，这个师会站在整个国家的最高点，鹰斑的标志在任何地方都会被认出。美国公民还没有因为欧洲胜利日而放松他们的神经，每一个人都在紧张地期望看到日本的投降。你们当中那些积分在85分及以上的人会在不久后回到美国，我不久后也会和你们见面告别。我相信，第506团出身的男人们会在日本海岸赢得极高的荣誉，就像你们在诺曼底海岸和比利时战场所创造的荣誉一样。

由于坏天气的影响，团部把一个特殊的"第4个7月"的活动推迟到7月5日举行。典礼的开始项目是一次纵穿滨湖采尔的一个营兵力的阅兵。随后是辛克上校和军事政府官员的讲话。最精彩的部分则是团指挥部表演的自由坠落项目和静态直线跳伞跳入采尔湖的项目。他们还举办了一些水上运动，包括游泳比赛和赛艇比赛。团部的沙滩上还有啤酒和冰激凌供应。这精彩的一天在晚上9点钟以一次湖上空被没收的德国烟花的表演而收尾。

在泽尔的聚会期间，汉克·迪卡洛看到了在诺曼底战役中对他进行急救的安迪·索斯纳克医生。"在一起喝了几杯啤酒后，我们开始详细地讨论在路桥的第一天。我甚至现在还清楚地记得安迪患有一点创伤后精神紧张性的精神障碍。大概20年后，我听到了一个令我心碎的消息——安迪在被确诊患有癌症后自杀了。"

7月中旬的某一天，汉克和D连的艾伦·韦斯特法尔中士一起被派往慕尼黑去书写和编辑团部在1942年7月20日和1945年7月4日之间的历史。这支由来自后勤连尉官万·霍恩领导的队伍里还包括漫画家二等兵麦克·马克思和二等兵欧文·菲茨格。"整个5月、6月和7月，全团被鼓励去提交轶事的报告。这些报告都有可能会被编入书中，"汉克回忆道。"艾伦和我一起从几百份报告里面挑选出那些我们认为更有纪念价值的经历。除了我们自己的个人经历之外，大部分的内容都必须基于我们已知的发生的事实之上。这也就是说，这本书上处处都有我的印记——好多地方都有'伞兵汉克'和H连的参考标志。"完成后的书最后被精美地印刷出来了，内含很多精美的插图和照片，还被命名为《科拉希剪贴簿》。当作品完成后，汉克和艾伦都回到了各自的单位。荒谬的是，他们从此之后再也没有见过面或者说过话。

吉姆·马丁回忆了他的排回到萨尔费尔登之后的情况：

> 事情开始转变了。我们再次驻扎在民宅里。但是纪律开始变得更加严厉：每天都有常规的晨间行军和视察。但是，这也有个上限。某个周末，我们六七个人去了一个附近的德国军火仓库，尽我们所能携带了尽量多的炸药、照明弹以及轻武器子弹到山麓去举办一个派对。在我们离开之前，我们还和众多的炮弹和迫击炮合了影。在接下来的一天时间里，我们开了数以千计次枪，用铁拳反坦克火箭筒和塑性炸药炸了树木和其他任何我们可以找到的东西。坎恩上尉听到了几声爆炸声，还发现峡谷上空飘着硝烟。他认为可能是某种敌军的行动，于是派了一队侦察队去查探原因。
>
> 那个月后，我们的食物来源开始干涸。在某些时候，情况是如此严重以至于包括我在内的一些人开始营养不良。但是不久之后，我们就查出了原因：某些负责我们补给的后勤部高级军官把我们的补给通过勃伦纳山口从因斯布鲁克拉到了意大利在黑市售出以谋取巨大的利益！
>
> 那时，坎恩上尉竭尽了他最大的努力来解决这个问题。但是情况仍越来越糟糕，我最终病倒了。我的体重一直维持在134磅左右，但是当医生来测我体重时，我惊恐地发现自己已经只剩下109磅。医生几乎不敢相信我们已经失去了日常的补给，然后立即展开调查去探寻事情的原因。我被送往医院，和其他几个紧急的病人一起接受一个为期7天的高蛋白质食谱。不久之后，后勤部的一个上校和其他几个高级军官因为贪污的罪名被逮捕并入狱。

和很多其他人一样，鲍勃·韦伯如释重负，因为由于他获得了第二块紫心勋章，他的兵役记录积分达到了87分。"每一个人都走来走去，互相握手，称呼对方为'先生'。因为我们都不用再去该死的南太平洋了。现在，我就可以来一次正宗的太阳浴，回家，结婚，再也不用去理这些废话了。"

6月28日，大约400名积分最低为85分的士兵被通知要被转移到第501伞兵团，该伞兵团是计划中第一个要被遣散的编制。与此同时，第501团的655名积分较低的士兵被再次派遣到第506团去。不久之后，团部开始将其行动范围缩小了大约一半，并且开始着手进行不同的单兵武器技巧的训练。所有的士兵都拿着自己的武器接受了基本的射击训练和课程。"指挥部直属连花了两个早晨在靶场练习，每天从清晨4点开始，"鲍勃·韦伯回忆道。"我用M1打靶的成绩是182/200，然后被评定为'专家'的水平。这不值得惊讶，因为天知道我在过去的一年里练习了多少次！"

在离开奥地利之前，辛克上校给自己的旧部下做了一次感人的、真诚的演讲。汉克·迪卡洛回忆道："当我们集合在阳光下的时候，他告诉我们，他为第506团感到骄傲，并且他十分感谢我们在过去的两年时间里为我们国家所做的一切。随后他与我们告了别，祝福了我们。"

从1944年6月开始，师部在战斗中一共度过了惊心动魄的214个日夜。在这段时间里，近2000名士兵阵亡，超过8000名士兵在行动中受伤或失踪。整个师一共获得的荣誉包括2块国会荣誉勋章、47块卓越十字勋章、516块银星勋章和6977块铜星勋章。

法国，1945年8月4日—11月28日

7月31日，团部接到命令转移到法国勃艮第地区的奥塞尔。在接下来的两天时间里，士兵们通过公路和铁路转移，并在8月4日到达摇摇欲坠的法国茹瓦尼和桑斯要塞。与此同时，大部分高积分的士兵已经被转移到第501团，并被派往更远的东边，驻扎在南锡一座三层的大型兵营里。

克拉克·海格涅斯和弗雷德·巴劳一起在马赛坐着党卫军的"蝴蝶"号回到了波士顿。弗雷德可不是一个傻子。他造了3个实木容器来偷藏1排收集的所有有纪念意义的手枪。"每一把枪都上油了并且分别标有主人的名字和所属连队。我收藏了几把漂亮的、完好无损的鲁格尔手枪和P38手枪。这些是我在箱子被铁箍密封之前最后放入第三个箱子的东西。当我回到美国之后，我发现我的其中一只箱子在法国码头被人动了手脚。更糟糕的是，我发现只有我自己的手枪被人拿了。不过还好，我有先见之明地在我的手提箱里多藏了四把枪。这样一来我能带回家的东西就

不仅仅是几封戈林夫人的信了。"

在到达南斯之后，鲍勃·韦伯回忆道："我们除了坐着等待教育课程的开始之外不能做任何事情。我们只被允许选择两门课程。我选择了"算术"和"图书保管和会计"。这让我在这里的时间即使有一定的限制，也不会全被浪费掉。我们房间里的一个哥们儿有一个收音机，所以我们能够跟得上时事，还能听一点歌。"

令汉克·迪卡洛感到惊喜的是，他被通知被授予了一枚银星勋章：

> 我实在不知道自己到底做了什么事情以至于获得它，但是管它呢！
> 为了打发无聊，我志愿加入了巡逻队，并且和一个叫作乔·贝兰泰的现役宪兵作为搭档。我们经常在当地的妓院附近巡逻。其中最出名的一个妓院叫作"第9号"，是一对意大利中年夫妻玛利亚和阿图罗·萨亨托开的。他们的昵称是"妈妈和爸爸"。这个地方周末禁止应招入伍的士兵进入，只有军官才行。我感到很滑稽，也有一些疑惑。这是不是意味着山姆大叔是一个皮条客呢？因为我俩都会说意大利语，萨亨托夫妇对我们马上就另眼相待了。令贝兰泰不敢相信的是，他们主动给我们提供了他们全部的优质服务，包括食物、洗衣服和一个睡觉的地方。我不想在回家的时候带上会传染的性病，于是礼貌地拒绝了。但是接下来我花了15分钟才使得乔相信我的话而做出同样的选择。我并不是一个受欢迎的人，但是我相信这最终会是一个明智的行为。

在第二颗原子弹在长崎爆炸后不久，那些高积分的士兵们被火车向南转移到了一个靠近马赛的中转营地。当同事们都在前往罗纳峡谷的时候，拉尔夫·班尼特中士正在赶往英国的路上。他将要去迎娶一位特殊而且可爱的琼·厄尔小姐。他们相识在诺曼底登陆之前，那是第506营还驻扎在拉姆斯伯里的时候。

婚礼于1945年8月15日（日本正式投降日）在位于斯劳教堂街的圣玛丽教区教堂举行。拉尔夫回忆道："斯潘塞·菲利普斯本来应该是我的伴郎。他先于我从法国离开，带着所有我从巴黎买的美丽的婚礼礼物。斯潘塞把所有的礼物都带给了琼，但是表现的像是他买了这些礼物送给我们一样。随后，他在一次为期7天的狂饮作乐后消失了，也并没有提及会出现在我的婚礼上！"琼补充道："由于他的缺席，我只好邀请一个我的邻居亚瑟·马尔斯顿来代替他做伴郎。由于那天是日本投降日，我们不得不坐下来听了一场漫长的关于战争结束的布道。婚礼的蛋糕看起来很棒，但是由于蛋糕是由打成粉的鸡蛋做成的，整个蛋糕都变质以至于不能吃了！"虽然拉尔夫在11月份就回家了，但是琼必须再等待一年才能和他在美国团聚。

"在马赛，考虑到每天通过港口的庞大的人数，能居住在一个新建的木屋里看起来都是一种享受，"吉姆·马丁回忆说。他是G连被派到第501团的50人中的一员。"我们的队伍被编入一个常规步兵的混合队伍，每天早上都要和他们一起接受检阅。两周后才得以回家。"

在等待的过程中，吉姆遇到了他以前排的兄弟戈登·沃尔索尔中士。戈登在6个月前的"地狱之夜"受了伤，现在才刚康复。"每天早上列队的时候，我们都要接受性病的检查，因为军队不会让任何一个患有传染性性病的人返回美国。沃尔索尔感到很痛苦，因为他正在接受传染性性病的治疗。因此，他只好求我帮助他在下一轮检查中掩盖这个事实。我帮他掩盖了几天，直到他成功地溜上了另一艘运兵船。虽然一直有着拍照的禁令，我仍然经常带着一个焦距为35毫米的阿格斯A2相机，随时随地进行拍照。我在马赛期间一共丢失了5个关于战争的胶卷，我甚至都还没有来得及处理它们。我也不知道是谁偷走了它们或者它们到哪去了。但是我知道那里面有很多巴斯托涅战役的照片。这些照片都具有重要的历史意义！"

在等待轮船的时候，曼尼·巴里奥斯被任命去负责一个大型贩卖部。"他们给我提供了一个私人的床铺并给了我一把手枪。我并没有一直在工作，因为我仍然可以找出时间去观看劳军演出。在把工作交给另一个士官之后，我终于可以收拾东西回家了。"

1945年9月1日左右，曼尼·巴里奥斯、汉克·迪卡洛、特迪·迪泽尔帕克、吉姆·马丁、鲍勃·韦伯和十几个其他来自于第506团第三营的"高分者"一起坐着德军"曼哈顿"号前往美国，最终抵达纽约橘堡的尚克斯营——讽刺的是，1943年9月第506团就是在这个完全相同的地点出发的。

在到达之后不久，士兵们就登上了好多辆不同的火车最后到达了他们最初被招募的军营。吉姆·马丁回忆道：

> 宾夕法尼亚州印第安山口城堡的一个女员工负责处理我的文档。她在最顶端的"组织"一栏填上了"第513空降步兵团"。我知道那是我们为了退役而被编入的部队，但是就个人而言，这对我而言并不算好。因为第506团或者第101师并没有被提到。但当我请求她改变部队名称的时候，她不耐烦地拒绝了。然而我依然坚持这样做，她只好不情愿地打出了一张新的遣散表，顶端写着"第506空降步兵团"。现在看来这可能有点疯狂，但在当时这对我来说意义重大！两周后，我遇到了来自爱荷华州纽顿的唐娜·薇薇卡。她当时的工作是在莱特地区的代顿制造飞行器。我们不久之后就开始约会，并且我很快认识到她就是我的另一半。

我们在1946年3月10日结婚了，并且直至今日（2014年）仍然生活在一起。

鲍勃·韦伯于9月22日在得克萨斯州休斯敦的山姆要塞光荣地退役了。3年前他就是从这里开始了他的军旅生活的。克拉克·海格涅斯被派往马萨诸塞州的迈尔斯斯坦迪什营地。"在那里，他们给了我一张到威斯康星州麦考伊营地的火车票。而在麦考伊营地，我终于得以正式退役，并回到了北达科他州见我的妻子。"特迪·迪泽尔帕克则被派往新泽西州的迪克斯要塞，并在那里被遣散。

在回家之前，每一个士兵都被要求告知所有受过的伤。特迪回忆道："军方非常清楚地告诉我们，如果我们有任何由于服役造成的病患，被遣散的日期很有可能被推迟。因此，虽然我的脚有点问题，我的手臂里还有几块弹片，但当我被问到的时候，我仍然回答道一切都很好。在我得了关节炎的第二年，我去了位于新泽西州东奥朗日的退役军人医院。但是他们把我拒之门外，因为我没有在我的复员文档里注明任何因战斗所受的伤！"

汉克·迪卡洛也在迪克斯要塞复员了。"在复员后的两年时间里我是那么思念军队，以至于我重新应招加入了第82空降团。但当我父亲生病并在1950年因为肠癌去世后，我最终决定退役去照顾我的母亲。"

茹瓦尼——最后的薪水支票

第101空降师在那时已经成了最高司令部的预备队，第3营也被派往茹瓦尼。茹瓦尼、桑斯和奥塞尔的营地都坐落在桑斯河的沿岸，并且日子越来越好。

在度过两周的悠闲时光后，哈罗德·斯特德曼被批准7天的时间前往瑞士。"在那里，我用金属烤瓷的牙冠代替了丢掉的牙齿。这一切花掉了我35美元！回到了基地后，安迪·安德森告诉我我将会在8月25日替第506团去打欧洲战区冠军赛中量级的比赛。这有些出乎我的意料，因为我本以为他们将要把我遣散回家呢。不管怎么，那次拳击赛是我至今为止参加过最大型也是最重要的拳击赛。并且，在经历了3个星期的假期后，我已经长了13磅的体重。无论是从精神上还是思想上而言，我都没有做好接受这个任务的准备。"麦克雷·布兰森也被队伍选中参加次中量级的比赛。虽然在三次战役中都表现得十分英勇，但是连续的无故缺勤使得布兰森的兵役记录积分只有70分。"比赛持续了3个晚上，"哈罗德回忆道。"虽然我在一个比我平常更重的量级打拳赛，前面两次比赛我都取得了胜利。但是在最后一晚上，我在第3轮被詹姆斯·瓦格纳（来自第327滑翔步兵团）击倒，输了最后的决赛。我对输给瓦格纳这件事感到十分沮丧，非常强烈地觉得我让里奇·希恩（他在次中量级比赛中夺冠了）、让整个队伍、让整个团失望了。几天之后，我又与一个在后勤线工作的高级士官进行了一次比赛。事态有一点超出我们的控制：我打断了那个家伙的鼻子、下颚以及几根肋骨。随后纪律处分到来，我被降级成了二等兵。幸运的是，安迪·安德森大方地插手了，使我得以不被降级。"

在日本正式投降之后，整个世界的局势随之改变。第101伞兵师本来可能要进行的军事行动也随之成了一段遥远的回忆。"我并不对两颗原子弹袭击日本这件事感到有罪恶感。因为每每想到太平洋战局，我都觉得十分可怕，"哈利·丁曼回忆道。不久之后，麦斯威尔·泰勒把整个师的控制权交给了威廉·吉尔默准将。泰勒返回了美国，并成了西点军校的负责人。与此同时，他那信心满满的副手杰拉尔德·希金斯接管了本宁要塞的伞兵学校。威廉·吉尔默仅仅上任了一个多月，就在9月25日被杰拉尔德准将接管了师部。在9月份的时候，师部宣布每一个通过伞兵训练的士兵都必须进行最后一次干净的疲劳跳伞（没有设备支持）来获取"伞兵补助"的资格。在接下来的4天时间里，我们一共进行了5000多次跳伞。"9月21日，轮到了我跳伞，"卢·韦基回忆道。"我当时一个月大约能挣160美元（大部分钱被我寄回给了我妈），并且需要按时寄钱。很多人说他们不打算参加，因为风险太大。那些人不久之后就被转运走了，他们剩下的服役日子里只能领取常规的步兵补贴。由于所用的草地空投地区不足以容纳整个营一起进入，我们按连队分组进行跳伞。我很开心参加这次行动，天气情况非常好。这次跳伞也成了我第21次也是最后一次跳伞。"

"一切都非常随便，"哈利·丁曼回忆道。"那里甚至还有当地的小贩在卖小吃和棉花糖！众议院还派了一个代表团来参观跳伞并对我师的未来做出评估。不久之后，高层就做出了取消第101师编制而不是第82师编制的决定。但平心而论，由于我们都即将要回家了，没有人真的对这个决定表示反对。"

鲍勃·邓宁在去贝希特斯加登途中胃部负伤，伤愈后回到了现在保留下来的指挥部直属连。"杰克·曼利和我马上就无故缺勤了，并就像度假一般在欧洲转了一圈。"当鲍勃和杰克决定返回的时候，查斯·谢弗上尉（他最近刚从G连被调任到该连）告诉他俩，他们都会乘坐下一批船回家。"我们又再次无故缺勤了。这次当我们回来的时候，上尉威胁我俩说要把我俩绑在树上来确保我们不会再次消失。"

虽然很多最初的运动员，例如乔·马多纳和艾伯特·格雷已经阵亡了，被布尔奇战役打断的第506团和第502团之间的"香槟碗"足球赛最终再次被提上了日程。这一次，为了表示尊重，一共进行了两场比赛，并且两个团都成了获胜者。

　　在10月中旬，剩下的军队被编入第82伞兵师。鲍勃·和泉和其他21个G连的应募士兵是第一批被重新收编的军队。他们被派往德国。在那里，第82师是占据柏林的主力军队。

　　第508伞兵团被选为了盟国远征军最高统帅部指挥部的守护军队。当时指挥部位于法兰克福的法本化学公司总部。6月10日，第508团到达，并征用了法兰克福郊区的一些公寓和房子。和泉被派往了第2营。当时第2营的"占领任务"是对奥布赛尔、巴特洪堡和康斯坦恩的小镇进行巡逻。"我被派往位于巴特洪堡的F连，"和泉回忆道。"在离开欧洲之前，我们在很多访问时担任警卫工作，例如艾森豪威尔总统的访问以及其他一些诸如巴顿将军、地中海联合战区的约瑟夫·T.麦克纳尼上将等高官访问。"

　　回到美国，两辆曾经属于阿道夫·希特勒和赫尔曼·戈林车队的汽车开始了巡回展览——这是美国财政局的计划，用于给胜利贷款筹钱。包括两个第506团军官在内的7位军人被派回国内去参加这次巡回展览。这些人包括来自G连3排的查理·马乔中士和来自第506团2营的"红色"弗尔威中士。弗尔威中士曾于1月13日在富瓦的树林里受伤。

　　虽然现在已经有了足够的积分数量，哈利·丁曼又被召回，并委任他组织一支正式的"荣耀之连"在11月7日参加一次大阅兵以纪念第506伞兵团完成了它的使命。"当然，我不知道应该怎么来实现这个计划，其他人也不知道。但是安迪·安德森给了我一本4英寸厚的指南，然后告诉我按照上面说的做。训练和排练大概用了两周。阅兵当天，所有的事情都进展很顺利。我必须说我们的士兵看起来非常棒。"

　　哈里·金纳德上校写了最后一张关于第101空降师的通知，随后由斯图尔特·卡特勒准将下达。"致那些留下来看到这个通知的人：不要再为这个伟大的师的解散感到难过；相反，你们应该为自己是这个曾经为我们国家战斗的最伟大的师部的最后一分子感到骄傲。不管你以后到了哪里，你都应该记得它的伟大。当你说出'我曾在第101师服役'的时候，你应该满怀尊敬和骄傲。"

　　"拉尔夫·班尼特在回到英国之前主动把他在军官候补学校的名额让给了我，但是我当时毫无兴趣，"卢·韦基回忆道，"我当时只想要回家。"在10月初的时候，卢和其他几千名士兵一起被运到了德国第291步兵团。"当我最终到达马赛后，他们命令我在我的鹰标的上方缝上第75步兵师的蓝红徽章。大约一个星期后，我们登上了一艘前往美国的自由之船，并于10天后到达位于弗吉尼亚州诺福克的纽波特纽斯港口。"

　　1945年11月30日，第506团正式解散。哈利·丁曼和团部其他剩余的人被送到奥尔良，随后是马赛，最终登上了快速巡洋舰"美利坚"号。"我在旅途中被分到一个独立的舱间，并被任命以副手的身份管理一帮人。"在上船之前，雷·斯卡利因为掷色子赌博输掉了他所有的钱。"当我们起航时，我从一个朋友那里借了15美元，并在一天之内赢了3700美元。我把其中的3000美元交给了坎恩上尉保管，然后拿着剩下的钱去了上面的甲板。所有的大型赌博都在那里进行。然而我很快就把钱都输掉了。"

"我们于1945年12月18日到达波士顿。当年我就是从这个地方出发前往欧洲的，"哈利回忆道。"他们把我送到了位于马萨诸塞州陶顿的迈尔斯斯坦迪什营地。令我气愤的是，我在那里被命令担任临时行政士官的工作。"

"十分搞笑的是，根据我们在服役时所学到的强项，我们都获得了一封推荐信，上面写了我们最适合去做什么工作。根据我的大学教育背景，我觉得这回是类似于教书之类的工作，但是军队给的建议居然是铁匠！在斯坦迪什度过一周后，我终于在复员列表上签下了我的名字并离开了。我于12月18日到家了，正好赶上了圣诞节。那天晚上，当我背着沉重的行军包走过雪地的时候，我的家人们都在迦太基入口的桥边等着我。直到那时，我才真的相信，战争终于结束了。"

后记

1946年6月5日，大约50名506团第3营的幸存者，包括埃德·西姆斯和现在已经是他妻子的艾达·阿芙兰、吉姆和唐娜·马丁、弗雷德和桃乐西·巴劳、雷·卡兰杜拉、乔治·罗西、达德·赫夫纳、奥斯卡·萨克斯威克以及约翰尼·吉布森，都按照罗伯特·沃尔弗顿中校的遗愿来到密苏里州，集合在了堪萨斯城的穆尔巴赫旅馆。因为各种各样的原因，许多人，例如哈罗德·斯特德曼、鲍比·隆美尔、比尔·加尔布雷斯、唐·扎恩、唐·罗斯、鲍勃·韦伯、哈利·丁曼、汉克·迪卡洛、卢·韦基、拉尔夫·班尼特和巴尼·赖安，都不能到场；也有一部分人，例如乔·道蒂、安迪·安德森和吉姆·莫顿，在东海岸举行了一个非正式的集会。

在诺曼底登陆日前夕，沃尔弗顿在他的"一年前的今天"的演讲中指定了美国中西部最有名的旅馆。在这次演讲中，他还讨论了如果进展顺利，所有人在1945年6月前回家的可能性。鲍勃的妻子凯瑟琳（也被称为塔奇）和海伦·布里格斯一起组织了这次集会来纪念她的丈夫和其他200名在那个夜晚失去生命的第3营战士。

鲍勃·哈威克离开了在查兹佛德生活的妻子艾琳和女儿博比，一个人在匹兹堡的石油公司上班。布里格斯最后一次见到她的爱人是在巴黎的一列伤员运输列车上；现在她已经和另一个男人罗伊·拉姆齐订婚了——虽然不知道是对还是错，她并没有带她新的爱人来参加这一次集会。坎加夫妇也到场来纪念他们在富瓦保卫战中牺牲的儿子鲍勃。通过巴士、火车、飞机以及汽车等各种交通工具，人们从美国的各个角落集合在一起。才刚出院不久的约翰逊·吉布森和他的女友皮尔乐一起从图森开着一辆1936年的黑色福特轿车来到这里。他说："这辆汽车花了我400美元，我也不知道我们是否能够准时到达。不幸运的是，皮尔乐现在为环球航空公司工作，她每天都必须在当地的办公室工作，因此只能晚上才能来参加聚会。"

这座位于市中心的10层高的旅馆，坐落于第12街道和巴尔的摩街道的交叉口，位于奥芬剧院和戈尔提剧院之间。该类型的第一次聚会是在穆尔巴奇家美丽的舞厅里举办的——这个舞厅有着光滑的木制地板、庞大的镜子、25英尺高的天花板以及十分华丽的艺术装饰品。

当地的一个长老会教堂举办了一个追悼会——在这里，凯·沃尔弗顿大声朗读了她丈夫在诺曼底登陆日的祷告词：

万能的上帝，几小时后我们就即将与敌人交战了。我们面对战斗不会恐惧。我们不向您请求帮助，而是请求您，如您所愿，把我们当成您行使正义的工具，当成让世界重返和平的助力。我们不想知道也不愿探索我们未来的命运。我们只请求，如果我们一定会死亡，请让我们像一个大丈夫一样死去，没有抱怨、没有祈求保命，让我们为我们所坚信的正义贡献出自己力所能及的一切。上帝啊！请您保佑我们所爱的人，请你在即将到来的战火中、从现在开始与我们同在！

祷告后，有人按姓氏字母顺序宣读了战亡名单；与此同时，一位号子手吹响了那首难以忘怀的《安息号》。包括吉布森在内的好几个人早已热泪盈眶。而当塔奇开始宣读那份从菲利普·D.阿比列兵开始的阵亡名单时，他们再也忍不住擦拭自己的眼泪。

菲利普死于1944年6月6日的黎明。吉布森和罗西都见证了他的牺牲——他们绝望地对菲利普进行紧急救援以试图挽回他即将逝去的生命。当第506名伞兵团士兵牺牲后，很多人都开始怀疑他们战友的牺牲是否值得。而对于剩下的人而言，他们会花接下来的50年时间来尝试接受这段欧洲的日子是一次积极正面的经历。时间终将会治愈这一切。

在这次集会后，有一部分人仍然保持联系。但是也有一些人继续他们战后的生活，赡养家庭，再也没有与其他人进行联络。安迪·安德森开始了他的棉花制造加工生意。1947年7月19日，他和塔奇·沃尔弗顿结婚。这个重要却简洁的典礼与一次去亚特兰大的出差一起进行，只邀请了他的兄弟邦克。看起来，这对新人不再愿意回首往事，而希望着眼于未来。在结婚不久后，安德森收养了鲍勃·沃尔弗顿的儿子洛克，并视为己出。新奇的是，他俩有着相同的生日——8月24日。此外，虽然安迪与酗酒斗争了很多年，他和凯养育了3个自己的孩子：凯瑟琳（昵称是塔奇）、弗雷德和安。即使安迪对他所有的孩子都十分贴心，他仍然只与他们谈论战争期间的一些趣事。与鲍勃·哈威克一样，安迪在1985年一次去诺曼底的朝圣之旅回来后不久便与世长辞了……他一直希望自己能活得更长。大卫·菲利普斯是一个杰出的诗人，他为这个由一个个鲜活人物组成的特别团队写了几句简单的诗。这也许是对这个团队所创造的难以置信的故事的很好的结尾：

> 即使牺牲，我们也还没成为英雄，也难以成为英雄
> 只有生者，他们的一生才是最好的工具
> 来为我们镌刻一个智者的墓志铭
> 而不是一个愚者的墓志铭

参考书目

~~~~~~

下表是我在研究期间所查询的作品名单。请允许我向它们的作者表达我最真诚的谢意。

书籍和论文

Baumgardner, Randy, *101st Airborne Division-Screaming Eagles* (Turner Publishing, 2nd Edition, 2001)

DiCarlo, Hank and Westphal, Alan, *Currahee Scrapbook* (506 PIR, 1945)

Forty, George, *Patton's Third Army at War* (Ian Allan Printing Ltd, 1978)

Hannah, Harold W., *A Military Interlude* (self-published, 1999)

Höjris, Rene, *Anthony "NUTS!" McAuliffe* (Roger Publishing House, 2004)

Kesselring, Albert, *The Memoirs of Field-Marshal Kesselring* (William Kimber, 1974)

Koskimaki, George E., *The Battered Bastards of Bastogne* (Casemate reprint, 2011)

Levitt, Sgt Saul, "The Siege of Bastogne," *Yank Magazine* (1945)

McAuliffe, Kenneth J. Jr, *NUTS! The Life of Anthony C. McAuliffe* (self-published, 2011)

Mehosky, Ivan Paul, *The Story of a Soldier* (Rutledge Books, Inc., 2001)

Rapport, Leonard and Northwood, Arthur Jr, *Rendezvous with Destiny* (Infantry Journal Press, 1948)

Terrify and Destroy: The Story of the 10th Armored Division (The Stars & Stripes, Paris, 1944/45)

Saga of the All American (reprinted by The Battery Press, 82nd Airborne Division Association, 1946)

Webb, Robert, *Freedom Found* (self-published, 2000)

报告和个人信件

326th Airborne Medical Co AA Reports, c/o John Klein

Bastogne Recollections H/506, October 1991 (tape recording), c/o Pat McCann

G Co Morning Reports 1942 to 1945, c/o Tim Moore

Headquarters 506th PIR "After Action Reports" (17 December 1944-August 1945)

"He Beat the Odds," World War II memoir of Donald Clifton Ross, c/o Sharon Bunker

Interview notes from War Crimes Investigation Team, October 1945, c/o Gerhard Roletscheck

Personal memoir and notes of Joe Beyrle, c/o Joe Beyrle II

Personal letter of Dobbins, NARA, c/o John Klein

Personal letters of Robert Harwick, c/o Bob Smoldt

Personal letters of Clark Heggeness, c/o John Klein

Personal letter of Harry Krig, c/o Bob Izumi

Personal letter of Carwood Lipton, c/o Reg Jans

Personal letters of David Morgan, c/o Neil Morgan

Personal letters of James Morton, c/o Fred Bahlau

Personal letter of Bill Prosser, c/o Gerhard Roletscheck

Personal letters of Helen B. Ramsey, c/o Bill Wedeking

Transcript of George Rosie interview, c/o Joe Muccia

Personal letters of Jay Stone, c/o Reg Jans

Personal letters of Bob Webb, c/o Bob Webb, Jr

Tape recordings of interviews with Robert Webb (1980s), c/o Bob Webb, Jr

US Army Military History Institute, George E. Koskimaki Collection: personal letters and documents, including l01st Divisional AA Reports (December 1944), 101st Airborne Signal Co, 321st GFA Bn, Troop Carrier & Glider Information, George Allen, Albert Ballinger: Al Cappelli, Keith Carpenter, Bill Chivvis, Marty Clark, Stan Clever, William Desobry, Roger Dominique, Wilbur Fishel, Bob Flory, Lonnie Gavrock, Richard Gleason, Len Goodgal, Guy Jackson, John Kilgore, Frank Kneller, Robert Hayes, Sam Hefner, Robert Higgins, Ewell Martin, Owen Miller, Ed Peterson, David Phillips, John "Jack" Prior, Barney Ryan, Victor Sauerheber, Lester Smith, Ben Stapelfeld, Stan Stasica, Chuck Richards, Allen Westphal, Shrable Williams, and Vinnie Utz.

致谢

《英灵殿中没有胜者》特别感谢吉米·马丁和埃德·西姆斯，他们使我确信他们的最后一章故事可以也应该被记录下来，为了我们的后人。和罗杰·戴一起创作《今夜我们英勇就义》时，我从未想过这竟会影响到我未来13年的人生同时让我结识了那么多像雷哲·让一样不可思议的人。没有雷哲的帮助，《英灵殿中没有胜者》将只能是现在样子的一个影子。在过去十年里，雷哲一直都是阿登最厉害的战场导游之一，他为很多重要的二战旅游公司接待专家。关于巴斯托涅和阿登之战，雷哲忘记的可能比我了解的还要多，我将会永远感念他的忠诚、帮助以及持续不断的热情。同样地，富瓦以及勒科涅当地人若埃尔·罗伯特和让·弗朗科索瓦·道夫施密德都极大地支持了这一工作。

开始的几年非常难熬，多亏了我的妻子和家人极大的支持和理解，我们才能最终完成。回首依然觉得这是个遥远的梦，只有那些真正了解我的人才会知道我曾经离一无所有多么接近。在一定程度上正因为这，埃德·西姆斯和吉米·马丁成了我热情的支持者，他们在电视、广播以及数不清的公开露面极大地提升了我工作的关注度，不仅仅在美国而且在全世界很多其他地方。此时此刻，我还想说几句感谢的话，给第101空降师的历史学家马克·班渡以及他的著作《十字军先锋》和《诺曼底第101空降师》。从一开始，尽管工作很繁忙，马克还是随时为我提供帮助并提出建议。

不光埃德、吉米，还有卢·韦基、哈利·丁曼和曼尼·巴里奥斯都倾注了大量时间在《英灵殿中没有胜者》，才使得这本书最终能够与大家见面。每过一年我的编著者名单里就少几个。在2001年的时候在我们的"队伍"里大概有55位老战友。很多人，像拉尔夫·班尼特、乔·拜瑞尔、雷·卡兰杜拉、汉克·迪卡洛、泰迪·迪兹帕克、约翰尼·吉布森、本·海纳、大卫·摩根、鲍勃·隆美尔、乔治·罗西、唐·罗斯、哈罗德·斯特德曼和鲍勃·韦伯，都在另一个世界通过他们还在时编辑的录音带和注释和我们对话。

其他个人的深刻见解来自于30多年来乔治·科斯基马基研究他那关于101空降师的开创性著作而提供的谈话。二战期间，乔治是少将麦斯威尔·泰勒的无线电话员，他的作品鼓舞了好几代人，也包括我自己——这样的影响周而复始。吉米·麦卡恩的遗孀帕特也给了我一个很不错的由艾利克斯·安德罗斯做的盒式磁带，本来是给乔治的。这盒磁带主要记录了哈利·贝格、达德·赫夫纳、克拉克·汉格涅斯、吉恩·强森、皮特·马登、弗兰克·马利克、吉姆·麦卡恩、鲍勃·斯乔德和戈登·耶茨对巴斯托涅的回忆。除了安德罗斯，其他人都已经去世了，但是这些H连的战士在那个1991年10月的一个下午留下来的资料是一份实实在在的礼物。

通常来讲，这一部分是整部书中最难写的，并且我还生怕忘记任何一个贡献者。如果谁的名字被遗漏了我希望你能够接受我真诚的道歉。同时我还要感谢以下国家的很多人。

美国："泰治"凯思林·安德森、弗雷德·巴赫莱（总连）、马克·班渡、曼尼·巴里斯奥（I连）、拉尔夫·班尼特（H连）、乔·贝拉二世、莎伦·邦克、唐·伯吉特（A连）、雷·卡兰杜拉（连总部）、丹尼斯和冬娜·科斯特、丹·卡廷、路易斯·德格尼格莱、"汉克"马里奥·迪卡洛（H连）、哈利·丁曼（I连）、卡罗尔·丁曼、鲍勃·邓宁（81毫米迫击炮排）、泰迪·迪兹帕克（I连）、强·吉布森（医疗队）、本·海纳（连总部）、鲍勃·和泉（G连）、肯·强森（H连）、强·克莱因、格里和博比·洛尔、"皮特"皮特·卢腾、詹姆斯·马丁（G连）、帕特·麦卡恩、厄尔·麦卡朗（E连）、凯伦·麦吉、乔治·麦克米伦（I连）、詹姆斯·梅尔许斯（机关枪排）、蒂姆·穆尔、尼尔·摩根、乔·穆洽、雷·纳高（第321滑翔野战炮兵营，B炮兵连）、詹妮·奥利力（太阳城图书馆亚利桑那州）、卡洛琳·帕克特、邦妮·庞德、杰克·鲍尔斯、里奇·赖利、道尔·利登、博比·隆美尔（机关枪排）、肯·罗斯（第502伞兵团）、鲍勃·萨克斯克、大卫·舒尔茨、埃德·西姆斯（I连，506团3营连总部，506后方司令部，506团2营和E连）、雷·斯卡利（G连）、哈罗德·斯特德曼（I连）、汤姆·斯特德曼、约翰·苏珊斯、安·坦奇、海伦·托马斯、凯西·托奇、卢·韦基（H连）、约翰·韦基、小鲍勃·韦伯、比尔·韦德金（机关枪排）。

比利时：伊沃内·杜梦德、珍·弗兰克斯·道夫施密德、菲利普·道夫施密德、雷哲·让、珍·玛丽·科恩、副官"罗尼"埃里克·莱莫恩、玛吉·马里恩、安德烈·默里斯、罗伯特·勒马科勒、乔·罗伯特、朱尔斯和丹尼斯·罗伯特、菲利普·威尔金。

德国：弗洛莱恩·贝埃尔、克劳斯·伊贝尔。

英国：布里吉塔·卡尔夫、罗杰·戴、罗伯特·杜达德和艾伦·汤姆金斯。

我还要特别感谢一下这些人：感谢道格·巴伯和戴夫·贝维斯给我的信任和宝贵的帮助，感谢范登唐纳德·博格特在摄影上给予我的帮助，感谢格雷格·戈瑞对原稿的校对工作，感谢蒂姆·穆尔提供给我的G连的晨间报告，感谢鲍勃·斯莫尔德提供的罗伯特·哈威克的私人信件，感谢杰夫·华登和他很出色的网站"废墟中的第三帝国"，感谢马库斯·库伯、布鲁斯·赫克、艾米丽·福尔摩斯、凯特·穆尔以及鱼鹰出版社的出色队伍，还有替我无数次去到乔治·科斯基迈基收藏馆的布莱恩·戈特利布、美国陆军军事历史研究所、卡莱尔·巴拉克斯（宾夕法尼亚州），还要说明的是格哈德·罗拉查克（莱希河畔兰茨贝格现代史协会会长）给予的第13章的帮助也是至关重要的。

最后，我的父母（丹尼斯和琼）总是鼓励我去追逐自己的梦想，我想谨以此书献给与心脏病肾病斗争许久后在2012年3月6日逝去的父亲丹尼斯·爱德华·加德纳。从我开始着手写《英灵殿中没有胜者》起，这些人就相继去世了：拉尔夫·班尼特、杰克·布朗、鲍勃·邓宁、乔治·德怀尔、菲利普·道夫施密德、肯·约翰逊、厄尔·麦克朗，还有雷·斯卡利……先生们，祝你们安眠，这是一段很棒的旅程。